精神分析的心理療法における
コンサルテーション面接

Consultations in Psychoanalytic Psychotherapy

Peter Hobson 編　ピーター・ホブソン
福本　修　監訳
奥山今日子　櫻井　鼓　他訳

金剛出版

Tavistock Clinic Series
Margot Waddell (Series Editor)
Consultations in Psychoanalytic Psychotherapy
Edited by R.Peter Hobson
Copyright© R.Peter Hobson 2013
First published by Karnac Books Limited,
Respresented by Cathy Miller Foreign Rights Agency, London, England.
Japanese language edition, Copyright© Kongo Shuppan Co Ltd 2019

Japanese translation rights arranged with Cathy Miller Foreign Rights Agency
through Japan UNI Agency, Inc.,Tokyo

本書は私の父ボブ・ホブソン（Bob Hobson）に，
私たちが共有したものと見解が分かれたところに対して，
そしてロンドンのタヴィストック・クリニックと
カリフォルニア州スタンフォードの行動科学先端研究センターという，
思慮深い思想を育成することに優れた二つの施設に対して捧げられる。

シリーズ編者の序文

マーゴ・ワデル（*Margot Waddell*）

　1920年に創立されて以来，タヴィストック・クリニックは，メンタルヘルスへの幅広い発達論的なアプローチを発展させてきた。それは精神分析の考え方に強く影響されてきているが，家族の諸問題に対する理論的モデルおよび臨床的アプローチとして，システム論的家族療法も採用してきた。今やクリニックは，メンタルヘルスのためのイギリス最大の訓練機関であり，ソーシャルワーク・心理学・精神医学そして子ども・青年・成人の心理療法の分野でも看護やプライマリーケアの分野でも，卒後研修と資格取得のコースを提供している。毎年60を超えるコースで，およそ1,700人の研修生が訓練を受けている。
　クリニックの哲学は，メンタルヘルスにおいて治療的な方法を促進させることを狙っている。その仕事は，コンサルテーション業務やリサーチ活動の基礎でもある臨床的経験に基づく。本シリーズの狙いは，タヴィストック・クリニックで非常に影響のある臨床・理論・調査研究の仕事を，一般読者に手に入るようにすることである。本シリーズは，子どもや青年・成人の，個人としておよび家族の中での心理的動揺の理解と治療における，新しいアプローチを述べている。
　臨床的コンサルテーション面接——紹介された患者の困難の背景にあるものを評価し，それによってどの様式・期間・深さの治療が最も役立ちうるかを決める機能——は，この上なく難しい仕事である。これまで，驚くほどわずかしか，この主題について書かれていない。
　シリーズ編者として私は，この難題に取り組む本を出版することを嬉しく思っている。この意味で本書『**精神分析的心理療法におけるコンサルテーショ**

ン』は，シリーズ自体にとって非常に歓迎されるばかりでなく，異なる設定で働く他の専門家たちにも，その必然的な魅力のために歓迎される。と言うのも，本書においてはタヴィストック・クリニックにおける成人部門の経験からの抽出物——コンサルテーション面接過程という特定の領域における知恵と専門的知識について，さまざまな人の声で明確に述べているからである。何が精神力動的に起きているのか。この臨床的な出会いは，どこに向かっているのか。その結果は何である可能性があり，それはどう決定されるのか。この分野で非常に卓越している編者と寄稿者たちは，そのような問いやもっと多くの課題に取り組んでいる。どの寄稿者も，生き生きと分かりやすく書く才能を有しているように思われる。全体的に，どのページにもすがすがしいほど専門用語を使っていないが，必要なところ——たとえば，転移・逆転移や投影同一化の概念——では，それらの用語は異例の明快さで記述されている。

首尾一貫した議論の筋道は，さまざまな異なる角度と視点から接近されている。その筋道はこれらの短い出会いの間に，いかに患者が自分自身に何が起きているのかを理解できるようにするか，そして自分自身の異なる諸部分をよく統合する可能性があるか，というものである。この中核には，ピーター・ホブソン（Peter Hobson）が言うように，「真実の追求」がある。彼は，どのようなエビデンスが個人の心的機能について，潜在的に正しい見解や誤った見解に達するのに適切かを問う。信頼できる根拠と学術的な正確さで寄稿者たちは，この種の仕事の縮図であると述べることができる，個人間および個人内の力動を検討している。しかし彼らは，調査研究が捉えることや，発達論的・社会制度的そしてより広い文化的・政治的文脈も活用している。どれもこの仕事に，重大な影響を与えている。

これは非常に特殊な出会いであり，ホブソンは，そのような臨床活動の複雑さについて惜しみなく正直である。それは生き生きと——実際の通りに——通常ただの紹介状から始まる。ある意味で本書は，持続的な関与としては非常に限られていると思われるものの経過の中で，あれほどの短時間に，何が表面化しうるかを問うている。しかし物事は，表面に浮かび上がる——それは本書が豊かに証言している，謎の過程である。『**精神分析的心理療法におけるコンサルテーション**』は，洞察と解説のモデルである。

編者と著者について

〔以下はいずれも本書が出版された 2013 年当時のものである〕

　デイヴィッド・ベル（*David Bell*）はコンサルタント精神療法医であり，フィッツジョンズ・ユニットの責任者である。それは，タヴィストック・クリニックを基盤とした，パーソナリティ障害を含む複合的なニードを抱えた患者たちのためのサービスである。彼は，英国精神分析協会（BPAS）の訓練分析者・訓練スーパーヴァイザーであり，前会長である。彼はロンドン大学バークベック・カレッジの特別研究員である。

　ルース・バーコヴィッツ（*Ruth Berkowitz*）は，精神分析者（英国精神分析協会（BPA））であり精神分析的心理療法者（BAP 英国心理療法協会）である。彼女は，プライマリーケアと司法設定におけるアセスメントについての論文を執筆している。彼女は 2002 年から 2011 年までポートマン・クリニックでコンサルタント成人心理療法者として働き，現在は個人開業に専従している。

　アントニー・ゲーリック（*Antony Garelick*）は，タヴィストック・ポートマン NHS トラストおよび北東ロンドンメンタルヘルストラストのコンサルタント精神療法医であり，卒後医学教育管理部ロンドン支部の副支部長である〔組織改編され，彼は引退している〕。彼は，問題を抱えた医師のための内密のサービスである，タヴィストック・クリニックのミッドネットサービスの長である〔2017 年以降，タヴィストック・クリニックのサービスではなくなっている〕。

R. ピーター・ホブソン（*R. Peter Hobson*）は，ロンドン大学における発達精神病理学のタヴィストック教授である。彼は英国精神分析協会（BPAS）の精神分析者であり，タヴィストック・クリニックの名誉コンサルタント精神療法医，ユニヴァーシティ・カレッジ・ロンドンの小児健康研究所の研究教授である。これまでに，精神分析的思考と発達研究とを組み合わせている『思考のゆりかご The Cradle of Thought』（2002）を含む著作がある。

ラーマン・カプール大英帝国勲位（*Raman Kapur,* MBE）は，北アイルランドのメンタルヘルス慈善事業スレショウルド THRESHOLD の取締役会長であり，臨床心理コンサルタントおよび精神分析的心理療法者である。彼は以前，ベルファーストのクイーンズ大学で精神分析的心理療法の修士課程主任だった。彼は心理療法に関する論文に加えて，北アイルランド紛争の情動的影響に関する本を出版している。

バーギット・クリーバーグ（*Birgit Kleeberg*）は，コンサルタント成人心理療法者である。より大きな問題を抱えた患者たちとの彼女の経験は，カーセル病院での勤務およびフィッツジョンズ・ユニットの運営に由来している。後者は，タヴィストック・クリニックを基盤とした，複合的なニードを抱えた患者たちのためのサービスである。

カーレン・リオン-ルース（*Karlen Lyons-Ruth*）は，ハーヴァード医学校精神医学部門の心理学教授であり，ケンブリッジ病院のスーパーヴァイザー心理学者である。彼女の研究は，ハイリスク環境における愛着関係の評価に焦点を当ててきた。現在彼女は，若い境界例患者とその両親を他の診断群から区別する，相互作用パターンを研究している。

ジェイン・ミルトン（*Jane Milton*）は，精神科医であり，英国精神分析協会（BPAS）の訓練分析者である。彼女はモーズレイ病院心理療法部門とタヴィストック・クリニックの成人部門で，NHS アセスメントでの多くの経験を得た。現在彼女は，ウクライナにおける精神分析の発展に特別な関心を寄せている。

マシュー・パトリック（*Matthew Patrick*）は，タヴィストック・ポートマン NHS トラストの最高責任者である。成人精神科医として訓練を受けた後，何年もの間，彼は臨床の仕事と発達研究を組み合わせた。彼は，英国精神分析協会（BPAS）の訓練分析者・訓練スーパーヴァイザーでもある。

　ジョアン・スタブリー（*Joanne Stubley*）は，タヴィストック・クリニックのコンサルタント精神療法医である。彼女は，タヴィストック・トラウマ・サービスの成人部門を率いている。そこでは，単発のエピソードのトラウマの治療にも複雑性・発達上のトラウマの治療にも，さまざまな治療セットを提供している。彼女は英国精神分析協会（BPAS）の会員である。

目　次

シリーズ編者の序文 …………………………………………………… マーゴ・ワデル　5
編者と著者について ………………………………………………………………………… 7

第Ⅰ部　序　　　論 …………………………………………………………………… 13
第1章　概　　説 ……………………………………………… R. ピーター・ホブソン　15

第Ⅱ部　実践のための枠組み ……………………………………………………… 37
第2章　精神分析的心理療法のためのアセスメント：歴史的展望
……………………………………………………………… ルース・バーコヴィッツ　39
第3章　なぜアセスメントをするのか？
国民健康保健サービス（NHS）における精神分析的アセスメント
……………………………………………………………………… ジェイン・ミルトン　57

第Ⅲ部　コンサルテーション過程 ………………………………………………… 73
第4章　どのように始めるのか ………………………… R. ピーター・ホブソン　75
第5章　徹底的に調べる ………………………………… R. ピーター・ホブソン　97
第6章　終　わ　り ……………………………………… R. ピーター・ホブソン　115
第7章　細　　目 ………………………………………… R. ピーター・ホブソン　137

第Ⅳ部　特別な領域 ………………………………………………………………… 153
第8章　外　　傷 ……………………………………………… ジョアン・スタブリー　155
第9章　重大な問題を抱えた患者
……………………………………………… デイヴィッド・ベル，バーギット・クリーバーグ　173

第Ⅴ部　他からの眺望⋯⋯⋯⋯⋯⋯⋯⋯⋯⋯⋯⋯⋯⋯⋯⋯⋯⋯⋯⋯⋯⋯ 189

第10章　調査研究(リサーチ)の反響
⋯⋯⋯⋯⋯⋯⋯⋯⋯⋯⋯⋯⋯ R. ピーター・ホブソン，マシュー・パトリック，
ラーマン・カプール，カーレン・リオン−ルース　191

第11章　再　　考⋯⋯⋯⋯⋯⋯⋯⋯⋯⋯⋯⋯⋯ アントニー・ゲーリック　211

文　　献⋯⋯⋯⋯⋯⋯⋯⋯⋯⋯⋯⋯⋯⋯⋯⋯⋯⋯⋯⋯⋯⋯⋯⋯⋯⋯⋯ 215

監訳者あとがき⋯⋯⋯⋯⋯⋯⋯⋯⋯⋯⋯⋯⋯⋯⋯⋯⋯⋯⋯⋯⋯⋯⋯⋯ 221

索　　引⋯⋯⋯⋯⋯⋯⋯⋯⋯⋯⋯⋯⋯⋯⋯⋯⋯⋯⋯⋯⋯⋯⋯⋯⋯⋯⋯ 225

第 I 部

序　論

　私は本書の概説から始めて，次に精神分析的心理療法における
コンサルテーション面接の目的と原理を論じる。精神分析の概念に
不慣れな人たちのために，あとに続く章で登場する用語の簡単な説
明で締め括る。

第 1 章

概　　説

R. ピーター・ホブソン（R. Peter Hobson）

　精神分析的なコンサルテーション面接を行なうことほど骨の折れる臨床的課題は，国民健康保健サービス〔NHS：National Health Service〕内の心理療法の実践にはほとんどない。成人個人にコンサルテーション面接を行なう場合——本書は子ども・カップル・家族との面談ではなく，そうした面接に関わる——主要な目的は，ある人の情動的困難の性質と基盤を判別して，その人が何らかの心理療法から利益を得る可能性をアセスメントすることにある。しかしこの一見単純な記述の下には，恐るべき複雑さがある。
　最初は互いに見知らぬ 2 人の面談が，どのように催されるかを考えてみよう。ある人に初めて出会う治療者は，時間に追われた家庭医が書いた紹介状によって予め注意を与えられ，備えていることがある。治療者は，堅苦しくても個人的な質問表に回答しようとする（あるいはしない）患者の最善の努力からも，利益を得ることがある。他の場合には，面接の瞬間が近づく間に，治療者はしがみつけるものがほとんど何もない。いずれにせよ背景情報は，はっきり描かれていてもおぼろげでも，豊かでも乏しくても，治療者に防御や前途の見通しとして与えるものは乏しい。唯一現実的である準備は，準備ができていないと覚悟することである。コンサルテーション面接は，それが生み出すものを生み出すだろう。どんなことも起きる可能性がある。
　こうしたこと全体について，驚くべきであって注目に値するのは，90 分の間で，深く真剣な親密さが達成されたり頑として避けられたり，根深い悲嘆や憤りが表現されたり否認されたり，悲しみや喪失が特定されたり避けられたり，生涯にわたる外傷(トラウマ)が復活したり再吟味されたり，対人関係の最も個人的なもの

が語られたり追体験されたりする可能性が，あることである。起きることはすべて，関係している2人にとってきわめて重要である。本書はそのことを例証する。

　もしもこうしたこと全体がそうならば，どこにアセスメントのコンサルテーション面接を行なう際の難題があるだろうか。それは，丸太から——おそらく荒れ狂う川の中に——落ちるように簡単〔簡単を表現する慣用句〕なことに聞こえるが，そうは言っても落ちるのである。その上，自分の頭を水面から出しておく必要性を越えて，問題の十分な把握を達成して心理療法の見通しを心に描くために，患者の諸関係におけるしばしば不安定な情動の流れを，患者自身の自己への情動を含めて記録する仕事がある。後で見るように，何が人の困難や苦悩にとって重要なのかを評価することは，多面的な治療的努力の一次元に過ぎない。それは，患者を理解するという目的ばかりでなく，（ある程度これを通して）障害や苦悩を経て，より実りの多い機能様式へと患者の**発達**を促進する課題に着手するという目的も持っている。

　本書は，2008年から2009年にタヴィストック・クリニック成人部門の，（シリル・クーヴ（Cyril Couve），続いてジュリアン・ルサダ（Julian Lousada）を長とした）臨床ユニット内で行なわれた議論から始まった。私たちは，さまざまな臨床家がアセスメントのコンサルテーション面接の，精製した報告を発表したとき，治療者の専門的努力や患者の情動や関係上の問題ばかりでなく，「アセスメント」が成し遂げられうる**多様な**過程についても非常に多くを学んだことが分かった。従事した臨床関係者は精神力動的心理療法者たちで，みな患者の葛藤が転移における治療者との関係にどう現れるかを辿ることの価値を信じていた。これが理解の深さを達成する重要な道であることは，何度も繰り返し判明した。しかし，面接をどう開始して進行をどう安定させ，患者－治療者のやりとりが前進するのをどう促し，面談の主な焦点と目標をどう概念化したかは，人それぞれだった。

　当初私は，治療的方向性と実践におけるこれらの違いの一部を，各種の治療者たちがそれぞれのアプローチを比較し対比して書く，多様な章を通して示すことを望んでいた。さまざまな理由から，この望みはかなわなかった。私がこのことに触れるのは，精神力動的コンサルテーション面接を行なうのに，唯一正しい方法はないと認識することが重要だからである。治療者がどのように振る舞うべきかを詳細に規定することは，役に立たず正当でもない。患者の秘密保持の必要性を尊重するように配慮され，対人的な境界が維持されているなら

ば，多くの進む仕方があるだろう。ある治療者にとってある患者に関してとても適切で役に立つことが，別の患者に関わる別の治療者にとっては，不適切で役に立たないかもしれない。私たちは，精神分析的コンサルテーション面接について，何を有効と見なすべきか合意された基準を持っていない。たとえ持っていたとしても，あるアプローチはそのような基準を満たすが，別のアプローチは満たさないという主張を正当化する，十分な調査研究がまだ不足している。

そういうことで結局本書は，治療の態度や技法の多様さではなく，むしろもっと限定された，おそらくは著者独特のスタイルのアセスメントのコンサルテーション面接に関わる考え方を，徹底的に調べることを提示している。しかしこの本で多様さが欠けていることは，相対的に一貫していることで補償されるかもしれない。それでもこれは，内容の一部分に過ぎない。なぜなら，アプローチにおける対比もまた明らかだからである。コンサルテーション面接の目的と技法の幾らかについては一致している段階であっても，技法の狙いと適用はどちらも，コンサルテーション面接が行なわれるさまざまな設定に合わせて修正する必要がある。

本書のもう1つの特徴は，それが内容のみならず文体も異なる章によって構成されていることである。読者は，章を移るときの急な変化に備えるべきである。コンサルテーション面接は，性質の異なる見通しから考察されており，それぞれの寄稿者はそのコミュニケーションの目的に適した文体で書いている。本章は，方向性の要点を説明する。第Ⅱ部の始めにルース・バーコヴィッツ（Ruth Berkowitz）は，私たちの主題について学術的に豊かな歴史的背景の説明を与えている。文献を調べたい読者は，彼女の章の中に，優れた研究の要約と手がかりを見出すだろう［クーパーとアルフィレ（Cooper & Alfillé, 1998）およびメイス（Mace, 1995）によって編集された本も参考になるかもしれない］。続く第3章でジェイン・ミルトン（Jane Milton）は，精神分析的コンサルテーション面接の実施と原理について，深く行き届いた考察を行なっている。第Ⅲ部の著者である私と，第Ⅳ部の著者であるジョアン・スタブリー（Joanne Stubley），デイヴ・ベル（Dave Bell），バーギット・クリーバーグ（Birgit Kleeberg）は，刺激を受けた考察者たちを敬意とともに参照文献に挙げているが，他の人たちの考えを論じたり批判したりするよりむしろ，主として直に得た臨床経験を利用している。他にも多くの触れていない仕事があるが，それは決して私たちが他の人たちの貢献を過小評価しているという意味ではないし，

自分たちの考えの多くの基礎となってきた独創的な考えや臨床的説明を盗用しようとしているのでもない。私たちは読者がこのことを正しく認識すると信じている。最後に，第Ⅴ部は同僚と私による，調査研究(リサーチ)の反響に関する章で始まる。私たちはそこで，アセスメント面接の予測的妥当性のような，エビデンスの乏しいことを総説しようとはせず，代わりにこれまでのことを踏まえて，心理療法者の臨床経験を補足して精神医学と臨床心理学内外の関係者に知らせる，例証的な調査研究を記述する。アントニー・ゲーリック（Antony Garelick）は，精神分析的な心理療法者がコンサルテーション面接を行なっている時代の潮流の推移を考察して締め括っている。

　私たちは，偽装した臨床素材を提示する許可が患者から得られるように気を配った。稀にはある人の身元は，2人以上の臨床素材を混ぜて再構成されている。どの症例でも，私たちはコンサルテーション面接の過程で起きたことを捉えようとしている。

　したがって本書の第一の狙いは，コンサルテーションの面接時間の短さによって理解の幅が厳しく制約される時であれ，人々の深層を理解する臨床的な精神分析的アプローチを例証することである。本書がこの狙いにおいて成功するなら，現代のNHS実践の中で「心理学的治療法」という範疇で流布している多くのものの限界を明らかにもするだろう――それは，そのような治療の潜在的価値を減じることではまったくない。深層理解は，人の精神的健康を促進するために必要でも十分でもなく，ここでは精神力動的アプローチが情動的な苦悩の診断や軽減に，非精神力動的なアセスメント面接や介入よりも優れていると主張は（その主張の検討さえ）していない。それは優れていない――しかしそれは，他のアプローチがただ何となく感じる人の心の領域に達する力を持っている。

アセスメントのコンサルテーション面接の内容と理由

　アセスメントのコンサルテーション面接と短期やもっと長期の精神分析的心理療法で行なわれる類のセッションとの間の境界は，ぼやけている。確かに，強調しうる相違点はいくつもあり，特に，アセスメントのコンサルテーション面接をする心理療法者と患者との間の治療的な関わりが，実際に短時間だからである。たとえば，そのようなコンサルテーション面接の私の標準的な実践で

は，90分の予備面接と40分のフォローアップ面接を1，2回することになっている。もちろんアセスメントは，定例化した心理療法では特徴とならないこと——人に心理療法を初めて経験させることから，精神医学的疾患の生物学的形態を除外することまで——を達成する必要があるだろう。そうは言ったものの，私は短期とより長期の心理療法的出会いの間にある，潜在的な類似性を強調したいと思う。

　私は，1回限りであるアセスメントのコンサルテーション面接でさえ，始まり・中盤・終わりがある点で，より長期の心理療法と共通性があると見ている。そこでは，より長期的な心理療法の関係に含まれる技法とほぼ同じものが利用でき，治療的な狙いも満たされている。もしも「アセスメント［評価］」という用語が，治療者は評価をする人であることを示唆するならば，それは真実の一部しか捉えていない。コンサルテーション面接は，患者にとっても治療者の資質や精神分析的治療の性質とその潜在的妥当性，そして心理療法が要求し含むものがどのようなものであるのかもしれないかを，アセスメントする機会である。大事なことを言い残したが，コンサルテーション面接は患者が，この形式の治療に取り組むことを願うかどうかに気づけるようにする。

　患者には，心理療法が可能にする自己探求や発見の類を求める者もいれば，そうではない者もいる。この問題に立ち向かうことが，アセスメントのコンサルテーション面接の中心課題である。治療に入ることと入らないことの潜在的な利益と危険が，はっきりと述べられることも重要である。最終的に患者は，治療が提案されるなら，それを受け入れるか拒むかを決める立場にいる必要がある。

　患者がコンサルテーション面接の開始時に，心理療法とは何かを尋ねるのは稀ではない。私の答え方は，それはもちろん患者が尋ねる権利を持つ重要な質問であり，おそらく後でそれに戻ることができる，というものである。そのような場合，私は面接が終わりに近づいた時に，その質問に戻ることにしている。私はそうする際に，心理療法とは何かについて出来上がった描写を伝えることが有用かどうかについて疑念を表明する。私は，患者は私たちの面談の過程で，それが含むものの直接の経験をすることになると思うと言う。私はまた，この種の経験によって患者は，力動的心理療法が自分の困難に適切かもしれないか，そうではないかもしれないか分かるようになるはずだとも言う。

　依然として治療者に責任があるのは，特定の種類の心理療法的治療が——個

人療法か集団療法か家族療法か，行なうのは初心の治療者か経験豊かな治療者か，短期か長期か，NHSか私費か，精神力動的かそうでないのか，単独の事業として設定されるのか他の（たとえば精神科の）部門と連携しているのか——見込みの高さにおいて，患者の最善の利益に叶うのかどうかを判断することである。そのような治療は患者にとって受け入れ可能だろうか，患者は困難な時期をワークスルーして治療を続ける見込みがあるだろうか，治療は発達を促し，それによってその人の情動生活を変えるだろうか。方程式の反対側として，治療が事態を悪化させる重大な危険はあるだろうか。これらの問いは，本書の後続部に何度も浮上する。

　1回かそれ以上のフォローアップ面接を用意することは，最初のコンサルテーション面接がどう受け取られたかを見るために，有益であることが非常に多い。そこで現れることは，以下の重大な問いに対する治療者の結論を授けるだろう。それは，この人は提供される種類の治療に参加して利益を得る願望と能力を持っているのだろうか，そしてそれが何を引き起こす可能性があるかを知っているのだろうか，というものである。それは患者に，何が起きたかを振り返り，自分の肯定的なばかりでなく否定的な感情のことも治療者という人物に伝える機会も与える。時には私は，初回のコンサルテーション面接のそこここで患者がストレスや苦悩を感じたことを申し訳なく思うと言ってきた。そして私は本気だった。今となってはこのコミュニケーションは，その人の情動生活の捉え難いがきわめて重要な側面を捉えるために，患者と治療者が必要とした相互理解の文脈の中にある。

　そして最後に，もちろん治療者には，患者が必要としていることについての自分の見方を，利用できそうな実状に適応させるという仕事がある。包括的な治療に関して考えることは速記するようなものである。と言うのも治療は，それを行なうことになる治療者の経験とスキルに依存することが多いからである。患者と治療者がこのような実状を考慮しつつ，何が最適でありうるかについての見方を共有するようになったら，治療者は患者と何か手筈を整えるか患者に助言するかを通して，この目標に近づくために最善のことをする。

患者-治療者関係

　精神力動的なアセスメント面接を実施する主な狙いのいくつかを，目録にす

ることは簡単である。その狙いを成就するのは，それほど簡単ではない。患者のために，そして実は患者が組み込まれている（しばしばNHSを含む）システムのために達成する必要があることを，どう達成すべきだろうか。

　治療者がコンサルテーション面接に持ち込む最も重要な性質のうちでも，2つが際立っている。第一に，治療者は自分の仕方で，患者を理解しようとすることに真剣に心を傾けている。第二に，治療者はその理解を，患者の発達を促進するのに適切なときに伝えるという目標を持っている。

　この言明は，一部の人たちには痛み止めのように思われるだろう。それでもそのような心理療法の方針と態度は，患者を寛がせたり支持的な言葉を掛けたり，情報や再保証（reassurance）を提供したり，詳細な発達歴・精神科歴を聴取したり，人生の物語を紡いだり，共感を達成したりさえすることの重要性を強調する，他のアプローチと対比されうる。それは，これらの治療的接触の様式が重要でないということではなく，どの出会いにもそれぞれの場がありうるということだろう。たとえば，コンサルテーション面接中に現れるものを徹底的に精神医学的に評価するために，その面接の終わりか別の面接中に時間を取る必要が生じることがある。しかしそれでも私は，治療者が患者の発達を促す狙いに歩調を合わせて，自分の仕方で患者の理解に心を傾けると述べたことを，リストの最上位に載せる。

　では，そのようなことは何を意味するのだろうか。治療者は患者を理解しようとする際に，真実を追求している。私の見方では，これはまとまりのあるナラティヴを創ることや患者の視点から物事を見ることよりも，はるかに多くのことを（時には，はるかに少ないこともだが）意味する。それは，この人についてどういう事情で何が客観的に真実なのかを描写するように努力することを意味する。真実であることはこの意味において，もちろん患者の情動的（心的）現実について真実であることを必然的に伴う。治療者として，自分の結論がこのようにまさに真実であると証明する――つまり，ある特定の患者の情動的困難の特定の定式化に関して，正確な判断を下す立場にいる人は誰でも，自分に同意することを認めさせる――手段はないかもしれない。しかしこのことは，真実を**存在理由**とする説明を求めようとすることの重要性を否定しない。

　この方針は，治療の仕事に浸透しているものである。それは，治療者が患者についての真実を発見しようとしているということばかりではなく，治療者と患者との間のコミュニケーションの多くは，直接的・間接的に真実を**決定する**

ことに向けられているということである。だから多くのコミュニケーションは，患者（時には治療者）が苦悩や葛藤・苦痛を何とかするために，真実や真実を明らかにする対人的関わりから逸れたり非‐真実を押し付けたりすることにどう引き込まれるかという事実を分析することにも向けられている。

　もしもこうしたこと全体が抽象的すぎるなら，手短に例示しよう。治療者がある患者との関係で起きている何かに，取り組むのを避けたりし損なっていることに気づく時，それこそ治療者が明示する方法を見出す必要のある事柄だと言われてきた。治療者がまともに物事を何とかすることができないなら（もちろん適切な仕方で――口を滑らせることは「何とかする」ことではない），患者にもできない可能性が高い。また，それほど重苦しくない例を挙げると，セッションが終わるまで後どのくらいか時計をこっそり盗み見たり，次の休暇の件を持ち出せないと感じたりしている治療者を考えてみよう。それはただ，そのような真実の不愉快で葛藤の強い諸要素を隠したり避けたりすることが，最終的に不毛であるということではない。はるかに重要なのは，それが精神力動的心理療法の基盤そのものを蝕むことである。心理療法は真実の追求のみに関わるのではない。それは常にそして絶え間なく真実を志向する。それは，治療者と患者が，いかに真実と現実に直面することは耐え難いかを探究する時でさえ，そうである。

　いくつかの含みが，精神分析的な出会いのこの見方から生じる。私はここでは，患者のメンタルヘルスに関する含みよりむしろ，治療者の態度と技法に関するものに焦点を当てることにする。

　第一に，真実の追求の質を保証するのは，証拠を尊重することである。ある人の心理学的機能様式について，潜在的に正しいまたは正しくない見解に至るには，どのような証拠が当を得ているか。第二に，患者についてのどのような**種類**の説明が，治療者に利用できる証拠によって正当とされるだろうか。

　これらの修辞学的な問いに対する私の答えは，精神分析的心理療法の方法や手続きについての見方によって言い表される。すべての心理療法者がこの見方を共有してはいない。それは，治療者が強力な証拠を**持っているもの**――つまり今・ここで患者と治療者との間に起きていること――に関する比較的制限された焦点と，治療者が行きつ戻りつする関わりの中で起きていると捉えることの証拠に対する厳しい必要条件とを結びつける。確かに，治療者の判断行為は，理論から導かれたり先行経験から引き出されたりするアイデアに影響され，形

作られるだろう。しかし最終的には，治療的コンサルテーション面接から生じる患者の困難の定式化はどれも，今の患者－治療者のやりとりに由来する証拠によって正当化される必要がある。

では，この証拠の性質は何であり，こうしたことすべては，治療者が患者を「自分の」仕方で理解する必要性とどう結びつくのだろうか。

証拠の等級

多くの種類の事実が，人の生活状況の理解に関連している。人の現在・過去そして起こりうる未来の関係についての事実があり，おそらく特に，親密で支持的か葛藤のある関係についての事実がある。そして社会学者が関心を持つような事実（年齢・ジェンダー・人種・宗教）を含むその人の境遇についての事実，住宅事情や金銭的状況を含むその人の生活条件に関する事実，その人や場合によっては親族の現在・過去の医療歴と精神科歴についての事実，もちろん，これらそれぞれと他の事実分類との関係や，その人の人生の段階という文脈における熱望・失望・挫折などがある。

これらの種類の事実でさえ，確定するのは容易ではないかもしれない。しかし誰も，それらが「事実」であるという地位や，人の理解に潜在的に関連していることには，異論を唱えないだろう。治療的コンサルテーション面接がこれらの特徴のいくつかを評価する必要があるのは，もっともである。それはコンサルテーション面接の最終段階で，具体的な質問を通して行なわれる。

それから第二級の事実があり，それは第一級のものに紛れ込むことがある。これらは，患者が（おそらく質問表に）書くか述べるか，さもなければ示している事情に関する事実である。時には，そのような「患者による報告」の正直さに自信を持てることもあるが，いずれにせよこれらの説明は，患者に関する**何か**を伝えるものとして尊重することが重要である。その内容は貴重な情報を提供する可能性があるが，この情報は常に，患者にとって意味のあることやあったことによって選択され形作られている。それは，何であろうと報告された患者の経験が詰まっており，時には明示的に（「私は，母親が私を本当には愛していないように感じたが，それが真実かどうかわからない」や「私は恋愛問題となると，自分を信用できないと思う」），しばしば言外に含まれている。この部類の事実――おそらくそれを等級と見なすのは拡大解釈である――は，客観

的現実の説明から，心的現実についての多かれ少なかれ直接的な言語表現，時には無意識的現実にまで及んでいることが推測されるだろう。たとえば，患者が報告する夢の内容にどのような地位を与えるべきだろうか。

　第三級の事実は，精神力動的コンサルテーション面接で特に重要である。これは，患者が自分自身ばかりでなく治療者とどう関わるかについての事実である。もちろん，そのような関係も無意識的空想（「空想」は主として個人的な諸関係からなる無意識的な内部世界を指し，本書のさまざまな箇所で例示されることになっている）を表していると言えるかもしれない。そして確かにそれは表している。しかし，特別な対人的関わりについての判断に達するために利用される証拠の性質には，特別な何かがある。それは，起きていることの「無意識的空想」の部分に焦点を当てているかどうかにかかわらない。

　その証拠は，源が**間主観的な関わり**の独特の性質の中にあるおかげで特別である。最も基本的な水準では，私たちは人との情動的な関わりや人の表現する態度を通して，人の性質や人の精神状態を感知し理解するようになる。これは私が，一部は自閉症の研究（たとえば，R.P. Hobson, 1993）で認識論的観点から探求したことであり，私の父ボブ・ホブソン（Bob Hobson）が，彼の著書『感情の形』（Forms of Feeling　R.F.Hobson, 1985）で論じた問題である。私たちが物を経験するのとは違う仕方で人を経験するという事実は，心を持つ人々の性質についての私たちの知識にとって，広く影響の及ぶ帰結をもたらすものである。私たちは人々が心を持っていることを知っており，私たちがこの事実を知っていることは1つの事実である。私たちは，心理学的理論化における現在の流行が私たちに信じさせるような心の「理論」を，持ってはいない。心理療法にとって重要なことは，この出発点から，どの所与の瞬間にも人の主観的経験が，きわめて親密かつ複雑にコミュニケーション相手のものと結ばれているのはどのようにしてかを，もっと詳細に述べることができることである。

　心理療法的な出会いは，心理療法者に自分の患者に関する主観的経験を心に留めて理解する最良の機会を与えるために，枠づけられている。設定（治療者の技法を含めて）は，これ以上のことをする――たとえば，患者と治療者の両方を行動化から守るための境界を提供する際に――が，治療者が**患者との自分自身の関係を論じること**ができるようになるならば，枠組みが必須である。私は後の章で，これが意味することを例証する。要点は，心理療法者には特定の患者が患者‐治療者の関わりを形作っていくことに関与するようになって，治

療者自身の情動的な構えから半ば離れつつも触れているという，**両方**が必要ということである。このようにしてのみ治療者は，患者をよりよく理解するために逆転移——すなわち，患者がその関係で今まさに感じて行なっていることに対する治療者の情動的反応——を分析することができる。

　したがって第三級の事実は，患者と治療者との間の間主観的な出来事を含んでいる。治療者がある患者には能力不足に，別の患者には驚くほど洞察力があるように，また3番目の患者にはそこそこだと**感じる**ようになるのは，よくあることかもしれない。治療者がある患者のことは強く気に掛け，別の患者には退屈し，3番目の患者に関しては恐れているということは，よくあることかもしれない。これらは患者−治療者関係についての——私としては，患者−治療者関係が展開するときの関係性についての，と言いたい——事実であり，患者を理解することに大いに関連している。

　ついでに，私はこれが心理療法者の訓練に影響をもたらすことを指摘したい。心理療法者としての生活の始まりの時でさえ，少なくとも2人の患者に会うことから得るものは，多々ある。人はすぐに，患者によって刺激される情動が異なることを学ぶ。なるほど自分の経験は自分自身の経験だが，治療者として考え感じることは，セッションのどの瞬間にも，患者が経験していることおよび治療者に経験してもらう必要があることと，密接に結びついている可能性がある。

　対人関係の理解の性質には，「診断」の領域を越えて広がるさまざまな含みがある。その理由は，理解の適切な**形**を求めて努力し時には達成する治療者の意図が，患者のその場での欲求および発達的な欲求に応じることにとって非常に重要である可能性があるということである。

　以下はおそらく言うまでもないことだが，とにかく述べておく価値はある。人間の心理学に関する事実には，平凡過ぎるので当然とされるものがある。たとえば，私たちは耳を傾けられ，理解される必要がある。これが意味することの生き生きとした例は，親による世話に対する幼児の反応である。1歳の男児が転んで膝を痛める。彼は情動的に感受性の乏しい親に頼り，その痛みや苦悩は弱まらず続く。別の1歳児が転んで膝を痛める。彼は情動的に感受性のある親に頼る。その親は，彼の苦悩とありうる屈辱を心に留めて年齢に適した共感を示し，戦い続けるように励ましを織り交ぜる。見る間に，その子の痛みと苦悩は消え去る。ワークスルーの過程を援助する絆創膏の手当てで，その男児は

遊びに戻る。このエピソードの5分間の展開ばかりでなく，この少年の**発達**が育まれたのである。

コミュニケーションと考えること

　理解することと理解されることの過程には，それほど明白ではない次元がある。結局，異なる種類のコミュニケーションがある。これは，理解することと理解されることの性質が，患者によってばかりか，ある所与のセッション内の瞬間瞬間によっても変わりうることを意味する。時には，患者は聞かれることを必要としており，治療者がその人の仕方で本当に耳を傾けているときを，記銘することができる。時には，患者はいくつかの困難な心的状態を免れることを必要としており，治療者が自分の中に患者が生み出しているものを，情動的に言って耐えられるあるいは耐えられないときを，心に記銘することができる。時には患者は，（患者の回避性のような）自分ひとりで取り組むことのできない問題に，治療者が立ち向かうという自分の願望を伝える，などなど。

　補足的な観点から言うと，患者が治療者の理解を理解として認める際に経験する可能性がある，さまざまな困難がある。治療者の理解を伝えようとする骨折りが，理解の不能やある種虚ろな「だから何」に遭うとき，失望させられ時には胸に応える，時には厳しい行き詰まりでありうる。治療者がどれほど感受性豊かでも，理解されていると感じられないか，つながりの感触がきわめて移ろいやすく，患者の状態に違いを生まず，発達にとって不十分な基盤を提供されている患者たちが存在する。これは，人が理解を記銘する手段を持っていないために起きるかもしれない。あるいは，もしも理解されることがその人のアイデンティティをあまりにも脅かすか，理解の源泉としての治療者に対する羨望をあまりにかき立てるならば，患者は潜在する理解されているという感情を攻撃して消散させるかもしれない。治療的コンサルテーション面接の1つの課題は，そのような困難の性質と起源に取り組んで，変化の見込みを評価することである。

　発達的側面から見ると，対人関係を理解することは，目覚ましい変形力を持っている。人が早期乳児期から他の人たちを**通して**発達することは，発達の原理である。実際，私たちが個人として存在するのは，単に1つの観点からのことである。ウィニコット（Winnicott, 1964）が書いたように，1人の赤ん坊のよ

うなものはない。個人として私たちは，別の人に関係している自己のシステムであれ家族やより広い社会的ネットワーク内の自己のシステムであれ，社会的**システム**の中の要素として存在している。

　他者と関係している自己のシステムに焦点を当てると，そのシステムの多くの特性は，両方の当事者が参加することに依存している。さらには，その関係に関わる各人の発達は，他者に依存している。これが該当する仕方は，多様である。当面の目的にとって最も重要なのは，精神分析者と発達心理学者ヴィゴツキー（Vygotsky, 1978）が内在化と呼んだ原理である。フロイト（Freud, 1921c, p.105-110）は，「〜と同一化する」という概念を精緻化する際に，人が自分の自己に対する態度を含めて，他の人たちの世界に対する心理学的な態度と特徴をどう**吸収する**かを強調した。そうする際に，個人のパーソナリティは，何が内在化されるか次第で累進的に豊かになったり貧しくなったりする。したがって，最初に対人関係上のやりとりとして経験されることは，その個人自身の心の中の関係性のパターン——いわゆる内的対象関係となる。これは次に対人的に，中でも特にその人の親密な関係の文脈で再び経験される。精神分析的心理療法では，この同一パターンが心理療法者という人に「転移」されるために，それに接近できるようになる（詳しい臨床例は第7章を参照）。

　つい先ほど私は，ロシアの発達学者レフ・ヴィゴツキーに触れた。ヴィゴツキーは「高次精神機能の内在化」と題された小論の中で，次のように書いた。

　　子どもの文化的発達においてどの機能も，2度出現する。最初は社会的水準に，後に個人的水準に，また最初は人と人の**間に（精神間的（interpsychological））** に，次に子どもの**内部に（精神内的（intrapsychological））** 現れる。このことは，随意的注意・論理的記憶および概念形成に等しく当てはまる。あらゆる高次機能は，人間個体間の実際の関係に起源を有する。
　　[Vygotsky, 1978, pp.56-57; 太字は原文のまま]

　したがって，情動的な発達だけでなく認知的な発達に関しても，個人のことと対人関係のことの間には，絶え間ない相互作用がある。どの時点でも，個人は対人関係の領域で起きることを形作る——心理療法の設定では，このことは転移を構成する——と同時に，対人関係上で起きることは人の精神内部の発達に，深い影響を及ぼしうるのである。

臨床的な文脈における思考すること

　驚くことではないが，精神分析の治療作用については，広範囲にわたる臨床的・理論的な仕事がある。当面の目的のために，私は3つの大きな主題を強調する。

　第一に，個人の情動的・心理学的な完成度（integrity）に対する象徴機能の意義については，精神分析・心理療法の著作の長い伝統がある。その考えの最も感動的で雄弁な表現は，フロイトからではなくシェイクスピアの『**マクベス**』〔第4幕第3場〕の中の，マルカムが心を取り乱したマクダフを強く説得する場面から得られる。

　　　悲しみに言葉を与えよ。ものを言わぬ嘆きは，
　　　詰め込まれた心に囁きかけて張り裂けさせる。

　フロイトは，「想起すること」が患者に関係性の不適応的パターンを反復する強迫からの解放を提供することになっているのならば，言語化されていないもののために言葉を見出すこと——そしてその含みとして，経験に言語的な表現を与える行為とともに生じるかもしれない洞察を達成すること——が決定的に重要であると考えた。

　しかし，ここには厄介な問題がある。象徴機能の実例のように**見える**ものが，成熟した象徴化の性質も心理学的利得も持っていない場合がある。これのよく知られた例は，ある人たちの具象的な思考作用の中にある。そのとき象徴は，成熟した思考の特徴である柔軟性も他の象徴との結びつきも，持っていない。このような人は代わりに，シーガル（Segal, 1957）が象徴等価物と呼んだものとともに機能しているかもしれない。第8章でジョアン・スタブリー（Joanne Stubley）は，このことを外傷(トラウマ)を受けた患者に関して論じている。おそらくより一般的に，具象的な思考から象徴的想像力と思考の柔軟で創造的な形までの広範囲の心的操作があることは，正しく認識する価値があるだろう。それらが情動的な意味と他の思考とのつながりを抱える程度は，さまざまである。それらは，ある人のパーソナリティの異なる部分をどう効果的に結びつけるかという点でも異なっているかもしれない。治療の目標は，単に扱いにくい感情に言葉を与えることではなく，そうした言葉が意味を持つようになり思考作用を生

み出す発達を促すことである。

　第二に，対人コミュニケーションの中心的な意義がある。言葉を含めて象徴は，思考の媒体以上のものである。それは対人コミュニケーションを通じて発達し，もちろん多くのコミュニケーションを媒介する。このことは，精神内部のコミュニケーションにも対人コミュニケーションにも当てはまる。シーガル（1957）は，象徴作用の欠陥を対人関係における機能不全と，もっと具体的には人が自分自身の部分や心的能力を別の人の中に置く仕方と，結びつけた。この裏面は，心理療法によって育成される対人関係の変化は，新しい思考作用の仕方や思考作用の**ための**新しい装置の出現に通じるかもしれないということである。

　これらは，ビオン（Bion, 1962）が大きな影響を及ぼす貢献をした事柄である。特にビオンは，思考することに適さない経験の要素（ベータ要素）を排出する能力よりもむしろ思考する能力（アルファ機能）を発達させることが，いかに乳児がある種の対人経験を持つことに依存しているかを探求した。乳児は自分の養育者を，（「言いようのない恐怖」を含めて）自分が扱えないと感じるものを受け入れて理解する，と経験する必要がある。それは乳児が，養育者によって今や消化され，扱うことができる包容された形になったそのような感情を，再び迎え入れることができるためにである。乳児にとって真実であることは，多くの成人の心理療法患者にも真実である。患者が扱えないものを吸収して扱えるようになるためには，患者は問題となっている心的内容――すなわち，知らないということ・怖れ・攻撃性などのような経験――に取り組むことができる**治療者**を経験しなければならない。このこと以上に患者は，時には患者自身の侵入的で挑発的な振る舞いにもかかわらず，そのような内容を省察できる治療者を見出す必要がある。

　もちろん，あらゆる患者が挑発してくるか支配的であるわけではない。ブリトン（Britton, 1998）は，「同意の欲求は理解の期待に反比例する」という興味深い示唆をしている（p.57）。彼がこれによって意味しているのは，誤解されたり最も深刻な場合には自分の存在が脅かされたりすると予期する人は，他の人たちが自分自身と世界についての自分の見方に同意することを，必死で必要としている人だということである。おそらく，どのような見方の相違にも耐えられない。その人は，自分の見方を押しつけるか相手の見方に服従するかしなければならない。このような人がコンサルテーション面接に来る時，治療者

は患者のコミュニケーションの切迫度と執拗さの基底にあるものを感じとる必要がある。他の患者たちはもちろん，もっと受容力があり，治療者には考え探究する余地がもっとある。治療者は，患者を理解しようとする自分の努力が，感謝や安堵とともに受け入れられることさえあるかもしれない。

　上記の説明を補足すると，ブリトン（1998）は心的空間の獲得と維持を，子どもが自分を時折排除する両親の間の関係を受け入れる気があることに依存すると考えている。人は，三者からなる関係の中にいることやその中で動くことが生む葛藤に，耐える必要がある。この見通しは，特に心理療法者が自分の心の中で自由に対話する権利に，患者たちが耐えるためにどのような援助が必要かもしれないかについて，心理療法者の見方を豊かにする。

　すべてに先んじる原理は，1人では耐えられないことも，他の人が参加すれば耐えられるようになる可能性があることである。確かに人間は，非常に多くの現実には耐えられないが，2人では1人のみでよりも，はるかに耐えることができる。それ以上に，いったん2人が一緒に情動的現実の一片に耐えて理解したなら，その現実は，2人が離れてそれぞれの心の動きの中で扱えるものとなる場合がある。

　要約すると，私が概説した発達の第一原理は，思考の象徴的媒体の構築と展開に関係していた。第二原理は，そのような構築と展開のための対人的基盤と関係していた。これらの基盤は，ビオン（1962）によって強調された最も根本的な包容（コンテイニング）機能から，経験を言葉にするというもっと馴染みのある表現の（「悲しみに言葉を与えよ」）水準まで，いくつかの水準で存在している。

　第三の原理は第二のものと関連している。これは，人の関係性の反復するパターンの**内部**から最もよく促進される種類の変化に関わる。転移の中で治療者は，患者の今起きている空想に巻き込まれるようになり，特権的な立場に就いて，そこから介入する。

　フロイト（1912b）は，変化に対する障害が精神分析的セッションの今・ここに現れる際に，精神分析者がいかにこれに取り組む必要があるかを述べた。ストレイチー（Strachey, 1934）はこの主題を，「変容惹起解釈」の構成要素についての考察の中で取り上げた。読者は，すでに教訓は得られていると想像するかもしれない。なぜ，転移と患者が治療者との関係で現在の瞬間に生み出していることを作業の対象とすることの重要性を，繰り返し説明するのか，と。

　第10章で例証するように，転移の中で作業するとはどういうことなのかに

ついて，意見の一致はない。これは控えめな表現である。たとえば，転移に基づく解釈の性質を解析する，**非常**に異なった仕方がある。ある人から見た精神分析的心理療法者は，別の人には支持的なカウンセラーである。

　私たちは少なくとも何が問題かを見ておこう。男性患者が，治療者を信頼できないし彼の心の状態に鈍感だと経験していると想像しよう。患者は，自分がこう感じていることを，治療者にばかりでなくおそらく自分自身にも隠すために，最善を尽くしている。治療者は言う，「あなたは，あたかも御自分が私はあなたの話を聞いている，と信頼しているかのように話しています。実際には，あなたは私があなたの気持ちに興味を持っているかどうか，大いに疑っていると思います」。ここで重要なことは，患者が治療者の理解力を信用していないまさにその時に，治療者を理解力があると，しかも自分の不信感を理解していると経験することである。

　このことは，患者と治療者がたとえば，患者の職場の同僚への不信感について話し，それから治療者が，患者は治療者に対して同種の感情を持っていると示唆するときとは，非常に異なっている。そこでは私たちは，患者が今どのように治療者を経験しているのかを知らないし，治療者は2つの状況，つまり一方は患者が同僚に関係し，他方は患者が治療者と関係している状況の，知的吟味の一種を促している。時には，これは価値があるかもしれない。しかしながら，それは治療者が，あるとき同時に矛盾した仕方で——たとえば非受容的と受容的に——経験されているときと同じではない。後者の場合，現在のやりとりの情動的事実を取り巻く治療的コミュニケーションに，直接触れている。そのような包　容は，考える能力を育成する上で重要でありうる。
　　　　　　コンテインメント

最終的な省察

　私は，患者と治療者のどちらもがコンサルテーション面接の過程で，「アセスメント」をする立場にいる必要があることを強調してきた（第3章も参照）。これは両者が，患者の治療に対する適合性のアセスメントにおいて，同じか等しい役割を持つという意味ではない。患者は精神分析的心理療法が提供するものを，自分が欲するかどうかをアセスメントする必要がある。しかし，その提供を申し出るかどうかを判断するのは，治療者の責任である。

　私は本書の適当なところで，コンサルテーション面接の結果が何であれ，そ

の終わりの扱い方を検討するつもりである。私はさしあたり，治療者は可能ならばアセスメント面接を，一種の友好回復で終えたいと思うだろうと述べたい。これが，よかれあしかれセッションの中で起きたことについての相互承認を含むならば，いっそう良い。しかしこれは，治療者が患者と患者の困難について，自分が実情だと信じることを捨て去ることによって達成されるべきではない。治療者は，患者の見方と決定を尊重するだろうが，それらに同意する必要はない。これもまた，患者ばかりでなく心的現実の地位と意義に対して，尊重しているしるしである。

さて最後に私は，浮上したいくつかの倫理的問題を書き留めたい。患者を精神分析的なアセスメント面接のような，苦痛で動揺させる可能性のある過程に携わらせることは，倫理に適っているのだろうか。明らかに，何らかの形の患者同意が必須である。心理療法をする契約がないならばそれを行なわないのは，患者が手術の手続きに同意しなければそれを行なわないのと同じである。しかし，その過程に必ず伴うことになるものを知る前に，どうやってアセスメント面接に同意できるのだろうか。他方では，アセスメント面接で起きることのなにかしらを経験しないで，どうやって本当に有益な情報を得ることができるのだろうか。アセスメント面接の予期しない要素が，関係の展開過程に自発性と深みを与えるとき，それにもまた大きな価値がある。

選択肢は，競合する諸々の要求の均衡をとるよう努力する以外にはない。そう，患者は情報を提供されるべきであり，質問表は治療者が重要と考えるものであることを伝える，強力な方法である。そう，同意は求めなければならない。同時に，もしも患者に深く重みのあるコンサルテーション面接が必要になるならば——そして治療者は，まさにそれを目指すべきである——それは将来の心理療法との関係で，患者の強さ・脆弱さと肯定的・否定的態度についての**直接的な証拠**が浮上するはずであることを意味するだろう。アセスメントのコンサルテーション面接は，綿密であるばかりでなく波乱に富んだものでもありうる。ある意味でそれは，そうである必要があるかもしれない。どちらの当事者も，それを軽く受け取るべきではない。

後記：用語についてのいくつかの注解

　私たちは，この本が心理療法者だけでなく心理療法職以外の人たちにとって

も理解しやすいことを望んでいる。そのため，専門用語を最小限に抑えようとした。そうは言っても，いくつかのアイデアは精神分析理論において非常に重要なので，通例の専門用語すべてを本文から削除しようとすると，心理療法者の読者には役に立たないものになるだろう。私は，以下の簡単な紹介がこの分野に新しく来た人にとって，続くページをうまく読み通す助けとなることを望んでいる。

　第一のアイデアは，**転移**である。精神分析の中でただ1つの最も重要な臨床的概念は何かと聞かれたならば，私の答えは転移だろう。コンサルテーション面接の中へ，そして治療者上に「転移」されるのは，この特定の患者を特徴づける関係性と関係のパターンである。多くの場合そのようなパターンは，人の早期関係を含む，過去の関係に根ざしている。フロイトはドーラ(Dora)(Freud, 1905e [1901])の症例の考察で，次のように詳しく述べた。

　　転移とは何か。それは，分析が進みゆくなかで呼び覚まされ意識化されることになる感情の蠢きかつ空想（ファンタジー）の，装いを新たにした再版本であり複製品である。しかもこの転移という領域に特徴的なのは，以前の人物が医者という人物によって代用されることである。[p.116]（渡邉俊之　草野シュワルツ美穂子　訳「フロイト全集6」岩波書店 p.152 ）

　私たちは本書の随所で，事例ヴィネットの中に多くの例に出会うだろう。
　では，転移の中で「仕事をする」とはどういう意味なのだろうか。ここには，2つの絡み合った要素がある。第一に，治療者は転移——すなわち，この特定の患者が治療者を経験し，関わって対処する仕方——を同定し理解しようと努めている。第二に，治療者は起こっていることを**解釈**しようとしている。これは，治療者が患者の言ったことや，患者が何かを言葉や身振りで伝える仕方を際立たせること以上を意味しないかもしれない。その狙いは，起きたことにある意味を引き出すこと，あるいはことによると，その意味する詳細がまだ知られていない時でさえ，それは意味を持っている，という事実を引き出すことである。あるいは治療者は，患者の話の見たところつながっていない部分の結びつきを示唆するかもしれない。特に，治療者は患者のコンサルテーション面接の設定における現在の行動・子ども時代の経験の報告・現在の関係や日常生活の他の側面の描写の中にある諸関係を強調することを選ぶかもしれない。

私は，一方で転移を認識し，他方で転移の解釈を与えるという，2つの要素が絡み合っていると述べた。そうである1つの理由は，現在の関係を理解する重要な源が，治療者の介入に患者がどう反応するかを，治療者が心に留めておくことだからである。これらの反応は，転移の非常に重要な部分である。

　関連した概念の1つに，**逆転移**がある。当初この用語は，治療者自身の転移パターンを指していた。これは治療者の知覚と判断を歪めて治療を妨げる可能性があると考えられていた（そして今もそう考えられている）。その後，意味の重点は移動した。逆転移という用語は依然として，治療者が患者に関してどう考え感じるかを指すが，今では，特定の設定においてこの特定の患者に反応して生み出された何かを反映する，治療者の経験的側面が強調される。その要点は，もしも治療者が患者に対する自分自身の反応を心に留めて考えることができるなら，このことは，患者が相互作用を形成するために一定の仕方で持ち込み行なっていること，そして治療者と患者それぞれの役割への，重要な洞察を生むかもしれないということである。言い換えれば，逆転移は転移のもっとも鋭敏な指標の1つかもしれない。

　次に，いわゆる**対象関係**という内的世界についての概念がある。私は第7章でフロイトの古典的論文「喪とメランコリー」（1917e [1915]）を再吟味する時に，この概念を考察する。その中心の考えは，心は幾分，1つの劇作品がさまざまな役を演じる**登場人物**たちから成るように，互いに関係し合って存在するさまざまな人物から成る空想によって形づくられているというものである。ほとんどの場合「対象」という言葉は，「人」に言い換えることができる。「対象」という言葉の源は，欲動はその欲動の対象に向けられるというフロイトの見解にある。この用語が今も使われている理由は，「人」という言葉は，ある人が，人に関連してはいるが人に満たない何か——たとえば栄養の源泉や，感情を排泄できる場——としての他の人たちと関係しているときに役に立たないからである。人がそのような「部分対象」の関係性の標的になっている場合，あたかも自分が十分に人ではない仕方で使われているかのように感じる。「対象関係」という語句は，人の心の内側で起こることに言及するために用いられるが，時々かなり大雑把に，その人と治療者を含むその他の人との間で起こることに適用される。

　クライン派の思考方法においては，2つの対照的な対象関係的な心の枠組み——すなわち妄想分裂ポジションと抑うつポジション——が特別に重視され

る。妄想分裂ポジションでは，人は悪夢かおとぎ話の世界にいて，そこでは他の人たちは素晴らしいか迫害的で悪意がある——守護天使か邪悪な魔女——ように経験され，その人の優勢な不安には，侵入・搾取あるいは絶滅による自己に対する脅威と関係があるものが含まれる。他方の抑うつポジションでは，人は他の人たちを，より均衡が取れて個人的な仕方で経験する。他の人たちには，彼ら自身の主観的な見方や価値があると感じられ，愛と憎しみの両価的感情を引き寄せる。そこでは情動的領野は他の人たちと行きかう関心や思いやりで彩られ，不安は自分が依存していて大いに必要とする人たちを，傷つけたり失ったりすることを中心とする。抑うつポジションは，非常に幼い子どもが，最低1人の他の人からの十分に敏感で包容（コンテイン）する世話を経験することに依存する，発達の達成として見られているが，私たちのほとんどは，状況そして私たちの個人的発達史に応じて，2つどちらのポジションのどちらにも身を置く可能性がある。コンサルテーション面接内の瞬間ごとに，人の情動的な構えが一方のポジションから他方のポジションへと移り変わることがある。

　最後に，**同一化**と**投影同一化**という概念がある。ある人に同一化することは，他の人の態度や特徴であると知覚するものを，心の中で同化することである。簡単な例は，父親に同一化する少年である（父と同様に私は，パイプをふかす心理療法者になった）。投影同一化はかなり異なっている。それは，感情を誰か他の人たちの中に置くことによって自分から取り除く——そしてしばしば伝える——無意識的な行動に関わっている。たとえば自己愛的な人は，自分自身のより依存的で傷つきやすい側面を他の人たちの中に置くことができるので，**その人たち**が依存的で潜在的に見捨てられた人たちになる。ここでの「置く」の意味は複雑である。なぜなら治療者は，患者が自分で感じているかもしれないことや感じているはずのことにしたがって感じていても，問題となっている感情は依然として患者に属しているからである。投影同一化は，患者が転移－逆転移のダンスを確立して組織化することのできる，強力かつ重要な一手段である。

第 II 部

実践のための枠組み

　精神分析的心理療法においてコンサルテーション面接を実施するとき，何を「アセスメントしている」のだろうか。そのような面接を行なうべき仕方については，何が論点だろうか。その過程は，文脈によってどう異なるだろうか。もっと言えば，そもそもなぜ患者をアセスメントするのだろうか。第II部は，こうした疑問に関わる。

第2章

精神分析的心理療法のためのアセスメント：歴史的展望[注1]

ルース・バーコヴィッツ（*Ruth Berkowitz*）

「しかし，はっきり言っておかねばならないが，この技法は，ただわたし個人にとって目的にかなったものとして出てきたのであって，わたしとは全然別の気質をもつ人格の医師であれば，病者や解決すべき課題に対して別の態度の方を優先するよう迫られる可能性があることを否むつもりはない」[Freud, 1912e, p.111]（須藤訓任訳「フロイト全集12」岩波書店 p.247 より）

精神分析的な治療を求める人たちは，注意深く選ばれる必要があるという考えは，フロイト（1904a, 1905a, 1912e, 1937c）によって最初に提示された。アセスメント面接・コンサルテーション面接・評価面接などさまざまな呼ばれ方がある面談に基づいて，臨床従事者は患者となりそうな人をアセスメントする。本章で引用される論文の数は，この考えが生み出した思索と努力の証である。今や1世紀に及ぶ討議を通じて，発表された仕事は泥沼のようになったが，折々の総説論文は，その混乱と抜け穴のいくつかに少なくとも注意を，よくて少しの秩序をもたらそうとしていると思われる。

大抵の論文で省略されているように見えるのは，**なぜ**アセスメントを，精神分析や精神分析的心理療法のような治療のために行なわなければならないかの説明である。ほとんどの著者は，患者をこのようにアセスメントしない場合の

注1）本章は，J. Cooper & H.Alfillé 編『心理療法におけるアセスメント（Assessment in Psychotherapy）』（1998, 2005再版）中の私の章「精神分析的心理療法のためのアセスメント―文献の展望（Assessment for Psychoanalytic Psychotherapy: An Overview of the Literature）」の，短縮し重要な修正を加えた版である。Karnac 社認可済。

帰結について，自分の見解を表していないが，そこに暗黙の理解はあるように思われる。ほとんどの論文にある2つ目の省略は，精神分析的な治療を構成するものについての定義である。だが，その経験の諸々の要求および厳しさは，アセスメントをする理由づけに影響を与えているに違いない。

　本章で私は，患者と治療者が精神分析的心理療法と呼ばれる過程に乗り出そうと決めつつある時に，考慮される必要のある因子を検討する。文献の多くが精神分析に関わることを考えると，私は単純に——全面的に正当化はされないかもしれないが——多くの考察は，精神分析的心理療法にも精神分析にも等しく当てはまると仮定することにする。焦点となるのは，患者のさまざまな性質・心理療法者のパーソナリティそして患者と治療者の組み合わせである。私は，アセスメント過程のさまざまな側面についても考察する。文献には，臨床的な調査研究およびもっと本式のリサーチも含まれる。各種の研究には，それぞれ特有の強みと弱みがある。ブロック（Bloch, 1979）による，以下の懐疑的な評価は，気まずいものだが今でもほぼ的を射ている。

　「アセスメント領域における膨大な量の研究は，実践的価値があるものをほとんど生み出しておらず，調査研究の臨床活動への影響は，ごくわずかである」[p.205]

患者の性質

　精神分析的心理療法を行なうと決めることに関連した患者の性質についての初期の記述は，混乱状態の証拠を提供しており，今でも同じ状況が続いている。ベイカー（Baker, 1980）が結論づけたように，「精神分析の文献を細かく調べると，精神分析はあらゆることに適し何にも適さないという結論に達しうる」(p.355)。それに先立つ文献の優れた総説として，タイソンとサンドラー（Tyson and Sandler, 1971）とエリーとゴールドバーグ（Erie and Goldberg, 1979）が参考文献に挙げられている。最初期からフロイト（1904a, 1905a, 1912e, 1937c）は，精神分析が見込まれる患者の症状・資質・適応・禁忌についての彼の見方を概説する際に，診断や病気を越えてパーソナリティ全体を見ることが重要だと考えた。非常に激しいか危険な症状のない精神神経症の慢性症例が，精神分析にとって最も好ましいと考えられた。フロイトは，精神病・混乱状態・根深

い抑うつを除外した。とはいえ当時の彼は，方法に適切な変更を加えれば，この禁忌を克服することは可能であり，精神病の心理療法はありうると見ていた。患者の病気を越えてパーソナリティ全体を見るときに彼は，知能・倫理的発達（たとえば，信頼できる性格の人物）・50歳未満であることを強調した。フロイトによれば，50歳を超えると，その心的素材の大部分はもはや操作不可能であり，回復に必要とされる時間は長過ぎ，心的諸過程を打ち消す能力は弱まり始めている。それに加えて患者は，自分の苦しみのために治療に来るべきで，身内の主導で来るべきではない。この段階では性格障害は除外されており，タイソンとサンドラー（1971）が指摘するように，その診断群が目録に登場したのは，ヴィルヘルム・ライヒ（Wilhelm Reich）が1933年に，この論題に関する本を出版したときに過ぎなかった。

　フェニケル（Fenichel, 1945）やグラヴァー（Glover, 1954）といった著者は，診断の一覧を提供する一方で，診断の背後にあるパーソナリティを考えるべきで，診断だけでは患者を選ぶ指針として不十分であることを強調した。グラヴァー（1954）は，病気の起源と見なしうる人生早期の発達段階も考慮に入れた。彼は診断の基礎を，発達的アプローチに置いた――たとえば，不安ヒステリーは4歳から5歳の間に，強迫神経症は3歳から4歳の間に，そして精神病は人生の最初の3年間にそれぞれ源がある。「治療接近可能な」カテゴリーとしてグラヴァーは，不安ヒステリー・転換ヒステリーそして混合神経症のような診断を含めた。それを決定づける特徴は，支配的な不安が発達の幼児期性器期の後期から生じているはずである，ということだった。「治療接近可能な」という用語の使用は（フロイトによって使用されていたので，新しくはないが），アセスメントの問題に更なる次元を加えた。グラヴァーの用語使用は，転移と結びついていた。つまり，固着点が早期であるほど陽性転移の絆は希薄であり，患者が心を開く過程へ接近する可能性は低くなる。

　診断だけでは誤解を招きかねないという考えは，ゼッツェル（Zetzel, 1968）の「いわゆる良いヒステリー患者」という論文で強調された。その中で彼女は，ヒステリー患者と診断されていた患者の4カテゴリーを記述した。これらの患者は，さまざまな基準――発達・防衛・仕事と学業の成績・原家族内の出生順位――に基づいて区別された。非常に興味深いことに彼女は，「いわゆる良いヒステリー患者」と名付けた，治療が進んでからしか精神分析的治療への不適合性が明らかとならない患者たちを，以下の諸基準によって選び出した。それ

は，人生の最初の4年間のうちに両親からの重要な分離がないこと・片親もしくは両親に深刻な病理があり，しばしばそれには破綻したか不幸な結婚が伴うこと・子ども時代の重篤で長期にわたる身体疾患・母親との敵対的で依存的関係が続いており，母親は価値を奪うか拒絶すると見られているか，価値下げされていること，そして最後に，同性とも異性とも有意義で持続した対象関係がないこと，である。ゼッツェルはおそらく，対象（個人的）関係の役割を――早期のものばかりでなく現在のものも――重要であると見なした，最初の人たちの1人だった。

「精神分析のための患者選別における問題」と題した論文でタイソンとサンドラー（1971）は，他の者たちが適応／禁忌・適合性・治療接近可能性・分析可能性のような用語を使う際に陥っていた危険を避けた。彼らは，「適応」が「徴候と症状」だったのに対して，適合性は患者の性質と能力により関係していると示唆した。この著者たちによると，治療のためのアセスメントは，適応よりも適合性の基準に依拠する。彼らは，患者が治療に適しているかよりも，治療がその人に適しているかを語る方が適切であると示唆した。タイソンとサンドラー（1971）は治療接近可能性を，十分な治療同盟に必要となる多様な構成成分という見地から理解した。彼らがとりわけ重視したのは，ある程度の欲求不満に耐え，他人を見る時のように自分を見，ある程度の基本的信頼を経験し，治療の目的に共鳴する能力だった。

タイソンとサンドラー（1971）の論文は，さらに，フロイトの適合性に関する基準を足場にして，1971年までの文献を以下のように実用的に総括した。

1. フロイトによって50歳に設定された年齢の上限は，後に続く著者らによって引き上げられた。特にアブラハム（Abraham, 1919）は，患者の年齢より神経症の経年数が重要であると提唱した。タイソンとサンドラー自身は，「アセスメントは，年齢そのものという単純な因子より，患者各自の年齢による変化を考慮に入れなければならない」と結論づけた。
2. 知性や教育は，患者が治療同盟と十分な程度の洞察を発展させることができるかどうかという観点から考慮される可能性がある。
3. 道徳・倫理的問題に関してタイソンとサンドラーは，ジョーンズ（Jones, 1920）やビブリング（Bibring, 1937）といった著者を引用しながら，ある類型の道徳的問題を持つ患者は，分析者によって受け入れ可能な場合とそ

うではない場合があると（フェニケル（1945）がしたように）述べた。そのような場合，分析者は自分の感情を無視しようとすべきではなく，その患者を他に紹介するべきである。
4. フロイト（1905a）は，患者は症状に苦しんでいることによって動機づけられるべきであると提唱していた。その後フロイト（1926d［1925］）は二次利得――すなわち，症状から利得を引き出すこと――を悪化因子として確認した。タイソンとサンドラーは，一部の患者では二次利得の形式で失われるものが多過ぎて，分析が望みのある提案にならないかもしれないと警告した。

タイソンとサンドラー（1971）は，「どうやら私たちは，分析に理想的にふさわしい患者は，それを必要としていないことが分かるという逆説的な立場にあるらしい」（p.227）と皮肉に結論づけた。

近年のアプローチ

心理療法的治療の決定に関連する患者の性質の探求には，かなりの臨床および調査研究上の努力が注がれてきた。ワルドホーン（Waldhorn, 1960）の至言「それを必要とするほど病気で，それに耐えるほど健康」は，特に人の強さに言及している点で，少しの知恵以上のものを含んでいる。同様にグリーンソン（1967）は，診断は患者の健康的な資源について多くを伝えないだろうと述べた。たとえ診断が倒錯や境界例であっても，「健康的な資源の程度はさまざまである。しかもその決定因子でありうるのは病理ではなく，資産の蓄えである」（p.53）。続けてグリーンソンは，アセスメントされる必要があるのは，精神分析的療法の特定の要求に関する患者の資質であると提唱した。

その結果，患者の病理面と健康面の両方を反映する性質が探求され続けた。ここで，バクラックとリーフ（Bachrach and Leaff, 1978）が文献総説の中で，さまざまな研究者たちが分析可能性を予測する際に重要だと考えてきた390個の，別個だが重複の多い項目を列挙したことに注意を払うことは有益である。以下で使用するカテゴリーは，生活史に重点を置いた臨床面接・診断的な心理テスト（Kernberg et al., 1972）・委員会による決定・治療結果に関する研究にわたる，多様なアセスメント方法から作成されたことを心に留めておくのは重

要である。バクラックとリーフ（1978）による広範な文献総説を利用すると，患者の特徴は次の項目のもとで検討してよいだろう。

1. 総合的なパーソナリティ機能の適切さ
2. 心理学的志向性
3. 自我の強さ・動機づけ・情緒
4. 対象関係

総合的なパーソナリティ機能の適切さ

関連因子には，適応的な機能・病気の重症度・症状の重度・診断・自我の強さ・現実検討・昇華する潜在能力・適応的退行・防衛・思考・知的能力・言語化能力が含まれている。ある著者たちは，高度な正直さと誠実さが求められること（Greenson, 1967）や，信頼に値すること（Klauber, 1971），道徳意識と誠実さを持っていること（Coltart, 1987）を強調している。また，他の著者（例：Huxster, Lower, & Escott, 1975；Stone, 1954；Zetzel, 1965）は，低い自己評価・苛酷な超自我・処罰欲求・自己非難・成功体験に対する否定的反応の履歴が関連することを示した。クラウバー（1971）は，心身症的な訴えのみで他の葛藤がない患者・心気症患者・自分が他者の生活を手に負えないものにする患者は用心すると表明した。

これに続いてコルタート（Coltart, 1987）は，重篤な自己愛性障害に関する理論と治療において前進があったことを指摘した。彼女は，「偽りの自己」の病理についてばかりでなく，隠れた自己愛性障害を指している可能性のある，情緒的な平板さと投影機制を伴う抑うつの症例の見込みについても懸念を述べた。しかしながらコルタートは，それまで精神分析的治療に適さないと考えられていた他の条件——たとえば，心身症状態・非行・精神病的な兆候と行動傾向・あまりに長い前の治療・非常に強い不安と緊張・治療者より年長の患者——はどれも，それら特定の障害領域に関心と幅広い知識をもつ精神分析的治療者によってならば，対処されるかもしれないとも書いた。その含意は，精神分析的心理療法は以前に考えられていたよりもはるかに広い範囲の患者にとって，選択肢でありうるということである。

心理学的志向性

　関連したカテゴリーは，**心理学的志向性**である。さまざまな著者たちが，これを以下のように特徴づけてきた。ストーンは，合理化と対照的な，自己観察や自己評価の能力（Stone, 1954）を，ナムヌムは，自分自身の情動的経験から距離をとる能力（Namnum, 1968）を，グリーンソンは，自由連想の場合のように他と矛盾する複数の自我機能を行使する能力・思考において退行するが，分析者との関わりで退行から戻る能力・弾力的で柔軟な自我機能を持つ能力（Greenson, 1967）を，タイソンとサンドラーは，心理学的用語で考える能力・出来事と個人的感情の間につながりを見る能力（Tyson & Sundler, 1971）を挙げた。他方でサシン，エルドレッド，ヴァン・アメロンゲン（Sashin, Eldred, and Van Amerongen, 1975）は，スーパーヴィジョン付の精神分析的治療に受け入れられた患者たちの個別評価面接の記録にある特定の諸因子の有用性を評価しようとした際，心理学的志向性の基準は，評価者間の信頼性が非常に低いことを見出した。

　コルタート（1987）は，臨床的な面接に基づいて，ある人に内的現実に対する生き生きとした好奇心と真の関心が見られることは，治療にとってよい前兆であるという見方を示した。

> 「もし彼が初回面接で，心的苦痛の緩和という考えと，自己認識の増加とを漠然とでも結びつけられて，それから自分自身について何か少しのことを発見することに本当の楽しみを示すなら，それが分析的アプローチのための最善の基準の1つである」[Coltart, 1987, p.23]

自我の強さ・動機づけ・情緒

　よく引用される別の概念は，自我の強さである。カーンバーグ（Kernberg et al., 1972）によると，開始時の十分な自我の強さは，改善の程度と相関する。他方，サシン，エルドレッド，ヴァン・アメロンゲン（1975）は，上述の研究の中で，自我の強さという基準について評価者間の信頼性が低いことを見出した。ベイカー（1980）は，自我の強さという問いに防衛の観点から接近し，原始的諸防衛が広く展開されるのは不吉な徴候であり，それらが自我の安定のために働いているように見える場合は，特にそうだと示唆した。続けて彼は，そのような諸防衛をうまく操作されると，不安に耐える能力や衝動抑制の不安定

な統御などの，自我の弱さの不吉な徴候が隠されうると述べている。

　一部の臨床従事者は，動機づけを患者選別の重要な変数と見なしてきた（Aarons, 1962 ; Greenson, 1967 ; Knapp, Levin, McCarter, 1960 ; Sashin, Eldred, Van Amerongen, 1975 ; Tyson & Sundler, 1971）が，カーンバーグ（Kernberg et al., 1972）は，動機づけが重要な役割を果たしていると見なさなかった。同様にカントロヴィッツ（Kantrowitz）（1987）は，それが評価困難なばかりでなく，結果を予測しないとも見なした。

　多くの著者は，情緒の構造に言及した。ストーン（1954）は，忍耐力と避け難い苦しみに対する思慮深い耐性を強調した。ゼッツェル（1965）は不安と抑うつに耐える能力について，カーンバーグ（Kernberg et al., 1972）は高度な初期不安耐性について，そしてタイソンとサンドラー（1971）は情緒に耐えそれを認識する能力について書いた。またしてもカントロヴィッツら（1989）は，情緒を利用できることや耐性が，成功する結果を予測しないと示唆した。

対象関係

　次に挙げる「対象関係」という因子は，すでに展開したことの多くを含んでいる。伝統的に対象関係は，主に最早期の関係から見られてきた。ただしゼッツェル（1968）やサシン，エルドレッド，ヴァン・アメロンゲン（1975）など一部の著者たちは，患者の現在の関係にも注意を喚起した。論題にはいつも，自己愛・分離への耐性・転移と作業同盟のための能力の考察が含まれていた。早期の対象関係は，ストーン（1954）によって強調された。彼は長期にわたる個人史を取り上げ，人々との関係性の特徴と型を検討した。アーロンズ（1962）は，最早期の対象関係の質の良さが，分析可能性のアセスメントにとって信頼できる基礎を提供するかもしれないと示唆した（ナップら（1960），ナムナム（1968），ゼッツェル（1965）なども参照。しかし反対の見解としては，カントロヴィッツら（1989）を参照）。サシン，エルドレッド，ヴァン・アメロンゲン（1975）は，（6カ月以内や，たとえ3年後でも）時期尚早に分析をやめた患者たちは，同性の親とのつながりが乏しい傾向にあったと指摘した。

　最近では，アセスメント面接者への転移を含むアセスメント過程への反応に与えられる重要性が増してきている。クラウバー（1971）が提唱するには，心理療法の情動的・知的な過程を垣間見た結果として形成されるラポールの質によって，患者とコンサルタントは，患者がその経験をさらに深く使えるかどう

かを判断できる。クラウバーの見解によるとアセスメントは，

「防衛と動機の複合的な評価に基づいて，患者の経歴の遠く過去にまで広がるパーソナリティについて，より豊かで関連性の深い像に至る。最も重要なのは，アセスメントが分析の内外両方で古い行動パターンを反復する衝動の強度を考慮に入れることである」[pp.150-151]

ヒンシェルウッド（Hinshelwood, 1995）もまた，乳児的対象関係と現在の生活状況に加えて，アセスメント面接者との関係をどのように考慮に入れる必要があるかを考察した。ゲーリック（Garelick, 1994）は，診断から離れて患者とアセスメント面接者との関係と交流の性質へと向かう，歴史的な動きを詳細に述べた。この点に関してオグデン（1989）は，患者の歴史は転移―逆転移の経験という形で無意識的に伝えられると見なしている。彼が言うには，これは患者の生きている過去である。それは乳児期と早期幼児期に確立されて，患者の心理的生活の内容でも脈略でもある心の構造を構成するようになった，一連の対象関係から成り立っている。

患者の特徴についての概要

患者の重要とされる特徴の要約に入る前に，人口統計の項目や他の「外的」因子は，考慮する価値がある。年齢は上記ですでに論じた。職業や生活状況のような他の因子は，ストーン（1954）によって関連していると考えられた。しかしながらブロック（1979）は，年齢・性別・婚姻状況・学歴・社会経済的状況が，予後と関連しないと述べた。ハックスター，ローワー，エスコット（1975）は，学校と仕事の達成度が重要だと指摘し，コルタート（1987）も同様に，あらゆる事に失敗している人物は，分析でも失敗するだろうと示唆した。グリーンソン（1967）は，2人の患者になる者は人生の危機の最中にいてはならないと述べた。

その後バクラックとリーフ（1978）は全体を検討して，精神分析的療法に合った性格の性質目録を，以下のように挙げた。

「総合するとこれらの研究は，古典的精神分析に最も適しているのは，機

能が大部分は妥当で，十分な自我の強さ・有効な現実検討力・昇華の手段を持ち，柔軟な対処・言語によるコミュニケーション・二次過程における思考・精神分析の課題を遂行するのに十分な知性を備えた自我に奉仕する退行をすることができる人たちである。彼らの症状は重過ぎず，診断は「神経症」圏内にある。こうした人たちは，転移神経症と治療同盟を形成することができて，自己愛の病理を比較的免れており，友人や両親・配偶者と良い対象関係を持ち，対象恒常性が損なわれることなく早期の分離と剥奪に耐えることができている。だから彼らは，本当の三者関係的な葛藤を経験することができる。彼らは，自己理解・変化・個人的な苦しみを和らげることに向けて動機づけられている。彼らは不安・抑うつ・欲求不満・苦しみに対して十分な耐性を持ち，衝動の抑制を失なったり思考の二次過程に留まれなくなったりせずに，感情のうねりを経験できる。彼らの性格の構えと特性は，精神分析作業によく適しており，心理学的志向性がある。超自我は統合され，寛容である。彼らは主に20代後半か30代前半で，これまでに心理療法の失敗や困難を経験していない。これらの性質の中でも，自我の強さと対象関係に関するものが非常に重要である」[pp.885-886]。

上記の引用は，理想的な患者の特徴の決定版的な目録と考えられるものを提供している。しかしながら，ナップら（1960）がスーパーヴィジョン付き100例の再検討から引き出した結論は，引用する価値がある。

「確かに私たちの研究は，患者を関連している別個の諸性質の総計として扱うことはできないことや，この種のほとんどの研究が患者のみの評価では，不可能ではなくても困難であることを示している。分析者の諸属性と経験・分析状況の設定そして最終的に転移神経症の展開と解消が，どれも考慮されなければならない。」[p.476]

おそらく最も本質を表しているのはバクラックとリーフ（Bachrach and Leaff, 1987）の論評であり，それによれば大多数の研究は，結論のための証拠・基にしているデータ・調査された母集団・選別の偏りそして一般に1つの調査が本当にどの程度まで他の調査を追試しているのか，示していない。カントロヴィッツら（1989）の研究が示すように，使われた用語の意味について十分な

合意があるかどうかは疑わしい。これから発見すべきことは多いように思われる。バクラックとリーフ（1987）が示唆するように，量的所見は表面的であり，臨床的な所見は方法論的観点から見ると限界があると述べるのが，おそらく今でも正しい。

治療者のパーソナリティと患者―治療者の組み合わせ

フロイト（1905a）自身，分析における分析者のパーソナリティの役割を認めた。

「この病気を治すのは薬剤ではなく，医師，すなわち自己の人格を通して心的な作用をおよぼす医師自身なのだということは，新しい見地ではなく，古代の医師が残してくれた名言なのです。」[p.259]（越智和弘訳「フロイト全集6」岩波書店 p.399 より）

さらにトンプソン（Thompson, 1938）は次のように述べた。

「もしも実地の精神分析的経験を，印刷物からしか知らなかったならば，分析者のことを，実際のパーソナリティとしては存在せず何も言わず，患者に自分の意見の影響を何ら残さず一切失敗しない，要するに人間ではなくてどんな出来事にもまったく個人的に影響されない，完全に超脱した知恵の泉として推測したくなるかもしれない」[p.205]

ストーン（1954）は，分析者のパーソナリティに関するこの問いを考察した。彼は，「分析者は予後に，したがって――紛れもなく――治療法の適応に影響を与える可能性がある」ため，自分の（知的・情動的）能力や特別な好み・興味・情動的感触を知る必要があると提唱した。雑誌の同じ号でアナ・フロイト（Anna Freud, 1954）は，彼女が「技法的に危険な考え」（p.619）と見做すものについて書いた。

「しかし――このことは私に重要に思われるが――患者のパーソナリティに健康な部分がある限り，分析者に対する彼の現実的な関係が完全に覆い隠

されることは決してない。転移に関して必要な，最も厳格な取り扱いと解釈を十分に考慮しても，私がやはり感じるのは，分析者と患者は2人の実在する人間でもあり，等しく成人の地位にあって互いに現実の個人的関係にあることを認識する余地を，どこかに残すべきだということである。私たちが事態のこの側面を——時には完全に——無視することが，私たちが患者から得て，「本当の転移」のみのせいにしがちな敵対的反応のいくつかを招いているのではないかと思う。」[pp.618-619]

フランク（Frank, 1956）は，彼が「標準的技法」と述べるものについて書く中で，彼の考えでは精神分析は「主観的で唯我論的な科学であり，技法的な問題を検討する際に，私たち自身のパーソナリティを避けられるとは思わない」(p.282) と主張した。同じようにナップら（1960）は，分析者の属性と経験を認識する重要性を強調した。ワルドホーン（Waldhorn）は，1968年に「2回目の分析からの教訓」について書くなかで次のように示唆した。あらゆる合理的な評価によって分析にふさわしいと思われたのに，分析が不完全か不十分だったと判明する事例では，

「ほとんどの場合，分析者の技法的・理論的な限界が関与している。患者の問題の精神力動を理解し損なうことや分析の発展の進路と順序についての混乱は，多く技法において不安と間違いを起こりやすくする。」[p.360]

リメンターニ（Limentani, 1972）は状況について，全体を捉えた見方をしている。

「私自身の経験およびスーパーヴィジョンを受けている分析の観察や先輩同僚の口頭報告から得られたことに基づいて，不十分な結果の多くは，しばしば分析者と患者の両方から生じる諸因子の組み合わせが原因であると認識するようになった。」[p.71]

しかしながら，これに対して反対の声が少なくとも1つある——それはカーンバーグ（Kernberg et al., 1972）のもので，彼は患者側の因子が，分析者の技術とパーソナリティを大きく上回るという見方をしている。

さらに，ワルドホーン（Waldhorn, 1968），リバーマン（Liberman, 1968），そしてバクラック，ウェバー，ソロモン（Bachrach, Weber, and Solomon, 1985）によって強調された，治療者―患者の組み合わせ match という問いがある。トンプソン（Thompson, 1938）は，分析者たちが自分に特有の傾向をよく考え，それに関して自分が成功する例と成功しない例の類型を経験から学ぶべきであると提唱した。患者たちを他所に紹介することによって，彼らの時間を節約し，ありうる落胆から守ることができるだろう。ポロック（Pollock, 1960）は，特有の文化的背景をよく知っていることによって分析者がその価値体系・慣習・態度の真価を理解できるようになることを，一般に認められる事実と見なして，こう述べた。「分析者によるそうした真価の理解がなければ，物事は誤解されるか，不当に病理的意義があると考えられるかもしれない」（p.365）。加えて彼は，患者が治療者の属性に対して反対意見を表す時，敬意を払うように治療者に促している。クラウバー（1971）は，分析にとってありうる反響を記した。

> 「……患者と分析者の間にある価値体系の潜在的葛藤は，患者が明確に表現できない永続的な不満を引き起こすかもしれず，それは患者に，分析が終わってからようやく徐々に振り払うことができる，苦しい精神的順応を強いるかもしれない。」[p.142]

アセスメント過程

アセスメント過程の重要な特徴としては，患者紹介の性質，どのようにアセスメントが行なわれるか，1回以上の面談が必要とされるかどうか，別の治療者に紹介するかどうかがある。

患者が，**単に**専門家や身内に紹介されたから来ているような時には，望みがないかもしれない。フロイト（1904a）は，患者が身内の主導で治療を受けることにしているならば，禁忌と見なした。アーロンズ（1962）は違った見方をして，患者がアセスメントに来たことは，十分な動機づけだと示唆した。ポロック（1960）は，「精神分析的コンサルタントの役割と責任」と題した包括的な論文の中で，アセスメント過程の多くの側面を取り扱った。ポロックは，紹介に関わる細かい事実が，患者の空想や期待・目標ばかりでなく，動機づけ・不

安の水準・抵抗の型について重要な手がかりをもたらす可能性を強調した。それから30年近く後にゲーリック（1994）は同じ趣旨で，紹介の文脈・紹介のパターンの性質・患者を紹介したシステムに注意を払うことの重要性について，よく似た主張をした。ヒンシェルウッド（1995）は別の見方を加えて，転移と逆転移という形をとる対象関係が，面接以前に紹介の仕方自体に認められることが多いと示唆した。

「このように紹介はしばしば，紹介者による特定の関係についての無意識的認識に基づいてなされる。それは，私が述べてきた対象関係の1つに無意識的に囚われた紹介者側の，ある種の「行動化」である。これは，紹介者にとって不名誉なことではない。この種の関係性に気づくことは，彼の仕事や専門的技術の領域ではないからである。それは，私たちのものである。しかし私たちにとってそれは，患者の中核的な対象関係への追加の手がかりである。」[p.163]

アセスメント面接（assessment consultations）の行ない方は，論争の的であり続けている。ストーン（1954）やワルドホーン（1960），ゼッツェル（1965）といった初期の著者は，長期にわたる生育史をとりあげる傾向にあった。ゲーリック（1994）は，重要でおそらく異論のある問題の1つは，評価者が自由連想の技法を用いて素材が徐々に展開するのに任せるのとは対照的な，能動的に情報を探し出す活動であると述べた。シュバルト（Schubart, 1989）およびシャピロ（Shapiro, 1984）は，情報を引き出すことよりも，開始時から連想的方法を用いて平等に漂う注意を払うことを推奨した。

クラウバー（1971）およびコルタート（1987）は，中間的な立場をとるようだった。クラウバー（1971）の見方では，コンサルテーション面接あるいはアセスメント面談における治療者の役割は，患者の機能している自我に向けて，助言をする者の方に近い。重要な決定が，そのとき働いている判断の力が及ぶ限りでなされる必要がある。コルタート（1987）は，コンサルテーション面接について次のように書いている。

「これには，いくらかの質問，いくらかの解釈，結びつきをつくるコメント，きわめて注意深い傾聴の態度全体によってのみ表現される同情，そして面接

の終わり近くには，自分の意見の何らかの簡潔な要約が含まれるだろう。」［p.26］

オグデン（1989）は，分析を受けている〔中にいる（in analysis）〕とはどのようなことかの感覚を患者に与えようとした。彼は，生育史を聞き取ることに賛成しなかったが，それは次のように考えたからだった。

「患者の歴史は，次第に発掘される静的な存在ではなく，むしろ，連続的な進化と流動の状態にある患者の，自身についての意識的・無意識的な知覚の一側面である。」［p.191］

ゲーリック（1994）は，患者に分析的な様式の経験を与え，今・ここでの問題を取り上げ，患者の反応を観察し，自分自身の逆転移を同定するという，自分のアセスメント技法の詳しい説明を提供した。彼は，初めから生育史の聴取はしないことを主張したが，不安を和らげるためにそうすることはある，とした。生育史をとることは，患者の対人関係のパターン・分離の諸問題・反復強迫を明らかにする結びつきをつくるのに役立つだろう。彼はこれを，過去が現在に結びついているという理解を幾らか伝えるので，患者にとって教育的である可能性があると見なした。ヒンシェルウッド（1995）の見方によれば，精神分析的心理療法のためのアセスメント面接は，心理療法自体に劣らないほど精神力動的であるべきであり，彼は解釈することを，転移を解釈することでさえ，2つの理由から重んじた。第一に，患者の反応は適合性と心理学的志向性についての印象をもたらすからであり，第二に，それは心理療法を試すことになるので，よい準備となるからである。

アセスメント面接は，何回にも延長されるべきものだろうか。ポロック（1960）は，転移に干渉するという理由を挙げて，面接が長引くことに反対した。コルタート（1987）は1回の診断面接を実施したようだったが，ゲーリック（1994）は延長されたアセスメント面接に賛成した。それは，アセスメント面接者はより分析的な構えをとることができて，患者は心理療法がどのようなものになりそうかをもっと経験でき，意思決定過程にもっと関与することになりそうだという理由からだった。強い転移が発展するのではないかと不安を表明する向きに対して，ゲーリックはそれが，次の治療者との作業同盟の促進にむけて作用

し，アセスメント面接者に原始的コミュニケーションを代謝・処理・言語化できるようにすると信じた。

　もしも患者の問題と精神分析的心理療法の適切さを評価することが，治療者および患者と治療者の組み合わせに依存するなら，誰か他の人に紹介するという選択肢を考慮することは重要であるはずである。コルタート（1987）は，同僚の能力や特別な技量を承知していて，患者と治療者をうまく組み合わせようとした。彼女は，ある治療者はある種の患者に対して，他の治療者は他の患者に対して才能があると信じた。ポロック（1960）は，アセスメント面接者と将来の治療者との関係が治療者に舞台恐怖〔できばえへの不安〕（performance anxiety）をかき立てることがあるかもしれないと記した。彼はまた，将来の治療者が，忠誠心や義務感から自由でいられるように，治療者には情報が与えられるべきだと指摘した。

結　論

　精神分析的心理療法を勧めることは，深刻で時には危険な決定である。それは患者にとって，困難で苦痛な経験の可能性があるばかりでなく，時間と金銭の投資でもあるので，深刻である。最悪の場合，損傷を受ける経験にもなりうる。このことは，剥奪がひどい患者や分析的設定の欲求不満に耐えられない患者で特に起こるかもしれず，脆弱な防衛が分解されるときに不運な結果があるかもしれない。それは治療者にとっても，投資である。ほとんど進展がないか，困難すぎて耐えられない経験であり終わりのないものになりうる心理療法を行なうことも，避けられるべきである。

　ある水準でアセスメントは，予測する作業である。初期には，予測は非常に簡単に査定される因子——特に患者の性質を基礎とすることが賢明だと思われていた。これらの性質の一覧は数百に達し，それは単に，診断の背後にあるパーソナリティがいかに重要かを際立たせた。人の不健康と健康の両側面を考慮する必要がある。対象／対人関係と自我の強さが中でも最も重要な因子であるという結論は，患者が直面する分析的な課題から見て，道理にかなっている。結局，精神分析的心理療法は，転移関係を形成し維持することを必ず伴う。そのような関係は，早期の関係の性質を持つものである。そして心理療法で生じることをうまく扱い振り返る能力は，患者の自我の強さに依拠する。

アセスメント面接の行なわれ方の変化は，見落とされやすいだろう。今日では，転移と逆転移，そして分析的経験で起こることの感触を患者に与えることに，より強調がある。これは，精神分析的思考における進歩でもあり，それにおける変化の反映でもある。つまり，患者はアセスメント面接において，分析を受けていると同時に能動的な参加者であり，勧めや解釈の受動的な受け手であるよりはむしろ，2人1組の片方である。

　精神分析的心理療法の経過が患者と治療者の組み合わせによってばかりでなく，治療者のパーソナリティによって影響されうることもまた，より広く認識されている。訓練の経験では，紹介の性質やスーパーヴィジョンの経験（Epstein, 1990）のように，心理療法の経過に影響を与えるかもしれない特有の事情がある。アセスメント面接者は選んで組み合わせようとしても，これらの因子を評価する満足のいく方法は，事後的に以外にはほとんどない。

　もちろん，臨床上および（控えめな）調査研究の証拠に基づいた一般法則は存在する。臨床論文が偏りの定義や源と格闘しているかもしれないのに対して，調査研究論文は，厳密さと明解さを得ようとして，意味を取り損なっているかもしれない。総説した本章の構成，すなわち考察のためにアセスメントの手順のいくつかの側面を抜き出したことは，この領域における諸々の問題を反映している。私たちはその成分を，測定はできなくも取り出して検討することができるが，結局どのアセスメント面接も，ここで論じたすべての因子の組み合わせを含んでおり，個々のアセスメント面接者によって個別の仕方でまとめられている——それを明確に表現することは，不可能な課題である。最後には治療者は，自分の無意識的過程に加えて，直観も利用する必要がある。

第3章

なぜアセスメントをするのか？
国民健康保健サービス（NHS）における
精神分析的アセスメント

ジェイン・ミルトン（*Jane Milton*）

　「なぜアセスメントをするのか？」という本題の問いの前には，もう1つの問い——いわゆる「アセスメント」とは何であるのか——があり，NHSにおける精神分析的心理療法者としての私たちが，アセスメントによって何を**意味する**かという問いがある。

　大切なのは，焦点を絞りすぎずに始めることである。私がNHSでのアセスメントのために患者を紹介された時，私はいわゆる「心理療法のためのアセスメント」だけ，特に「私がいるこの施設での心理療法のためのアセスメント」だけ，をしているのではないことに留意しようとする。むしろ私は，限られた時間の中で，その人の内的世界とそれがどう機能しているのかの像を把握して，その人が呈している苦悩の本質を理解できるように，精神分析的な知見に基づく面接を行なっている。こうすることによって私は，多くのことについて患者と紹介者に論評できるのであり，患者のいわゆる心理療法への適合性は，そのうちの1つに過ぎない。

　同時に患者は，精神分析的な過程の性質をアセスメントし，それが自分の進めたいと思う探索手段なのかどうかを考える機会を得るだろう。紹介者と患者，そしてこれは言っておかねばならないが職場である施設もしばしば，この企て全体を患者が通るか落ちるか，提供されている治療に受け入れられるか拒否されるかの一種の試験としておそらく見るだろう。もしもアセスメントを非常に

本章は，Milton, J. (1997) "Why assess? Psychoanalytical assessment in the NHS" の改訂版であり，出版社（Taylor & Francis）の許可を得て収録している。

狭く考えていると，それは紹介者に対して満足が行かない伝え方を採ることになりうる。そのメッセージは，「あなたの患者は紹介には不適当で，この素晴らしいけれども稀で貴重な治療をするには相応しくありません」と聞こえるかもしれない。

多くの人にとって，「アセスメント」という言葉自体が価値判断か，誰かを適合性という物差しで測ろうとすることを意味するかもしれない。**オックスフォード簡略辞典**は実際，「アセスメントすること（to assess）」は，あるものの大きさや質・価値を見積もる（estimate）ことを意味し，アセスメントをする人（評価者 an assessor）は，課税目的で資産価値を見積もる者である，と述べている。しかしながら，アセスメントをする人のもう1つの定義はさいわいにも，**技術的な事柄について助言するために呼び入れられた人**である。私はこの後者の定義が，その役割をもっと適切に捉えていると思う。多くの場合，「コンサルテーション面接」という用語の方がより適当である可能性がある。

精神分析的なアセスメントは，私たちの仕事の最も重要で興味深い側面の1つである。私たちは精神分析的心理療法者として，それまではまったく未知の人の心に，深く詳しく接近する特権を与えられている。患者にとって，それはしばしばまったく新しい経験であり，心を動揺させたり躍らせたり，安堵させたりひどく侵入的で恐怖を与えたり，激怒させたりするかもしれない。アセスメントを学ぶことそしてアセスメントをする自分自身の方法とスタイルを発展させることは，公的部門での心理療法訓練の，きわめて重要な部分である。訓練生が自分独自のアプローチを発展させようとしている時，NHSでの訓練期間中に出会うアセスメントのスタイルと方針はさまざまで，かなり異なるかもしれない。私はこのことを探究するために，2つの非常に異なるアセスメントのスタイルを誇張して描いてみよう。そこには，重要な点で異なる意味の含みがある。

　　A医師は最初，普通の分析的セッションに近い仕方でアセスメント面接を行なう。患者は丁重にだが厳粛に迎えられ，はじめから濃厚な吟味に委ねられる。A医師は教示を最小限にして，「患者をくつろがせる」と叙述されるかもしれない手段を控える。患者は，どこでも好きなところから始めるように，と短い言葉で促され，それから絶対的な注目を向けられる。しかしながら患者は，慣習的な社交的応答——たとえば微笑みかけたり「雑

談」を持ちかけられたりはされない。A医師は，転移と逆転移を検討しながら熱心に，そして委曲を尽くす仕方で仕事をし，理解を深めるために何が起きているかを解釈する。しばしば非常に素早く，おそらく怖気づかせるほど素早く，患者の脆弱な領域——たとえば抑うつやパラノイア，加虐的被虐的に関係するパターンへの通路が得られる。それからこれらは，詳しく検討されることができる。のちにA医師は，立ち現れている物語の重要な空隙を埋めるために，もっと直接に質問をするかもしれない。物語の語られ方が研究されるだろう。そして患者は，なぜある種の話題（たとえば，自分の父親との関係）が以前には出てこなかったのかについて考えるよう促されるかもしれない。この種のアセスメントでは，面接の前に質問票を提出しておいてもらうことは，重要な背景情報を予め利用できるので助けとなる。

他方B医師は，もっと慣例に沿って患者を迎え，患者が彼は優しい人物だという安心づけ reassurance を彼に求めているらしい時に，社交的な合図のいくつかに応じる傾向がある。分析的に言えば，この安心づけの欲求の基底にある被害的不安を**直接**に探究する機会は，利用されない。A医師の厳格な中立性は動揺が生じるのを許容する（そしてある意味で誘発させる）のに対して，B医師は，アセスメント面接で患者をそうした類の不安に晒すことは誤っており，おそらく容認できないほど侵入的だと感じる。B医師は，自分は治療者にならないし，患者は治療まで長い間待たなければならない可能性がある，と論じるかもしれない。彼は，今生きられている「今・ここで」よりも，想起された経験の「あの時・あそこで」の中の被害的不安の方を話題にすることを好む。だからB医師は，積極的な生活歴聴取を面接の中心にして，症状や交際関係の詳細について患者に尋ねて，質問票ですでに得られている事柄を補充する。彼は主として患者の観察する部分**に対して**，患者の人生の苦しんでいる側面について語りかけている。

私自身はこのような面接を何百と，さまざまな仕方で実験し，自分が何をしようとしていてそれはなぜかを考えつつ行なった今，A医師とB医師を両端とする物差し上の，よりA医師の方の位置にいる。私が患者を怒らせたり動

揺させたりするリスクは，少なくとも面接の初期において大きくなるけれども，私の個人的な意見では，彼らの社交的合図に応じず，そうすることで彼らの動揺にもっと直接的に関与することによって，私は彼らにより良いサービスを提供している。何と言っても私たちは中立性を保ち，転移の中で仕事をすることによって，患者の人生における新鮮で予想外の人物となる機会がある。その理由は，通常の社会的な出会いでは，患者が他の誰かを非現実的な想像された空想の角度から経験しているとき，相手は患者の無意識的合図に自動的に応じてそのようになるか，さもなければ，かえって安心させるほど反対の人物になる傾向があるからである。分析的にアセスメントをする人は，そのような圧力に抵抗して中立であり続け，むしろ解釈する努力をすることによって，より三次元的で生きた人として患者に現れることがあり，また患者が——少なくともその1，2時間のあいだは——より生き生きとした三次元的な自分となり，物事を新たな仕方で見て，より自由に考えるようになるのを助けることが多いだろう。ゲーリック（Garelick, 1994）は，アセスメントを主題にした包括的な総説の中で，アセスメントを少なくとも2セッションにわたって行なうことを推奨している。それは，最初の構造化されていない接近方法に続いて，情報収集の時間を与えるためである。私自身の実践は，ますますそうなっている。

　このように，私が自分のアセスメント面接や分析的コンサルテーションのモデルについて語る時，私はそれを多くの人と共有していると思っており，**侵襲的な処置や検査**(investigation)について語っている。医学用語では「侵襲的」は，何らかの物理的な仕方で身体に侵入することを意味する検査を記述する用語である。だから胸の聴診やレントゲン撮影はそれほど侵襲的ではないが，身体腔から体液のサンプルを採ることや，肺に管を入れること，癌の広がりを見るために開腹することは，侵襲的**である**。侵襲的な処置は，妥当な理由があって他の（洗練された形のスキャンのような）選択肢がないのでなければ，なされるべきではない。そうした処置には，患者にとって痛みを引き起こし恐ろしくて不便なばかりでなく，身体の破壊やある種の危険も伴う傾向がある。だから私たちは，防衛を貫き心の痛みや動揺を起こす可能性がある，内的世界に進入する傾向のある心理学的検査をするには，妥当な理由がなければならない。このことは特に，**面談の時点では**明らかな苦痛や苦悩を感じていない患者を前にする場合に当てはまる。私たちが経験の浅い臨床従事者に危険で侵襲的な医学的検査をしてほしくないのと同じように，私たちは精神分析的アセスメントを，

注意深いスーパーヴィジョンと訓練なしに初心者が行なうべきではない，比較的高度な処置とみなしたいことに触れておいてもよいかもしれない。

侵襲性への考慮は，患者が明らかな痛みや不安の状態でやってきて，救急処置として解釈が必要とされており，それがはっきりと安堵をもたらすようなときには，それほど悩み多いものではないかもしれない。しかしながら，(危機介入サービスと対照的に) 標準的な心理療法サービスでは，そうではないことが多い。なぜなら，予約日が来る頃には，危機は弱まっていることが多く，何らかの類の防衛が元に戻っているからである。しかしながら，この点に関して，人は2つの大きなカテゴリーに分けられることが見出される。(1) 訴えと**提示症状**が不安に満ちていて現に苦しんでいるか，苦悩が表面のすぐ下にあって容易に手が届く人と，(2) 提示が防衛そのものの形をとっており，パニック発作のような不安出現のエピソードが**報告**されることはあるとしても，アセスメントでは徹底的に防衛され切り離された状態で提示する人，である。前者よりも後者のカテゴリーの人が，隠さずに話す面接のやり方を非常に嫌って，私たちをジレンマに直面させる。一方で私たちは，侵入しないように求められている。もう一方で私たちは，十分に侵入しないことによって患者を裏切り，防衛と共謀しているかもしれない。

そういうことで，私は「アセスメント」で私が何を意味するかを述べることによって状況の説明を少し済ませたので，私のタイトル—なぜアセスメントをするのか？　という問いを取り上げることにしたい。なぜ私たちは，この侵襲的な検査手続きを人々に行なうのだろうか。そもそも私たちは，アセスメント面接に着手しないことを，いつ決めるのだろうか。事情によっては，私たちが紹介状から，それは益よりもむしろ害をもたらしそうだということがあるだろうか。私は，そういうことがあるはずであると考えている。

▌事例ヴィネット：C氏

あるGP (一般外来医) は，私たちのクリニックにC氏の心理療法のためのアセスメントを依頼してきた。紹介状には，C氏が管轄区域の精神保健チーム・地元の心理サービスや私設カウンセリング機関を含む多くのところで，アセスメントを受けてきたことが記されていた。彼はそれまでに受けた治療に対して非常に不満を抱いており，地元の精神科医についての苦情を保健局に申し立てていた。彼はまた，カウンセリング機関の所長に一連の怒りの手

紙を送り，彼が会った人は彼を攻撃的な仕方で睨んだと訴え，「もっと多くのフィードバックをくれる」もっと上の誰かとの別の面接を要求した。紹介者の感じるところでは，このような難しい患者を抱えるにはタヴィストック・クリニックの「非常に特別な技能」が必要であり，彼は長期の個人心理療法を必要としている，と述べた。私たちは，緊急のケースとして彼に会えるかどうかを尋ねられた。それは彼が，彼の家族と診療所に相当な不安を引き起こしていたからだった。彼は毎日のように診療所を，不安かつ怒った状態で訪れていた。

私見では，この患者にアセスメント面接を提供することは，挑発的で助けとならず，万能感の反映となっていたことだろう。この人物が好訴的で，ほとんどあるいは明らかに精神病である可能性は，会うまでもなくはっきりと現れていた。面接をすればあらゆる種類の興味深い病理を露わにできたかもしれないが，患者を焚き付けて偽りの期待を高めさせていたことだろう。私たちにできる最も有益な方法は，この非常に不穏な状況の管理について，詳細で行き届いた電話相談を，そのGPとすることだった。

次の例は，この種の患者でアセスメントを提供され，危険な結果となる可能性があった患者に関わる。

▍事例ヴィネット：D氏

　D氏は，慢性的な不安と抑うつのために，外来心理療法クリニックに紹介された。この例でも，紹介の緊急性がGPによって強調されていた。GPによれば，地元の精神科医たちは彼を診察し抗うつ薬を処方していたが，患者は少しも良くならなかった。騒然としていて虐待を受けていた子ども時代に触れられてはいたが，それ以上詳細はほとんど書かれていなかった。患者には標準的な質問表が送られ，できる限りそれに書き込み何か問題があれば連絡するように，という通常の依頼が添えられた。

　翌日，D氏は動揺した状態でクリニックにやってきて，受付は彼に対応するように日直当番の医師に頼んだ。D氏は質問表を持参していて，書き込むとボールペンで紙を傷めるかもしれないので記入するのが怖いと言った。彼は他にも多くの不安に思う気に掛かることがあり，当番医はせいぜい10分で済ますつもりだったのに，1時間彼に付き合うことになった。彼は非常に

第3章　なぜアセスメントをするのか？
国民健康保健サービス（NHS）における精神分析的アセスメント　｜　*63*

迫害されているようだったが，はっきりとした精神病ではなかった。彼は落ち着きを少し取り戻してクリニックを去り，翌日何とか質問表を手渡しで提出した。

　この段階でスーパーヴァイザーは，訓練生であるアセスメント面接者に，アセスメントを継続し，正式な面接日の予約を提案するように勧めた。D 氏は予約日までの2週間を待てず，さらに2回クリニックに来て，建物を去る気になるまでに，再度当番医に見てもらう必要があった。アセスメント面接自体は，それまでで予測されていたように，夥しい量の不穏な，ほとんど精神病の素材を明らかにした。患者は，構造化されていない設定でバラバラになったので，アセスメント面接者は技法を素早く変更しなければならなかった。彼は非常に依存的で理想化する転移を彼女に向けた。それは，彼女自身が彼に個人療法を提供しようとしておらず，実際には，彼は病院の中の方がこの時点ではより安心できるかもしれないと言おうとしていることが彼にはっきりした時，混乱した激しい怒りに変わった。彼女は身の危険を感じ，分析以前のソーシャルワークのスキルのすべてを招集して，D 氏の残っている正気の部分に話し掛け，彼女とともにエレベーターまで歩いていき GP のところに行くように勧めなければならなかった。彼女は直ちに，GP に連絡した。

　これらの例は，外来での心理療法を提供される見込みがない混乱した不穏な人には決してアセスメントを提供するべきではない，という意味に理解されるべきではない。しばしば，寛解状態の精神病疾患を持つ人や，管理についての情報を得るために力動的定式化がなされなければならない人に，精神分析的な面接を提供することから，非常に有益なものが得られることがある。しかしそのような事例では，紹介者と予備的な作業をして，非現実的な期待を引き起こすことを避けるように努めることが重要である。

　そういうことで，なぜ私たちは心理療法のためのアセスメントをそもそもするのだろうか。なぜ私たちは患者に，私が概説した，動揺させて侵入的な精神分析的検査のようなものを受けさせる必要があるのだろうか。なぜ私たちは上述したもっと不穏な事例を除外した後で，単に求める人には誰でも，治療的な関係に関わる機会を提供しないのだろうか。周知の通り配給の制限が避けられないなら，たとえば先着順に。私は，寛大過ぎることになるかもしれない考え，

すなわち人々に心理療法の機会を与えるという考えに，いくらか同意する。それはその人たちが，心理療法を望んでいると思われ，それに何が伴うかについて可能な限り明確に伝えられているならば，である。私は，それは私たちが「誰が適しているのか」を言うためではなく（実際には，それは驚くほど実行困難である），むしろ，心理療法が少なくともいくつかの設定では，禁忌か有害あるいは無益になりそうな患者を同定するためである，と主張したい。私は，私たちが大体以下の順序からなる目的の序列を遵守するべきだと提案したい。ここで私はマズロー（1954）の「欲求段階」の説を借りており，そこで彼は私たち人間にとって基本的な生存欲求が，より複合的な社会的・心理学的要件よりもどう優先されなければならないかを考察している。

1. 患者と治療者の身体的安全
2. 患者の精神的安全
3. 患者のプライバシーと尊厳
4. 患者の「適合性」の指標
5. 治療者の訓練上の必要性
6. 経済的諸条件

　これらの点に例証となる臨床例を挙げながら，順番に進んでいく前に，私はアセスメント面接の**文脈**の重要性を強調したい。アセスメント面接者は病院の外来部門で働いているのか。アセスメント面接と治療面接は，急性期病棟やデイホスピタルと同じ建物で行なわれることになるのか，あるいは分離した心理療法部門でなのか。どのような種類の心理療法が利用できるのか，すなわち，どれほど長期で，週何回で，待機の期間はどうなっているのか。NHSの中や外の他のところでは，どのような他の治療が利用可能なのか。
　最優先されなければならないのは，**まず害を与えないこと**というよく知られた格言である。これは，アセスメント面接自体によってでも特定の治療を提供することによってでも，患者の状況を根本的に悪化させることは，するのを避けるように努めるのが重要であることを意味している。私はすでに，患者・治療者双方の身体的安全への配慮から，面接を提供しないと判断すべきことが示唆される事例を提示した。それは，外来治療のみの提供であって危機への対応はないというサービスの状況を考えた上でのことである。身体的安全性への配

第3章 なぜアセスメントをするのか？
国民健康保健サービス（NHS）における精神分析的アセスメント ｜ *65*

慮は，治療の形式を推薦する際にも，考慮に入れられなければならない。

▌事例ヴィネット：E氏

　E氏は，自分の制御不能な暴力に恐怖を感じて，GPに心理療法への紹介を頼んだ。彼は，右翼団体のメンバーに対する激しい暴力のために，数年間刑務所で過ごした。その発端は，反ファシストの平和的なデモだった。彼の友人には，社会や他者に対して憎しみと恨みをもつ常習犯もいれば，もっと見込みがあり有望な態度の者もいた。これは，彼の中の深い分裂を反映していた。彼は両親や継父母から暴力的な虐待を受けて来て，子ども時代のほとんどを施設で過ごしていた。しかしながら，彼には強い絆を形成した，支援してくれるソーシャルワーカーが1人いた。この人は彼が，希望の感覚と成功したいという抱負を持ち続けるのを助けたようだった。

　構造化されていないアセスメント面接では，E氏はすぐに真っ青になり，恐怖で汗ばみ，治療者によって攻撃され裁かれているように感じた。彼は部屋を出たがったが，アセスメント面接者が多くの積極的な解釈を通じて助けたことによって，なんとか持ちこたえて，そこで起きていることについて対話することができた。彼は，暴力についての自分の恐怖を語ることができた。初回面接の終わりの方で，彼は恐れ恥じらいながらも，彼には「ファシスト」の部分があって，それは保護者でも復讐に燃えた攻撃者でもあるという治療者の観察に，同意することができた。2回目の面接は1週間後で，E氏はそれまでの日々の強い不安を報告した。彼は，彼自身および他者への暴力衝動を経験し，かろうじてそれに抵抗することができた。しかしながら，彼は物事を探究して変わりたいと譲らなかった。彼は，他に何も助けになるものはなかったと指摘し，自分が窮地にいると感じていた。アセスメント面接者は選択肢を注意深く考慮して，居住施設のある設定すなわち入院設定のみがE氏に，そして実は彼と作業しいつか転移の中で憎まれたファシストになることが避けられない専門家たちにも，十分な安全を提供するだろうと判断した。

　先の序列での私の次の点は，**精神的安全**に関わる。これは，自分のボールペンで質問表を傷めることを恐れていた患者に関係がある。どんな分析的検査も，**破綻**（breakdown）の可能性を招いている。多くの人たちにとって，大なり小なり何らかの形の「破綻」は避けられず，おそらくは治療過程の必要な一部―

——つまり，防衛的な構造の破綻であり，基底にある悲嘆・被害的恐怖などの出現または**突破**（break-through）——であるだろう。私たちはそれぞれの人に対して慎重かつ責任をもって，破綻が**彼らにどういう意味を持つのか**を考慮しなければならない——もしもそれが起きるときには，それはどのような性質だろうか。それはたとえば，重篤な精神病的代償不全を意味するのだろうか。そしてもしそうならば，これを包容（コンテイン）するのを助ける何らかの構造が，きちんとあるのだろうか。

私たちが会う人の中には，すでに破綻していて，不安・抑うつ・日常生活の解体が現れている人もいるだろう。彼らは「私は破綻しそうで恐いです」と言うような人たちだが，「いや，実際にはあなたが言っていることは破綻であり，すでに悪くなるだけなっているようですね」といった形で言われることによって，しばしば大いに助けられる。他の人たちは，もう少し防衛された状態で来て，うつやパニックのエピソードを報告するだろう。私たちの役割の一部は，心理療法の中でこれを剥き出しにしようとすることである。発達への潜在可能性とともに新しい仕方で回復することは，私たちの考え方では，その人が「あちら」のこととして記述している破綻が，何らかの形で心理療法自体の文脈の中で起きるまでは，可能ではないだろう。

しかしながら，私たちは少なくとも外来患者の治療では，破綻が治療内に**包容**（コンテイン）される治療設定の提供を目指している。その結果患者は，外界での生活を続けることができるだろう。これは私たちが正しい治療を処方する際に，非常に注意しなければならないと私が思うところである。役に立つ経験則は，心理療法が働くはずならば，患者の経験した最悪のことが治療中どこかの時点で必ず**生じるだろう**というものである。そういうわけで，躁状態や重篤なうつのエピソードの既往がある患者は，どれほどアセスメント面接では一見まともで思慮深く見えたとしても，治療が表面的で非分析的な水準にとどまらないならば，治療関係の文脈において（たとえば，休みによって引き起こされるかもしれない）破綻すること必定である。もしも治療が深みを欠くものになるならば，いずれにせよ私たちは，なぜそのような治療をしているのかを問うだろう。

これは，防衛の破綻および不安と動揺の突破がどのようなことになるものかを，あの時あそこにおいて患者に，ささやかにであっても示すために，アセスメント面接で十分に侵入することへのもう1つの良い論拠であると私は考える。これをもとに，患者は情報に基づく選択をすることができる。アセスメン

第3章 なぜアセスメントをするのか？
国民健康保健サービス（NHS）における精神分析的アセスメント | *67*

ト面接者が，患者の安全を確保しつつ避けがたい破綻を包容(コンテイン)するのに必要な，最小限の治療設定は何かを正確に測ることは，不可欠である。治療者もまた，患者が臨床上の自由を妨げる反応をすることに恐れずに，自分が働く設定によって十分に包容(コンテイン)されていると感じなければならない。

■事例ヴィネット：F嬢

　紹介されて来たF嬢は，躁の再発の長い病歴があり，この5年の少なくとも半分は入院していた。病棟医は，患者には考えることができ，自分自身について作業したいと望む部分があると強く感じて，彼女を同じ建物の中にある心理療法部門に回した。アセスメント面接者は慎重に考え，同僚と議論した後，病棟医に賛同した。そして患者は，心理療法専攻医による週1回の心理療法を受けることになった。病棟と，心理療法部門の階下の予約なしで受診できる救急クリニックは，いつF嬢が治療を始めるのかを知らされた。彼女の動揺は，すぐに治療と治療者を焦点として，破綻のエピソードは以前のように断続的に続いたが，いまや転移問題の周辺に焦点づけられた。必然的に，治療が彼女を悪化させているという印象が作り出された。救急クリニックのスタッフ，とりわけ，セッションの後で階下にやってくる，憤慨して芝居がかっていたり非常に興奮して抑制が取れていたりしていた患者にしばしば対応せねばならなかったスタッフの忍耐は，限界に達しそうになっていた。汚れ仕事をする必要がなく，後始末もしなくてよい上の階にいる，気取った心理療法者たちに対する不平が，よく聞かれるようになった。しかしながら，その後の2年にわたって，F〔Eを修正〕嬢の破綻は封じ込められ，その持続期間は短くなってきていることが明らかになった。彼女は，以前のように興奮して高揚し近づけない状態で警官や友人に連れて来られる代わりに，自分が悪化しそうになると感じると，助けを求めるようになった。彼女はうつの期間に，短期の入院や間近での監視が必要なことがあった。

　このような患者は，外来診察のみ施設では抱えられなかっただろう。実際，そのように抱える機能のない設定で治療を提供していたら，身体的安全と精神的安全という私のはじめの2つのルールに背くことになっていただろう。

　先の序列の3つ目のポイント，**患者のプライバシーと尊厳**に移ろう。患者は心理療法について，慰めてくれるもの，主として痛みを緩和してくれるもの，

セッションは質疑応答からなるもの，助言や教育をもらうものと考えて私たちのところに来ることがあるかもしれない。彼らは，治療によって容易に何かが達成されるだろうという夢想的な考えを持っているかもしれない。しばしば患者を送った人も患者も，さまざまな心理療法のアプローチ間の違いについて知らないことがある。そのいくつかは，部分的に教育的な性質のものであり，行動的あるいは認知的な療法では，患者は精神力動的な療法に比べて防衛を維持し，自分のプライバシーをもっと守ることができる。しかしながら逆説的に患者は，そのような教育的な方法では，微妙に幼児扱いされることが，分析的なアプローチでよりも，はるかに多いと考えられるかもしれない。

　ある患者では，傷つきやすい自尊心や自分の中身についての恐れがあまりに強く，彼らは精神分析的作業に伴うプライバシーの犠牲に対して，ただ準備ができていない。私たちはアセスメント面接で作業する仕方によってこのような人たちに，この点について情報を得たうえで選択ができるようにするべきだ，と私は思う。その目的は，この作業にどのようなことが伴うかを彼らに少し示すことであり，もし必要なら，もっと一時しのぎではあるが，何がもっと耐えられる処置かを彼らに話すだろう。しかしながら，最初に患者の抵抗する部分に呼び掛けて挑もうとするのが，正しいことなのかもしれない。その部分は，患者のもっと声を上げられない，絶望した部分を閉じ込めているかもしれない。もし私たちがこのことを，私たちの力の限り行なったと感じるなら，それからの選択はまさに患者のものである。それは，患者が尊厳をもって行なうことが許容されるべき選択であり，将来の話し合いや再検討のための扉は，開かれておくべきである。

　同様に，重篤な疾患を持つが大手術に向き合えず症状の緩和を選択する患者には，そう選ぶ権利がある。私たちは，いったん患者に状況についてのできる限りの情報を，できる限り分かりやすい形で与えたら，どのコースが選ばれるかは，もはや私たち仕事ではない。私たちはまた，独りよがりで道徳を振りかざす仕方患者から手を引くのではなく，患者の尊厳を守って彼らが代案を見出すのを助ける責任を負っている。アセスメント面接過程中や心理療法の初期段階でドロップアウトする多くの患者たちは，それに伴う苦痛で動揺させる侵入に対して，少なくとも彼らの人生と病気のこの段階では，「ノー」と言っていることが多いと私は思う。このことは尊重されるべきである。このことを面接の中で率直に取り上げることができるならば，患者を怒りと屈辱の状態や挫折

してもう他にどこにも行くところはないと感じるままにするより，ずっと有益である。

▎事例ヴィネット：G夫人

　G夫人は，彼女の気が荒く破壊的な幼い息子のことで彼女と会っていた，児童相談チームによって送られてきた。それは，彼女が自分自身のために助けを必要としていると感じられたからだった。紹介者は手紙の中でG夫人を，その難しい子どものことに加えて，侵入的で批判的な母親にも難しい夫にも苦しめられている，「魅力的な婦人」と呼んだ。アセスメント面接では，G夫人は魅力的に初対面の挨拶をしてきて，アセスメント面接者と社交的に関わろうとする試みに抵抗するのは困難だった。それからG夫人は構造化されていない設定に憤慨し猜疑的になり，どこからでも好きに始めるようにという促しには不安になり，激怒すらした。彼女は，自分が答えられるような質問を求め，いつも息子について医師に話しているが，アセスメント面接者のアプローチは無礼で理不尽だと言った。

　面接者には，自分が転移においておそらく主にG夫人の母親であるように思われた。面接者には，自分自身を善良で温和な人物として積極的に提示するように振る舞わせる大きな圧力が掛かっていたので，そうなることでG夫人への批判をわざと払いのけていなければ，患者は面接者からの批判を予想しており，実際に経験した。この力動を探索しようという試みはおおむねうまくいかず，無理解と怒りに見舞われた。しかしながら，アセスメント面接者は，G夫人がその表面の下で，落ち込み絶望しているのを感じた。彼女はG夫人に自分自身を探索することへの複雑な感情について伝え，G夫人はこれを認めることができた。G夫人にとって，自分自身の抑うつ的で野蛮な，批判的で「難しい」側面を彼女自身および他者に明らかにすることは，この時点では耐えがたいことのようだった。2回目の面接でG夫人は，心理療法をしないと決めたことと，代わりに，注意欠如障害を持つ子どもの母親のためのサポートグループに参加するつもりだと述べた。彼女の問題に対する現在の彼女の解決法は，アセスメント面接者と話し合われ，同意された。アセスメント面接者は，将来さらにコンサルテーション面接を受ける余地を残した。

「**適合性の指標**」に進もう。私たちは，あまりにも早くこれをアセスメント面接を行なう理由の１番上に持ってこようとし過ぎることが多い。本章で私はこの同じ問題について，異なる角度から取り組んできた。アセスメントのこの段階に来た患者，治療から身体的・精神的な危険を被る状態にはないと私たちが納得した患者，そしてプライバシーの侵害にたじろがなかった患者は，心理療法作業の恩恵を受けることのできる人らしく見え始めている，と言えるだろう。どのような人がうまくやれるかについての感覚を，経験を重ねて得ることは，比較的簡単でありうると思われる。しかし，誰が不適合でうまくやれないだろうと断言することはより難しく，少なくとも私たちが考えたいよりも難しいことである。

　他の多くの心理療法者たちと同じように，私は教科書的な「分析可能性」の基準を用いることは好まない。なぜなら治療に対して反応性が良くやりがいのある人たちばかり受け入れているという疑わしいことになりかねないからである。精神科診断が概して予後に関係しないことは，一般に受け入れられており，社会的階級・民族性・教育水準その他が関係しないことも，私たちは承知している。心理学的志向性すなわち**情動理解能力**には，これらすべてとは別個の次元がある。最も障害が重く混沌とした人たちが，彼らより表向きは分別のある人にはない，活気や好奇心・強さを持っていることがある。何かを時期尚早に評価しようとして，幾分道徳的でさえある仕方で，治療への「動機づけ」について語ることもありうる。現実的には，モチベーションは，患者が治療の中の経験によって，何が耐えられたり耐えられなかったり，価値があったりなかったりするのかを見出すことを通じて，現れてくるものかもしれない。

　しかしながら，私は有益さの見込みについて考える際，私たちはこの**特定の**患者が，ある施設で提供される**特定の**治療に参加する時間と労力を十分に割くことができるのかどうかという問いに，注意を払うべきだと思っている。たとえば，私たちは，現実に全然触れていないか顕著に倒錯的で行き詰まった人は，週に１回の個人セッションに来ることで自分の時間を無駄にする**かもしれず**，そう言われる必要があるかもしれない。時には，私たちはもっと集中的な治療が可能ならばそれを勧めたり，訓練機関による低価格でより集中的な治療プログラムという選択肢が話し合われたりするかもしれない。そのような状況では，患者は必ずしも「心理療法に不適合」なのではなく，むしろこの人に勧めるであろう専門家や集中的な治療を提供できない点で，**私たちの方が欠けており**十

第3章　なぜアセスメントをするのか？
国民健康保健サービス（NHS）における精神分析的アセスメント　｜　*71*

分ではない，ということかもしれない。

　私たちは，患者が強く週1回の個人治療を求めたとしても，集団療法を勧めることもあるかもしれない。週1回の個人治療は，**私たち**の判断では，ただ行き詰まって反復的になり，変化への機会をほとんど提供しないだろう。面接のある時点で，私たちの視点から選ばれた治療が患者の想像していたものではまったくないかもしれないことが，しばしばある。アセスメント面接の機能の1つは，私たちが情報に基づいた見解を患者に示し，利用可能な選択肢のすべてを提示し，どれが最も適切で，それはなぜかに関して意見を言うことが，できることだと私は思う。それは，セッションの構造化されていない内省的な作業が終わって，私たちがきわめて率直に，助言し意見を言う専門家になる必要がある時点であると私は思う。作業のこの側面は必須であり，患者が受け取る権利があるものである。

　最後から2番目の点は，**訓練のための必要性**に関する。実践では，「なぜアセスメントをするのか」という問いへの避けられない答えの1つは，私たちには訓練に適したケースを見つける必要があるということかもしれない。私たちが働く多くの機関は，心理療法の技能を高めるために訓練している治療者のニーズを考慮しなければならない。新しい治療者たちは，近づきやすく規則正しくやってきて面倒を起こし過ぎない患者を求めるので，ここにはしばしば緊張が生まれる。もちろん，私たちの患者はますます重篤なパーソナリティ障害を持った人々であり，私たちは治療可能性の限界のところで仕事をしていることが多い。（状況のかなり異なるかもしれない，NHSではない訓練施設とは違って）NHS内では，訓練のための必要性が——私たちが公共部門で働く人々を訓練しようとしていることを前提とすると——見た目以上に，サービスの必要性と一体をなしていることを認識しなければならない。スーパーヴァイザーは，訓練生が非常に幅広い患者たちを治療する経験から価値ある何かを抽出するのを手伝うのに，非常に重要な役割を担っている。

　最後は**経済的考慮**である。私がこれを入れたのは，何が提供されるかという点に関してアセスメント面接の結果は，実際的な供給源の事情から，主に短期療法か，個人療法よりも大体集団療法を提供するなどと運営団体によって決定されることに左右されるかもしれないからである。私たちは患者によって，短期療法が益より害を及ぼす可能性があり，禁忌であることを知っている。サービスは，自分が提供できるものの限界を認識しておくことが重要である。私が

思うに、最悪なのは、短期療法の理想化だろう。特にその治療法が施設と治療者に、提供されているのは完璧な治療であり、どんな失敗もどこか患者のせいとなる心地よい錯覚を与えるように、パッケージ化されマニュアル化されている場合である。私の考えでは、最も良い種類の短期療法は、分析的な原理が適用されつつ、その過程の不完全さや結果として生じる苦痛・剥奪・不満足を認識している類のものである。逆説的に、短期療法に対するこの種の哲学と接近方法によって提供される、より良い包容（コンテインメント）は、転移を直接に焦点づけたものとは別の、いわゆる焦点を持つことで表面上はより「うまくまとまった」治療法よりも、そうした短期療法をより幅広い人々に適したものにしそうである。

　配給制（rationing）の問題もまた、これらすべてに暗に含まれている。昨今、イギリスの心理療法サービスでは、残念ながら極端な配給制が避けられない。私たちはしばしば、必要性の強い人たちを断らねばならないことや、ごく最小限のものしか彼らに提供できないことがある。なぜなら、彼らが必要とする類の心理療法が、手元にないからである。私たちはこのことについて、自分自身に率直にして、実際に欠けているのが適切な治療法であるときに、「患者が不適合だ」という言い訳をしてはならない。アセスメント面接および治療の諸過程で、心理療法者は提供できるサービスの限界を知るという緊張に耐えねばならない。患者は決してアセスメント面接の終わりに、「あなたは私たちの試験に落ちました」というメッセージとともに置き去りにされてはならず、「こういう理由で私は、あなたにはこれが役に立つと思う」というメッセージが残されるべきである、たとえそれを提供できなくても。

第 III 部

コンサルテーション過程

　第III部の最初の3章はそれぞれ，アセスメント面接の始まり・中盤・最終の段階を扱っている。4番目の章では，転移を分析する過程を詳しく見ていく。各章は，ある1人の精神分析的心理療法者——すなわち私自身——のアプローチを表している。私は，基底にある諸原理の解説と事例ヴィネットの提示によって読者が，この多大な労力を要する形式のコンサルテーション面接を特有の仕方で行なう中に見られるものの何が役に立ち，何は役に立たないかを，判断できるようになることを望んでいる。

第4章

どのように始めるのか

R. ピーター・ホブソン（R. Peter Hobson）

　私が今のような仕方でアセスメント面接を実施するようになったのは，ごくゆっくりとだった。訓練生の頃，私はもっと用心深く取り組んでいた——そしてそれは当然のことだった。私は患者を安心させ，ことによると面談の要点を説明し，私が感受性鋭く話を聴き，必要ならば再保証と励ましを提供するつもりがあるのを伝えることが，適切だと考えていた。私は今でもこれが，始めたばかりの心理療法者にふさわしい構えだと信じている。それがアセスメントという課題に対して限界や，困難までも持ち込むのならば，それはそれで，治療者が「本物」の——非人間的で非人道的な——心理療法者の役割を実演しようとすることから生まれるかもしれない患者と治療者双方にとってのトラウマを，回避することにもなる。たとえば，患者が治療者に何か言って欲しいと思っていても，**時には**治療者は黙ったままでいる理由があると考えることは，沈黙を「良いこと」だと考えることとは，非常に異なる。それどころか，応答しないことは有害でありうる。

　したがって私は，経験のある訓練生が私のアセスメントの面接に同席することを嬉しくは思うが，初心者に認めるときには慎重である。そう構える理由は，2つある。第一に，心理療法の訓練に乗り出しつつある人の多くは，転移が意味することをほとんど把握していないからである。彼らは「転移」が，心理療法の設定によって創出された特別な諸条件の中で，患者が自分の重要な関係の諸側面を治療者という人物に転移する事実を指すと学んではいる。しかしそのことは，転移がコンサルテーション面接の過程で，2人の関わりの瞬間瞬間での移り変わりを通じて，どう展開するかという理解からは程遠い。私は，比較

的経験のある訓練生が，私のアセスメントの面接に一度同席した時のことを思い起こすことができる。その面接で私は，治療者としての私との関係において患者の過去と現在の関係性が，とりわけ明確に再実演されていると感じた。後で私はその訓練生に，どの程度まで自分の目にしたことが，転移の表現になっていると感じたかを尋ねた。彼は困った顔をした。彼は私が見たものをまったく見ていなかった。私はこのような場合，訓練生が役に立つことをどれほど学ぶか，疑わしく思う。訓練生はむしろ，その経験によって動揺し混乱する可能性がある。

　第二に，さらに重要なことだが，訓練生は準備が整う前に，私がすることを模倣しようとする可能性がある。このことは，訓練生が「本物の心理療法者」になろうとしたり，自分たちがすることになっていると思うことをしようと努めたりする危険に結びつく。訓練生は誰でも――実のところ，治療者は誰でも――自分にとって意味をなす根拠に従って，自分が使うアプローチを作り出す必要がある。そうして初めて治療者は，自分自身と患者の間を行き来する道程をたどって，踏み違いは適度な柔軟性を持って修正し，治療上の害を最小限に抑え，利益は最大限に与えることができる。このことは，治療者が自己一致している（authentic）場合に，そしてその場合に限って起きるだろう。治療的コンサルテーション面接を行なう者として**自分自身**の技法を発展させることには時間が掛かるものであり，それをするには自分で課した気取った姿勢よりも，素朴な純粋さという立場から行なう方が良い。

　始めたばかりの治療者は，たいてい途方に暮れている。私はそのような人が自分の位置を知るのを助ける際に，この臨床的な仕事へのある種の**態度**を奨励している。もちろん私は，訓練生があれはしたりこれはしなかったりということの含みについて――たとえば，面接の始めや終わりに握手すること，ファーストネームまたは姓を使うこと（たとえば，ファーストネームだけを使うのは厚かましいかもしれないばかりか，両者の構えを規定する可能性がある），入り口から最も遠い椅子から最も近い椅子に座ることなどについて，よく考えることを助けようとする。また私は，面接に対していくつかのパラメーター〔技法の変更（Eissler, KR, 1953）〕を提案し，特に，治療者が最初にはっきりと，これはコンサルテーション面接であること，（たとえば）90分続くこと，もっと長い治療への導入部分というよりむしろ1つの自己完結した過程であることを伝えるように助言する。それ以上に，私には治療者の態度は，治療者がコン

サルテーション面接に持ち込むものの中で，最も重要な要素であると思われる。その態度の中心には，助けを求めて来る人を理解しようとする同情と献身がある。

開始において

　アセスメント面接は，欲求が感知されて始まる。最初の問いの1つは，それが誰の欲求であり，どのような種類なのかということである。

　事がうまく運んでいれば，患者の欲求が突出して現れる。とは言うものの，不安げな一般外来医〔紹介したGP〕・心配そうなソーシャルワーカー・当惑した精神科医や，もちろん苦しみ途方に暮れた親族の欲求を考慮に入れることは，重要だろう。そのような少し距離を置いた経験や欲求には，診断的な意義がありうるし，何らかの介入が計画される文脈をはっきりとさせるためにも重要である。

　また，「なぜいまなのか」という，関連していることが多い問いがある。何がこの特定の時点で，患者の人生のこの時期に紹介を促し，患者に欲求の感覚を呼び起こしたのだろうか。

　この時点ですでに，評価する過程は始まっている。これは，患者として同定された人との実際のアセスメントの**面接**をまだ行なっていないという意味で，アセスメント前段階と呼ばれるかもしれない。実際，ジェイン・ミルトン（Jane Milton）が第3章で論じたように，面接は現れている問題に取り組むのに，適切かもしれないし，そうではないかもしれない。だから治療者は紹介状に対して，紹介者と連絡をとることで対応する可能性もあり，紹介が取り下げられるか他の場所に紹介される結果もありうる。これは，たとえば患者の障害が重過ぎる，あるいは精神力動的な探求に十分な関心がないという理由で正当化されるかもしれない。この場合，精神分析的なアセスメント面接は害があるか無駄な可能性がある。代わりに，患者が組み込まれている対人関係システムに機能不全がある可能性もある。たとえば，手始めが夫婦や家族のアセスメントだと信じる理由があるかもしれない。

　紹介状は多くの情報を含んでいることがあり，以前の医学的・心理学的な報告書の写しが添付されているかもしれない。私がNHSで行なうアセスメント面接では，決まった手順で患者に送られる質問表を利用できることが大いに役

立ってきた。質問は，現れている問題や他の医学的・精神医学的病歴の性質と経過，生育歴，過去から現在までの家族／パートナーとの関係，職歴と仕事の満足度，性的問題や自分の身体について否定的感情があるかどうか，服薬しているかどうか，そして患者が取り上げたい他の事柄のような事項に関わる。

　大まかに言うと，紹介状と質問表が価値のある情報を提供する仕方には，2通りがある。これらは，私が第1章で述べた三等級の証拠のうちの2つを表している。第一に，それらは歴史的事実を伝える。このような事実には，患者の過去と現在の医学的その他の問題と，事がうまく運んでいれば，患者がなぜこの特定の時点でこの種の援助を求めているのかについての，いくつかの事実が含まれる。そこには，その人の関係性の歴史，特に，比較的安定した満足のいく関係の証拠が少なくとも人生の一定期間にあるかどうかも含まれている。

　これらの事実はいくつかの理由から重要だが，ここでは2つを述べる。第一に，その人の過去と現在の状況という文脈の中で心理療法への「適合性」と，心理療法に付随して必要かもしれない他の形の支援や治療が考慮される必要がある。支持的な関係や安定した仕事を持っているという背景があることで，たとえば週1回の心理療法をやっていける人の多くは，他の事情では，そうした治療は混乱を招いて役に立たないと感じるかもしれない。他の人たちにとっては，心理療法は投薬のためであれ危機の際の入院治療に備えるためであれ，医療の援護がある中で検討される必要があるかもしれない。紹介状と質問表によって心理療法者は，そのような事柄についてさらに詳しい情報を求めた方が良いと思う可能性がある。

　第二に，この種の事実は，一方では患者の動揺した心の状態が現実化する可能性についての，他方では患者の関係を維持する能力についての見解の一助となる。子どもとしても大人としても一貫性のある関係を維持してそこから利益を得た，ということがまったくない人は，とりわけ心理療法者が非常に葛藤的な感情の焦点となる時に，その援助を受け入れ難い可能性が高い。複数回の妊娠中絶や自傷・アルコールその他の薬物の問題を経験したことのある患者や，暴力的な関係を繰り返している患者は，そうした問題をはっきりと理解され，きわめて深刻に受け止められる必要がある。さもなければ彼らは，問題を悪化させる治療に安易に関わる可能性がある。（前章でジェイン・ミルトンも用いていたが）貴重な経験則の1つは，患者は心理療法において，過去の最も動揺が著しい状態と同程度の状態になるだろうというものである。

さらに，紹介状と質問表が伝える，他の種類の事実がある。これらの事実はさほど明瞭ではないが，劣らず重要な可能性がある。紹介状の場合，紹介者が患者をどう経験したか，患者は同情を引き出すのか，不安や絶望を搔き立てるのか，それとも紹介者が紹介を通じて対処する必要のある，他の肯定的・否定的感情を引き出すのかを少しずつ集められることがある。そうした関係性のパターンはどれも，何が患者の治療者との関係に現れる可能性があるかを前もって警告するばかりでなく，依存的な関係における患者の関わり方について，何かを捉えている可能性がある。

同様に，患者が記入した質問表を読むと，患者のコミュニケーションのインパクトが直に経験される。質問表の中には，ぎっしり詰まってはみ出し，続け書きされた読みにくい字で読み手に忍耐を強いるものもあれば，バランスが取れてまとまりがあるように思えて，同情や関心を呼び起こすものもある。また，詳細に乏しく，ことによると大文字で記入されていて，患者の経験のよく知りたい箇所に限って空欄のものもある。そしてまったく送り返されないこともある。

この種の事実に関しては特に，コンサルテーション面接の前およびその過程で得られるようになったあらゆる事実に関してはある程度，結論に飛びつかないことが重要である。諸々の事実を慎重に受けとめ，**かつ**それらの事実が意味することについて，情報に基づいて判断するのにより良い位置につくまで待つことは，容易ではない。治療者は，これらの事実が患者についての知識の一助となるので，それらを尊重する。けれども，それらだけではそのような知識に達しない。それらは文脈の重要な部分を提供し，他のあらゆる事実がその中で理解されることになるだろう。しかし最も確かな情報の解釈でも依然として，治療的な出会いの中で起こることに影響される。

心の中の枠組み

私は訓練生として始めて，いつの頃からか，もはや訓練生ではない者になった。私はこのことが，私が自分の仕事を他の人たちに発表して学ぶことをやめたということではなく——実際，私は自分が学ぶのをやめなかったことを知っている——アセスメント面接の自分の仕方とその実施に辿り着いた，ということだったと願う。いやおそらく，アセスメント面接を行なう複数の仕方に，と

いうべきである。なぜなら，欲求が異なるさまざまな患者たちに違うことをするのは，私にとって明白なことだからである。とにかく私は，訓練生から訓練者へのぼんやりとした境界を渡ったとき，新たな責任を得た。私は治療者として，**どんな**することや言うことについても——実のところ，しないことや言わないことについても——十分な理由を持つばかりでなく，それを明確に言い表せるべきであると感じた。確かに，これは願望だったし，達成というよりむしろ願望のままだが，私はそれがアセスメント面接の，あらゆる時点に当てはまると信じている。

　もちろん，あれこれを言う理由が十分にあると，誤って想定したが実際にはそうではない，ということもあるだろう。そのこと以上に，治療者は少なくとも一時的には，論理的に考える能力が圧倒される役割を実演することに，巻き込まれるはずである。これから私が解説するように，これは心理療法者であることの避けられない部分である。それでも私たちは専門家として，自分の技術を統制のとれた仕方で適用すべきである。これは，自分が何をしているのかを知っていること，自分がしていることの核心を知っていること，それをこの理由ですることが最も患者のためになると信じていることを意味する。

　ここで2点，留保しておく必要がある。第一は，「何かを言うこと」と「何かをすること」が何を意味するのかに関わる。それは，分析の治療作用に関心がある精神分析者たちが論じてきた問題点であり，治療者による解釈の特定の内容が，洞察を与えるためにどれほど重要なのか，そして解釈の意義は，どれほど解釈が伝える態度にあるのかというものである。私はここでは，対人関係上の理解の個人的な側面を具現するものとしての治療者の態度に，焦点を当てる。

　どのコンサルテーション面接でも，十分な時間，治療者が患者および患者の表現し実演するものに対して，情動的に応じられることが重要である。これは，治療者が剝き出しになることでも患者のなすがままになることでもない。むしろ治療者は，患者が表し伝達していることを心に留めて包み込み，情動的経験を治療的な進歩のために消化できる必要がある。治療者がそれについて何かを言うかどうか，唸ったり相槌を打ったり間を取ったりのような何かをするかどうかは，そうした発言や非言語的コミュニケーションが物事を検討する治療者の能力について伝えることに比べると，重要ではないことが多い。裏を返せば，治療者は言うことやすることを好きなだけ気の利いたものにできるが，それら

が情動的な理解のようなものに基づいていなければ，ほとんど取るに足らない（か悪化させる）可能性がある。

　第二の留保は，患者のためになることに関わる。ここで私は，第１章で導入した主題を詳しく述べたい。場所によって，患者が何を欲し必要としているかを同定することは，比較的簡単な問題だと考えられている。たとえば，自分の情動的な問題の援助を求めて NHS の施設にやって来る患者はほぼ誰でも，同情的に話を聴いてもらうことや，可能ならば再保証と支持を欲しているだろう。また患者は，コンサルテーション面接について事前に説明を受ける権利と，提供されるものが求めているものと異なると感じるならば，反対する権利を持っている。

　少し振り返れば，状況がそれほど単純ではないことが示唆される。心理療法者ではなく，内科医か外科医を訪れる患者を考えてみよう。この患者も，同情と再保証・支持を得ることを好むだろう。しかしはるかに重要なこととして，患者は適切に診断され治療されることを欲している。私は，ロンドンのある病院の救急処置室で，自動車事故に遭った人のベッドの傍らに同僚の医学生たちと立っていたときのことを思い出す。私たちは恐る恐る，ひどい打撲傷のある患者の顔に触れた。すると当直医がやってきて，患者の上顎を掴み，徐々にしかししっかりと前に引き出して，重度の骨折のためにこの骨張った構造が頭蓋骨の他の部分から切り離されていることを明らかにした。教訓が学ばれた。状況がこれほど劇的ではなくても，痛みを経験したくない患者でも，より長期的な利益を得るために必要ならば，痛みを経験する覚悟がある，と。

　私は，**もしも必要ならば**，を強調する。誰のことでも，不必要に実りなく苦しむ立場に置くことは，弁解できない。しかしながら時には，患者とどの程度の動揺を経験できるかを見出すことは，実際に必要である。患者が探し求め必要としている専門的なサービスは，そのようにしか提供できないのである。

　それへの厳しい試験となるのは，治療者のすることが患者のためになるかどうかである。いくつかの考慮が関連する。第一に，意志決定をする必要があるのは，２人の当事者である。患者は，心理療法的治療が意味しうることを知る必要がある。すでに述べたように，効力のある心理療法では，患者はその人が潜在的になりうる状態まで具合が悪くなる見込みが高い。患者は，苦しくておそらく能力を奪う時期もあるこの治療に乗り出すかどうかを決めるために，このことを知る必要がある。治療者もまたこのことを知って，治療が動揺を包容（コンテイン）

して，患者の発達を促す見込みがあるかどうかを考量する必要がある。だから，もしも治療者と患者の両者に治療の危険と利益についての情報に基づく見解に到達してもらう必要があるとすると，最初のコンサルテーション面接は，この必要性を満たすことにどう貢献できるだろうか。

　心理療法のコンサルテーション面接で最重視すべき焦点は，その人の潜在的な動揺の水準と，困難な局面を切り抜けるために治療関係の力を用いる能力とのバランスを評価することだと私には思われる。私は，重大な問題を抱えた患者で，真実であり情動的に正直なことを追求する驚くべき意志の固さと決意のある人たちや，欲求と葛藤に直面することに必ず伴う苦痛と動揺に耐えるために治療者の理解を用いた人たちを知っている。私は，問題がはるかに少なくて，自分の情動的現実に直面することにほとんど関心や熱意がなく，葛藤や苦悩を引き起こすほぼあらゆることを避けて免れる患者たちも知っている。

　最終的に，そして心理療法が提供されるにしてもされないにしても，これらの問題に対して自分自身の立場を決めるのは，患者がすることである。治療者がコンサルテーション面接でできること，あるいはすべきことは，患者が情動的生活（セッションでの生き方を含めて）を送る中で，部分的にしか気づいていないか部分的にしか識別できていない中で選択していることを指摘し，その選択の後に，患者の人間関係と情動的生活にとって何が続いて起きているかを明確に述べることのみである。治療者が患者に何を示すことができるかという観点から見ると，しばしばこれが，治療者の権限の限界である。

　ここで私は，患者・治療者間の関係の構えの移り変わりが，コンサルテーション面接の過程に価値あるものをどのようにして提供するかという議論に移ることもできる。たとえば，そのような移り変わりはある瞬間に患者が喚起されたばかりの感情を処理する際に，あちらよりもこちらの方向へと動くことをどう**選択している**のかを，治療者が患者に指摘する機会を提供する。そのような事柄の検討は後回しにして，代わりに私はアセスメント面接をどう始めるのかを例示しよう。そして再び言っておく。私は，新訓練生や課題に見合う不快さ以上のものを感じる人に，これから記述することを試みるべきだと提唱してはいない。私の望みはその説明が，心理療法のアセスメント面接がどう行なわれようと，それに関連している可能性があるいくつかの原則を例示することである。

最初の数分間

　この節の題名は，私の父の著書『感情の形』（Forms of Feeling: R.F.Hobson, 1985）の第11章の題名を踏まえている——それは，「最初の5分間（The First Five Minutes）」である。父と同様に私は，心理療法のためのコンサルテーション面接に来た人と会って，最初の5分から10分の内に，その人の情動的世界の眺望が開けてくると信じている。それは際立っていて好奇心をそそるものであり，しばしば感動的で時には衝撃的である。

　しかし，その始まりが何処に通じるのかは分からない。エリオットが『**四つの四重奏**』で書いたように，「……そのために来たのだときみが思っているもの，／それは1つの貝殻，いわば意味の抜け殻—／万が一目的が果たされるとすれば，そのときやっと／目的が莢から転がり出る」[エリオット，1943。岩崎宗治訳，岩波書店，2011，p.94]。コンサルテーション面接の最初の5分か10分は，患者の苦況の理解のために中軸であるものを多く含んでいる可能性があるが，そうした最初の数分間では，理解は得られない。私たちは起きていることを心に記録できても，何が重要でそれがどう重要なのかを知らない。私たちが推定できるのは，適切な留保とともにだが，起きつつあることが，私たちと患者が知って取り組む必要のある，多くのことへの手がかりを含んでいるということのみである。治療者の望みは，コンサルテーション面接の始めに出てくることの意味が，面接が終わるまでに明らかになることである。

　アセスメント面接に備えて私は，2脚の椅子を対面から約45度ずらして配置し，一方の脇にのみテーブルを置く。私の椅子は，ドアから最も遠くにある。そうすることで，患者は閉じ込められていないと感じられる——そして（**きわめてまれに**）心が乱れた患者は，妨げられずに出ていくことができる。私はこれがどんなに親密でも，正式な枠組みの中での面談であることを象徴的に表すものとして，ネクタイを常に着用する。私の役割は，専門的な臨床従事者であって，友人ではない。

　エレベーターのところで患者を迎える時，私は患者の敬称と姓（「ブラウンさん（Mr）ですか」）を述べて挨拶し，（「ピーター・ホブソン」でも「ホブソン教授」でもなく）ホブソン医師と自己紹介する。私は廊下を下っていく際に，患者が後ろからついてきやすいように歩調を合わせながら，面接室まで先導する。一部の患者は，（意味深いことに）並んで歩くことを選ぶ。私は患者のた

めにドアを開けて，座る椅子を指し示す。2人とも着席したら，私は自分の名前をホブソン医師ですともう1度言い，これは予備的なアセスメント面接で，何時何分まで，通常は開始から90分の時間があると言う。患者が遅刻していたら，私は90分とってあったので，終了までにこれだけの時間しか残っていないと言う。この問題が生じたならば，私はある時点で，患者にとっての貴重でありうる時間を——意図的にであれ怠慢や不測の事態によるものであれ——失ったことの意味に立ち戻る。

　それから私は，余念なくしっかりと，しかし攻撃的でなく見ながら，患者を待つ。緊張は決まって急激に高まる。

　私は沈黙を押し付けないが，少しの間（時に，もっと長く）黙っている。また，患者の不安や攻撃性が扱い難くなる水準まで高まるままにはしない。必要があれば，私は患者が私の構えで経験していると私が判断することについて，できるだけその場で手に入る証拠のみに基づいて述べるよう努めながら，速やかに自分の考えを述べることへと切り替える。

　状況が特に緊迫しているときには，通常，患者のまさに最初のいくつかの発言の中に，患者が**私を**——攻撃的で助けようとしない，不当だ，サディスティックだ，操作的だ，その他何でも——と感じているかどうかの手がかりを提供するものが十分にある。状況がそこまで差し迫っていないときは，私が論評する前に，患者の経験がどう展開するかや，患者がどう調整するかを見るための，一息ついて考える合間がある。多くの場合，患者は落ち着かないが気を引き締めて，おおよそ率直に私に話すことができる（そして私は余念なく聞いている）。また，あたかも私がどの点から見ても手助けして役に立ち，理解があるかのように，あるいは——おそらく1つの水準のみでのことだが——私のことはまったくどうでもよいかのように，説明を始める患者もいる。

　私はこの圧縮した概説から，さらに論評するために2つの特徴を選ぶ。第一に，それぞれに異なる患者が，この厄介で潜在的に脅かしたり不快感を与えたりする可能性がある状況によって，どう揺り動かされるかには，著しい個人差がある。疑いなく，この状況は患者にも治療者にもまったく厄介**である**。患者は傷つきやすく困窮状態で来ているのに，親切な再保証も答えればよい質問という安全網も，与えられないのである。

　第二の，アセスメント面接の私の方式を正当化する点は，しばしばこの接近方法が，患者の潜在的な動揺の質と程度**および**その動揺を患者が扱う仕方の，

一時的でもはっきりとした表れを生むことである。続く過程は，患者がそのような早い時期に私をどう経験したかの詳細を明らかにするだろう。このこと以上に，それは私が患者の経験を理解しようとする真剣な試みを，患者がどこまで許容したり採用したりできるのか，そしてそれが私たちの個人的な関わりの質をどこまで変え深めるかを明らかにするだろう。

　私は，コンサルテーション面接の最初の部分をこのように実施することによって，常にではないが多くの場合に，患者に潜在する動揺の質と程度が明らかにされることを，再び述べておきたいと思う。もちろん，動揺には多くの性質があるが，特に重要な区別（クラインとフェアバーンの仕事に由来する）は，妄想分裂ポジションと抑うつポジションという2つの機能様式の区別である（詳細は第10章を参照）。第1章の後書きで述べたように，心の妄想分裂状態は，悪夢やおとぎ話の世界と対応し，人はそこで，非現実的に理想化されているかもしれない人物と並行して，邪悪で侵入的な人物を経験する。その雰囲気は，侵入的で迫害的な人間もどきの力による，人の存在そのものに対する脅威に満ちている。抑うつポジションは，質が異なる。なぜなら，そこでの主要な不安は，固有の主体性がある全体的な人間として経験される，求められまた気遣いをしたり受けたりする人物の喪失と，その人物に加えた害を経験することに関わっているからである。ここでもまた，随伴する不安と葛藤の苦痛は非常に強いかもしれないが，その種類は異なる。コンサルテーション面接の開始の時期には，こうした対照的な心的状態のどちらが患者に優勢であっても，ほぼ直に触れることができる。

　これは二者択一の状況ではない。私たちのほとんどが，相応する境遇下では，自分の心の枠組みが抑うつポジションになっている可能性も妄想分裂ポジションになっている可能性もある。妄想分裂機能様式の程度と優勢さは，倒錯的なものや自己愛的なもののような，他のいくつかの情動的・対人関係的生活の送り方の固定化と同じく，心理療法のアセスメントにとって非常に重要である。

　ある人のいざという時に頼みの綱となる心的状態の性質と程度の1つの指標は，面接のこうした最初の時期に顕わになる**もの**である。迫害と脅威の感覚は，お互いに実際にあるかもしれない。もう1つの指標は，その動揺がどのくらい**長く**続くかである。まれには，能力を奪う動揺が，用心深さ・攻撃性・迫害・脅威を伴って30分以上の間，一連の活動を支配し続けうる。そのような状態では，患者は治療者の言葉を，押し寄せる多数の弾丸として経験する見込みが

高い。他の患者たちでは，私が自分の目的のために彼らを攻撃や操作をしようとしているよりむしろ，理解しようとしていると経験するようになるにつれて，緊張と敵意が急速に減少していく。さらに，動揺の微かな徴候だけが認められる患者たちがいる。そうした患者たちは，開始直後からそれらに対処しているように思われる。その人には，内的な資源を用いて考えることを支えて思いやりと援助を受け取る望みを維持するために，内的資源に助けを求めることができるという印象があるかもしれない。他方，患者の感情のレパートリーには，気がかりな空白があるかもしれない。見かけの平穏さが患者の情動的生活の基底にある裂け目を暗示する一種の空虚さを反映しているという，不吉な徴候を見逃さないことが重要なので，ここでは注意深い必要がある。

　私はこれまで，動揺を中心に据えて記述してきた。これは，私がNHSの仕事で会う患者では，最重度の動揺状態にあることが比較的**まれ**である限りで，誤解を招く可能性がある。これが当てはまらない場合には，私はアプローチを変更するだろう（第9章も参照）。私が行なうことの肝心なところは，コンサルテーション面接の中で心の**非常に**動揺した状態が顕在化するようにして，共同作業のために利用できるようにすることだけではないし，それが主眼でもない。私が目的とするのはむしろ，それほど動揺していない心の状態の全範囲について作業するための基礎を，はっきりさせて提供すること，より限定すれば，**明らかに現前する**患者の不安・葛藤・防衛の性質を，患者**とともに**探求することである。

　その点を例示する事例に向かう前に，私は本章のこの部分を，実際にあった印象的な逸話で終えることにする。それは何年も前に，私がアセスメントした人に関わる。そのコンサルテーション面接は私の記憶に焼き付いている。

　　　患者は，軽度に見える身体的障害があって紹介された中年男性だった。彼は数年前に，9カ月間の力動的心理療法を受けていた。だから，これらおよび他の諸指標から知りえた限りでは，彼はそれほど困ってはいない，さらに治療を希望する人だった。私はこの男性に会って，既述したように面談に着手した。私が口を閉ざしておよそ5秒のうちに，彼は眼を飛び出させ，急性の精神病状態へと凍りついた。私は直ちに介入し，コンサルテーション面接の残りの時間を，彼が到着した時に近い状態に収まるように語り掛けることに費やした。

この患者は，自分が非常に困っていると知っていることが分かった。彼は，前の心理療法がこの事実の表面をかすっただけであることも知っていた。そればかりか彼は，自分の動揺状態が孤児院で育てられた人生早期の数カ月と，ともかくも結びついているのかについても述べた。
　このコンサルテーション面接は，さまざまな視点から考え評価することができる。一つのことが，私の記憶に非常に鮮明に残っている。それは，面談の過程でこの患者と私は一緒に，驚くべき真実に直面したということである。

　以下の短い事例ヴィネット（後続の章にあるヴィネットのいくつかも）は，アセスメント面接の開始時に起こることを例示することを目的としている。それらは代表的ではないが，例外的でもない。それらは，例示した患者たちがやってきて着席したときに起きたことに過ぎない。彼らのコンサルテーション面接の始まりは，それぞれ違った仕方でだが，非常に示唆に富んでいた。それらの事例は，コンサルテーション面接が異なる意味水準の間をどう移動するのかを例示しようとしており，臨床提示が類似の様式に見えるかもしれないものにある相違を露わにすることができる。以下3人の患者はそれぞれ，抽象的な水準での思考作用を保っており，私自身との接触はそれに相応して非具体的である。しかしこの類似性の裏では，患者たちは著しい個人差を示している。

■事例ヴィネット　A氏

　Aは40代初めの男性で，「不安と気分低下の症状」，すなわち，熱中を感じたり表したりできないこと，そして自分自身と自分の達成したことへの全般にわたる不満足感のために紹介された。彼はあちらこちらを漂っていると言われていた。
　Aは定刻に到着した。彼はコーヒーを携えていた。面接室に入ると彼はコーヒーを置いて，私たちの面談の終わりまでに飲むつもりだと言い，それから私を見つめながら座って，初めは受身的にしていた。私は，彼が待っているように見えると言った。彼は，何を予想すべきなのか分からない，これはしたことがない，と言った。さらに間を置いて私は，彼は私がリードすることを期待しているようだと言った。彼は，それは私の「戦術」で，起こることになっていることを妨げないようにしているのだと思う，と言った。彼は，

私のアプローチを「難題」に感じているが，同時に，起きていることを何とか分かろうとしていると述べた。彼は，それで第6学年〔日本の高校3年生〕の時のことを思い出したと言った。彼はよくボール紙の筒を通して，他の人たちを見て観察した。目にするものは不思議だ，と。

私が彼の経験している不快な感触について述べた時，彼は私が言ったことをほとんど退け，その場で起きていることの自分の理解について，抽象的でかなり凝った省察をひとしきり述べた。彼は，専門家が自分について何と言うだろうか興味があってここに来た，と言った。

私は，彼が私を，この状況の異例さにもかかわらず彼にほとんど助けを提供せず，超然と彼を観察していると経験しているばかりでなく，彼の方も，彼を観察している私を観察していることを取り上げた。たとえば，彼は私が自分に提供するかもしれないものを，それについて省察して「興味深い」と感じることができるように，前もって考慮していた。

この冒頭の，私たちの面談の用心深い部分は，結構しばらく，おそらく10分から15分の間続いた。それから私は，彼が深刻な理由で来ているけれども，彼と個人の水準で関わること——つまりはっきり言えば，彼が自分自身について個人的な事柄を持ち出すこと——は，これまでのところ起きていなかったようだと指摘した。分かってきたのは，彼がその場で起きていることから身を半ば引いているばかりでなく，それを「実に面白い」と感じてもいたことだった。彼をここに連れてきた状況の深刻さを汲み取る責任は，私にあった。

私は報告をこの時点で一旦中断して，2つの所見を述べたい。以上は総じて，知的で冷たく聞こえるかもしれない。私は面接のその時ですら，私たちの現在の関わりが引き起こしていると私が考えることを，A氏と私に分かりやすい水準で判別して明瞭に言うという私の課題を忠実に守るのは，骨が折れると感じた。私は，私のどの所見にも言明にも，はっきりとした証拠が——いつか必要がある時には，A氏に引用できる証拠があったと信じている。ここには，ロケット工学のような難しいものは何もなかった。私が記述した大部分は，A氏の防衛性を例示しているが，私は逆転移の中に生まれたもの——すなわち，A氏が自分ではできないときに，彼が来談した深刻な理由およびそれに対する*私の深刻な態度*についてコメントする際に，自分の感想を率直に，思い切っ

て言いたいという私の欲求——に基づいた行動もとった。報告に戻ろう。

　面接が進むにつれて，A氏がもっと直接的に私に関わる時間が束の間現れ，次第に長くなっていった。しかしその度に彼は，もっと抽象的な省察や滑稽な余談，あるいは他のもっと離れたところに遠ざかった（ちなみに私は，後を追ってそう明言することが多かった）。彼は私が，彼の情動的ストレスの対処の仕方は，ある水準ではうまく役立っているけれども，より生き生きとした関わりから自分を遠ざける「泡」を，自分の周囲に作り出すものでもあると言ったことを，正しいと認めた。私は彼の語り方が，彼が作り出す泡をはじけさせるよりむしろ，それに寄与する仕方で起きているように見えることを取り上げた。理解の手段——まさに彼の話し方と考え方——がこのように用いられうることは，今・ここにおいて，本当に困難である。

　私はここで報告を打ち切ろう。A氏はセッションの終わりまでに，支配を緩めて生気が増した関わりをするようになり，私が夢を尋ねると応じた（それはたまたま，明らかにするものでも不明瞭なものでもあった）。また，A氏は不安に対して自分を守っていたが，その不安をいくらか感じることも可能となった。それは特に，変化が意味するものについて確信がない場合の，変化への恐怖だった。フォローアップの面談で彼は，自分の脆弱な自尊心やその他の事柄について，心を動かさせるほど率直だった。彼ははっきりと私たちの作業の価値を認め，精神分析的心理療法を求めた。
　A氏のより個人的で傷つきやすい部分に近づくために，A氏による私の操作と彼の「観察する」構えを分析するには，詳細で持続性のある**独特な種類の作業**を要したことに注目してほしい。これに含まれたのは，私が断固とした注意を転移と逆転移に与えること——そしてA氏が刻々と私自身および状況を経験している時に，彼との関わりへの積極的な関与を維持することだった。この課題から逸れることやそれを妨げることは，一切許容されなかった。

▌事例ヴィネット　B婦人

　次は，非常に異なる理由から自分を抽象的な水準に保つことに努力を集中させている患者である。B婦人は，一貫した自己のようなものを構築し維持しようとしている。

B婦人は，抑うつと対人関係の困難のために紹介された。彼女は，最初に紹介された時にはやってこなかった。再び紹介されたときには，質問表を送り返さなかった。それから彼女は面接の開始予定時刻に電話をかけてきて，向かっている途中だが道に迷った，と伝言を残した。結局，彼女は15分遅れて到着した。

　エレベーターに彼女を出迎えに行くと，B婦人は私をホブソンさん（Mr）かホブソン先生（Dr）のどちらで呼ぶべきか言葉に詰まって，半ば目をそらした。部屋に入ると，彼女は幾分ぼんやりと私を見て，来る途中に考えていたことを言うべきなら，「麻痺」しているということだろう，と言った。彼女の機能様式はどこかおかしく，まるで（ここで彼女は身振りをした）彼女はある水準では生きているが，どこかおかしいところがあるかのようである（それが彼女自身の他の諸水準とは結びついていなかったことを含意していると私は思う）。彼女は，自分が何とか切り抜けているという点では，他の人たちのように「生き残った者」だが，それ以上のことはしていないと思う，と言った。

　私はこの面談で，似たことがどのように起きつつあると思われるかを取り上げた。私は，彼女は私が彼女から何を欲しているのかまったく不明に感じており——そしてこのことは彼女を明らかに落ち着かなくさせた——それで彼女は明瞭なことを，個人的になり過ぎずに提供しようとしている，と言った。彼女はこれに同意した。それからの約20分間に起きたのは，B婦人が何度も，うわべは明瞭だが，抽象的で個人的な深みに欠けている仕方で話そうとするということだった。促されて彼女が自分自身について話し始めようとしたとき，大陸から大陸へと移動することについて何か言ったが，それから沈黙してうつむいた。彼女の心は，まったく機能できないように思われた。

　このコンサルテーション面接がどのように展開したかを記述するよりむしろ，後のフォローアップ面接の冒頭の話を取り上げるとしよう。

　B婦人は，日光が眩し過ぎると不平を訴えることで始めた（とはいえ，ブラインドがある程度閉まっており，日光は遮られていた）。私が一瞬ためらうと，彼女は私と席を替わるよう求めた。私はこの要求を断ったが，実際に

ブラインドを下げた。彼女は，サングラスを持っていれば良かったと言った——そして私は彼女に関心を持ったので，これは（彼女が認めたように侵入的な可能性があるが，感情を抑えられていないときの彼女を見てもいる私といる）私の視界から，彼女が自分を隠したいと同時に，あたかも自分自身から隠すように自分を暗くされた空間に置いておきたい，という願望の具象的表現に思われた。他方，特にもっと後では，彼女は感情の首尾一貫性と自分自身について考える能力を有しており，そのことは私を驚かせ感銘を与えた。

ここに見られるのは，第一例より問題が多い，何らかの均衡を確立して維持しようと苦闘している人である。他の患者たちが似たような「具象的な」振る舞い——失見当の明白な徴候・私を何と呼ぶかについての疑念・日光への反応・席を替えたい願望——を示すとき，彼らは治療者に相当な失見当を引き起こす可能性がある。実際には，B婦人は混乱や平衡の失調よりむしろ，同情や落胆を引き起こした。いつものように，今・ここでの対人的な関わりは，今・ここでの関わりにのみ可能である，患者の機能様式についての情動的な証拠をもたらした。

私の3番目の事例は，さらに対比を提供している。

▎事例ヴィネット：C氏

C氏は，低い自己評価と抑うつ感のために紹介された中年男性だった。

彼は5分遅れて到着した。彼は握手しながら自信のなさそうな表情を私にして，それから直ちに，遅れて来たことを詫びた。彼は仕事用の質素な身なりをしていた。

彼は，私に質問するつもりがないことをすぐに心に留めて，変えたいと願うことがあるので来ることになったと話を移した。彼は心理療法を受けたことがあり，それは彼に洞察を与えたが，状況に対するこの「反応」を変えなかった。彼は続けて，自分が恐怖をいつも抱えていて，権威のある人たちに対して特にそうだと話した。彼は，おそらく自分の人生の目的を変えるか，現状で我慢するべきだろうが，事態が変わって欲しいと言った。

彼は自分の困難を「それ」と呼ぶと，次に「それ」をもっと広い領域に拡大して，彼がそれ（人生を意味する）がそれに値するかどうかを不思議に思う何度かの時期に言及した。彼は，自分があまり社交的ではないと言った。

この初期の段階でさえ私は，C氏が自分自身についての重要そうな物事を，それらが重要かどうか構えを決めずに語ることに，驚かされた。それらが彼にどう感じさせたのか，あるいはもっと言えば，一体どんな意義があったのかを知るのは不可能だった。
　続けてC氏は，母親の批判的な態度や父親が相対的に役に立たないことに強く影響されて，自分が葛藤や摩擦の回避を願うようになったことについて，彼が理解する仕方をいくつか私に語り始めた。しかしそれを越えては，彼は自分の困難を，条件付けの問題として見なしがちだった。そして彼が後で表現したように，もしも彼が自分の状況に合理的な思考を適用できたならば，それは変化をもたらすかもしれないのだった。
　だから私たちの面談の最も重要な焦点は，コンサルテーション面接の早い段階からでさえ，C氏が自分を，どんな特定の見方や感情・判断・思考にも結び付ける能力か意欲がないことに関係していた。彼は自分が批判や外的な査定に晒される可能性がある構えをしていると見なされることをしようとしなかった。
　これは単に，認知スタイルの問題ではなかった。C氏の情動的な構えの性質と作用の両方が，私とのあからさまに礼儀正しいやりとりに反映されていた。彼は，彼が話すという私の期待を嫌がらなかった。そして彼は，自分自身についての内省的な（典型的に抽象的な）考えを常に見つけ出した。私が言っていることに耳を傾けているようであり，滅多に意見が異ならなかった。表面上，彼は従順かつよく応じていた。
　それにもかかわらず私は，大したことは起きておらず，事態は変わらないだろう，と強く感じた。ここでは，転移の中でも対人関係的な面でも，私たちは掴み処のない世界の中で動けなくなっていた。
　私はこのことの一部を明言化して，私の言うことを，私たちのやりとりの中で生じた特定の問題にしっかりと据え付けるように最善を尽くした。たとえば，私はC氏の最初の自己描写がいかに即物的だったかを述べた。それでも，と私は続けて，潜在的な深い不幸の感覚と絶望さえもあったこと——たとえば，彼は将来の夢をどう持っていて，もしもそれが奪い取られたならば，何が彼に残るだろうか，と話した。少しの間，C氏は私が言っていることを心に留めたようであり，そしてその正しさを認めた。にもかかわらずその後起きたのは，C氏が抽象的な考え方に戻ることばかりで，彼の感情の詳

細に取り組むという潜在的に価値があることは，決して現実化しなかった。

　コンサルテーション面接の後半から，1つの細部を付記しよう。面談の終わり近くに，私はＣ氏に，夢を話してもらえるか尋ねた。彼は次の夢を述べた。**彼は現在のガールフレンドと一緒にいたが，最初のガールフレンドとも会っていた。彼はそれぞれと時間を過ごし，その2人から選ぶことになっていたが，他には何も起きなかった。**

　表面上でさえ，この夢と夢の中で生じた筋の通らなさは，コンサルテーション面接の早い時期にすら明らかになったことと，非常に密接に対応している。夢とそれが伝えることは，特にどこにも通じなかった。だからある意味で夢は，自己像を含んでいた（その像は，夢とそれの伝えることが，いかに貝殻すなわち意味の抜け殻〔上記エリオット引用参照〕に過ぎないままでいるかを示している）。それでも夢の内部には，Ｃ氏が無力で絶望的に見える状態を生み出すのに一役を担っている徴候があったことも事実だった。彼は気づくとそこにいた。しかしながらＣ氏の場合，私がセッションの過程を通じて，動きを促すあらゆる努力をしたにもかかわらず，心理療法が彼の全般にわたる動かなさを変えられる，と示すものはほとんどなかった。

最終的な省察

　私が提示したどのヴィネットでも，患者は私との親密な関わりになったかもしれないものを回避したり抑制したりしていた。親密さは危険をもたらす。そこでは，虐待されたりネグレクトされたり，放棄され侵入され罰を受けたり，期待外れと分かってしまう恐れがある。親密な関わりには，他にも厄介なことがある。たとえば，他人からの助けを受けとるためには，依存や痛ましい真実を認めなければならない。その真実とは，人はあらゆる良さの源ではないことである。だから，アセスメント面接で患者が自分の身を守るのはごく普通のことであり，ある点では必要なことである。また，彼らが怒り出しても，不思議なことではない。それは健康的な関わりと自己主張の印でありうる。問題は，患者が自分特有の不安を処理する特有の仕方の代償が何で，その患者の基底にある，発達のために必要な類の関係性を確立するための能力は何なのか，である。

　第1章の初めで私は，アセスメント面接を実施する唯一の方法はないことを

強調した。だから「なぜ面接をそこまでストレスの多いものにするのか？」と問われるかもしれない。確かに，私が今述べた危険や難題は，傷つきやすい人や助けを求めて来る人にとって，さらに不安にさせる。

　私はこれを，定期的に自問している。そして私は他の諸々の仕方を試してきた。私はもっとあからさまに友好的で同情的な構えでコンサルテーション面接を始めたこともあるし，アセスメント面接には何が含まれ患者は何をすることになっているのかという患者の質問に，答えようとさえしたことがある。問題は，そのようなアプローチによって私は，患者の情動的困難の性質のことも患者の強さのことも，判断する力が大幅に低下すると分かったことである。私は，治療者が動揺の源でもあるときに治療者の助けを用いる患者の能力についても，不快で嫌な気にさせる事実に治療者とともに取り組む患者の心構えについても，推測するしかない。それらは，心理療法のありそうな結果を予測する際に知っておくべき重要な事柄である。

　私は，他の心理療法者たちが非常に異なる見方をするだろうと了解している。私は，治療的セッションの中での時々刻々のやりとりからの証拠なしに，標準的な精神医学的報告に基づいて力動的な定式化ができると感じていた，ある著名な心理療法者を知っている。私自身は，そのような事情の下では，ほぼ何も役に立つことを言えないだろう。推測と判断との間には違いがあり，私の狙いは，極力推測しないことである。これは，コンサルテーション面接の設定によって得られる統制された条件の下で，私が直に経験するものに焦点を当てることを意味する。これは次には，私が「無意識」の表出に直に接近する手段を持っている必要があることを意味する。私が面接の早期から，より促進する**と思われる**かもしれない構えをとると，たくさんのことが隠れたままとなる。私が質問するならば，得られるのは答えばかりである。それらの答えは，私が追い求めていると患者が結論していることに関して言い表されている。答えは，私が求めているものの供給や，妨害あるいはどのような様式の狙いであれその達成のために作られたかもしれないが，本当に起きていることを辿るのは，ほとんど不可能である。

　私は，自分の構えが促進的**である**と信じているが，仕方が異なっている。フロイトによる精神分析者と外科医との比較は，ここで関連する。外科医は，自分がしなければならないことをしなければならない。患者たちがアセスメント面接に来るとき，彼らは専門的サービスのために来ており，必要とするものを

手に入れる過程は苦労を課すものかもしれないことに気づいている。ほぼ確実に，患者にも治療者にも，それは苦労を課すだろう。

　始まりは始まりに過ぎない。次には，何が起こるだろうか。コンサルテーション面接の最初の諸々の出来事は，文脈の中に置かれる必要がある。そういうわけで私たちは，第5章のコンサルテーション面接の中期へと導かれる。

第5章

徹底的に調べる

R. ピーター・ホブソン（R. Peter Hobson）

　不安や葛藤・防衛そして関係性のパターンは，コンサルテーション面接が進むにつれて何度も繰り返し違った形で再び浮上するので，面接の始めに起こったことを徹底的に調べる必要がある。それらが現れるたびに，治療者の患者像は深まる。面接の開始時に噴出した動揺や苦悩は，いずれも患者の他の，より内省的であることが多い心の状態の文脈に今や収まり，感情の意味の理解へと向かう。その像は，患者が過去と現在の生活を詳しく述べることによっても豊かになる。

　心理療法では，人生と同じく，あらゆることが動きの中にある。ある特定の動き方は，親密な関係によって引き起こされる不安や葛藤を患者が処理する仕方の表出として，特に重要である。この種の動きは，間主観的な関わりの移り変わりを含む。このような変動は患者と治療者が，物事が相手との関連でどう変わるかを**感じる**ことを必然的に伴う。治療者と患者それぞれの立場の決定要因は複雑だが，それぞれの態度は相手の態度を形成する影響を及ぼす。心理療法者は，自分の態度や介入がどう患者の心の状態に影響するかばかりでなく，自分が物事をどう感じるように誘導されるかに，自覚を研ぎ澄ます必要がある。

　心理療法的交流についてのこの見方は，治療者の技法にとって，明らかな含みがある。治療者は，患者が持ち込むものへの自分の情動的反応（逆転移）から物事を学ぶ——特別な知識を生み出す特別な学び——ばかりでなく，自分自身と患者の相対的な情動的立場の中の動きを追跡する機会を得る。これらの変動は，動きが今の出会いで起こっていること——そして認知しうること——によって誘発されている可能性がある限りで，何が患者の不安や敵意・脆弱性を

かき立てるのかを明らかにできる。「起こっていること」は，治療者がたった今言ったことや言わなかったこと，患者がたった今考えたことや感じたこと，簡単には明瞭にできないが目に付く水準で引き起こされたことに関連するかもしれない。それに加えて変動は，患者が自分の心を形成する試みや，患者と治療者のやりとりの過程でかき立てられた感情を，患者が和らげ統御しようとする試みを顕在化する。

このように関係上の構えにおける動きに焦点を当てるには，治療者は患者－治療者関係で刻一刻と起こっていることへの自分の**感触**に，常に注意を怠らない必要がある。治療者が気づいて一言述べるために選ぶことは，一見単純な，直接の証拠がある状態や過程になりがちである。人によっては，治療者がちょうど患者の言ったことを取り上げた時に患者が目を逸らしたという治療者の指摘は，ほとんど些末なことに思われるかもしれないし，患者が人生早期について尋ねられた時の婉曲な言い方や抽象的表現についての治療者の論評は，表面的に見えるかもしれない。あるいは，患者は治療者の振る舞いへの苛立ちを隠そうとしているという治療者の示唆は，こじつけと考えられるかもしれない。それでも，そのような瞬間には豊かな情動的意味が含まれていることが多い。加えてそうした瞬間は，**患者**が振り返り意味深さを理解する用意があってそうできるものを探究し，乗り越えていく道を明らかにする。

治療者によるこのような介入は，新しくやりがいのある関係上の出来事となる。患者は情動的に意味のある何かを行なっており，治療者はそれを心に留めて論評している。今度は患者が，治療者による寄与と，それが両者の構えにどう影響したかを扱わなければならない。患者たちは，気づかないうちに過ぎ去った何かをつかむのを治療者が助けたと感じたり，物事を回避していると治療者が非難していると感じたりするかもしれない。あるいは患者たちは，治療者が彼らに有益な支えや栄養を提供しているとも，そそのかしたり服従させたりしているとも感じるかもしれない。彼らは治療者を感受性があるとも，まったく的外れとも経験するかもしれない。経験と情動的状態の無限の多様性を通して，可能性はさまざまである。そして治療者および治療者の態度や振る舞いについてのそれぞれの感情に関して，もちろん患者の心の状態は，羨望したり感謝したり，闘争したり服従したり，自信があったり傷つきやすかったりと，複合的に絡み合っている。

このような瞬間それぞれにも，何よりも大切な事柄がある。それは，患者か

ら見て治療者という人物が自分の味方なのか敵なのか，情動的に応じるのか閉じているのか，搾取するのか恵み深いのか，信頼に値するのかしないのか，そして情動の嵐に耐えられるのか，それとも脆弱で境界がないのか，正気なのか狂気なのか，である。これらは，関係からなる生活の，いくつかの非常に基本的な次元である。それらは，可能な時にはいつも，特定され理解される必要がある。

治療の焦点で

「なぜ」と尋ねることは，おそらく野暮である。なぜこうした事柄は，特定され理解される必要があるのか。なぜそのままにしておかないのか，そして夢が作り出される材料〔シェークスピア『あらし』〕のようなものに取り組む代わりに，もっと現実に密着した策略を採用しないのか。明確な治療構造を提供して系統的な質問をし，患者が自分の振る舞いを制御し改めるのを助ける技法を適用する方が，もっと良くないのだろうか。

それは，「もっと良い」が何を意味するかに依る。なるほど，他の接近方法は治療上の利益をもたらすかもしれない。それは経験的な事柄であり，洗練された研究を必要とするものである。私が強調したいのは，私が引用した類の関係上のパターンは，消えてなくならないということである。**もしも**患者の困難がそのような関係と密接に結び付いているならば，問題の関係的側面を大きく取り上げることは，理にかなっている。個人的な諸関係が中心にあって，しばしばそうであるように，それらが誰かの苦悩や動揺に通じる起因の役割を果たしているとすると，有意義な変化が生じるべきならば，それらに取り組む必要があることは，ほぼ確実だろう。

私が推奨してきた治療的な構えと焦点について，少し書き留めておく価値がある。その接近方法は，古典的な精神分析の考え方と一致している。それは大まかに言って，関係上の問題を取り上げるには，表面から深層へと作業することや，基底にある内容を探索する前に抵抗を分析することが，有益だろうというものである。それは，すぐに利用可能で患者の意識に近いものから始め，その後でのみ，より深い無意識の意味を指摘するという考えである。私は物事を，この通りには見ていない。というのは，表面にあるものの多くは，深層**にも**あるからである。しばしば心理療法者は，患者の顕在的に表出され伝達されるパ

ターンの中にそしてそれらを通して表される，深刻な個人的問題に注意を向ける必要がある。それでも事によっては，そして患者によっては，根本的な不安や葛藤が取り上げられて初めて，動きが可能になるかもしれない。

そこで次の問いが生じる。私たちは患者の，他の人たちにであれ自分自身にであれ，少しも満足を与えず時には徹底的に破壊的である関係性のパターンに入る傾向を，どのように変えられるだろうか。本章の題名が示すように，私はその過程を，「徹底的に調べる（working over）」こととして考えている。徹底的に調べることは，ざっと目を通す（going over）ということ以上のものである。1回のコンサルテーション面接でさえ，その過程には発達的な志向性があり，どれほど小さく瞬間的ではあっても，変化の促進に関わっている。このことは，私たちが治療的変化の諸過程と，治療者がこれらの過程をどう促すかを，考察する必要があることを意味する。

精神分析的心理療法者たちは，関係上の出来事の**内側**から作業する。その原理は，先（第1章）に論じた発達理論と，特に，いくつかの重大な心的能力は対人関係の経験，もっと明確に言えば間主観的経験を通じて発達するという理解に基づいている。人は，難しい感情を制御しなければならないならば，自分自身の心の中か対人場面の中に，それを行なうための方策が利用可能になっている必要がある。その主旨は，心理療法が有益であるかもしれない人たちは，渦中の問題ある状態を抜け出して発達するためには，**別の人からの何らかの類の助け**を必要としている人たちだというものである。

このような立場を，患者とその人の問題の間に分裂を作り出すか保証する，他の理論や治療的接近方法と対比させることは容易である。たとえば，対人関係療法（Weissman, Markowitz, & Klerman, 2007）を実践する人は，症状を一種の治療抵抗性の準外在的な病理として論じ合うことができるように，自分と抑うつ患者との間に，同盟関係を構築する傾向がある。もっと厄介なことは，対人関係上の影響が精神分析の作業の領域内で変化を生み出すかもしれない仕方の**多様性**を，正確に叙述するという課題である。

大まかに言って，2つの事態を対比してよいだろう。第一は，自分自身について相対的にまとまった感覚を有している患者に適合する。これらの個人にとって，心理療法の過程は，いつも知られていたものを発見することに少し似ている。心理療法の終わり頃に，あるいはコンサルテーション面接の終わりにさえ，患者がそう言うことは珍しくないだろう。同じく患者が伝えるのは，前

に何となく知っていたことが，今や新しい仕方で知られたということである。その新しい仕方によって患者は，それまで切り離されていたために利用できなかった感情や心的能力を，解放できるようになっている。この群の患者たちが（投影同一化を通じて）他の人たちに自己の諸部分を抱えさせ，コンサルテーション面接中にそのような操作をする時，彼らが関わりを否認してきたものを認めて責任を負うように援助することは，比較的簡単かもしれない。

　そのような場合，精神分析的心理療法は，自然な発達への妨害が少なくされる条件を提供していると見なすことができる。ラッカー（Racker, 1968）は，「**手当てをしたのは私，治すのは神**」（'Je le pansai, Dieu le guérit.'）というフランス人外科医の格言を引用したフロイトに従っている。ひとたび動きと成長への妨害が取り除かれると，発達の弾みがつくのを目の当たりにするのは驚きである。多くの場合，心理療法者はちょうど足りるほど行なうべきであり，それ以上は神が後を引き受ける。

　第二の事態は，より深刻に具合が悪く断片化した患者に適合する。ここでは，患者がひどく分散した自己の諸部分を再統合するのを助ける過程は，時間を要し疲弊させ，部分的にしか成功しないかもしれない。こうした症例では，分散はもっと凝り固まって時には広く散った形の，患者の投影同一化によって生み出される。その上，そのような患者たちは象徴を用いて考えるのが困難であることが多い（この問題は，第8章でジョアン・スタブリー（Joanne Stubley）が論じる）。だから直面すべき課題の1つは，患者が耐えられなかったことに耐え，考えられなかったことを考える手段を，どれほど徐々にでも獲得する条件を作り出すことである。

　精神分析的心理療法の治療作用について論じることは，本書の検討事項の範囲を越える。本書で述べる臨床の仕事の多くに基礎を与えていて，ほぼすべての患者にさまざまな仕方であてはまる1つの原理を強調すれば十分である。その原理とは，もしも治療者が患者によって引き起こされる，その多くは患者に属しているが孤立状態の患者にはうまく扱えない感情を，心に留めて包容（コンテイン）できるならば，そのことは統合と変化のための対人的な基礎を提供するということである。発達には，これ以上のものが必要だろう——「愛こそはすべて all you need is love〔ビートルズ〕」は正しくない——が，包容とそれに伴う理解および真実への積極関与は，多くの精神分析的心理療法の**必須条件**であると判明するかもしれない。

コンサルテーション面接の自然史に戻ろう。コンサルテーション面接では，話の筋は段階を踏んで発展する。その段階は，患者と治療者が互いに反応し合う構えの移り変わりによって構成される。移り変わりの数は，少ないかもしれない——たとえば，患者と治療者がサドマゾ的な掴み合いで固まって，そこから逃れるのが困難な時のように。あるいは，患者が治療者の個々の解釈の中に具現化された構えに反応し，それに治療者が合わせ，それからまた患者の発話や非言語的コミュニケーションに合わせる時には，その数は多いかもしれない。
　私は，治療者がコンサルテーション面接の進展につれて評価する機会を持つかもしれない多くの因子のうち，ごくわずかを説明する。おそらくこれは，問題を表わす最良の方法ではない。なぜならコンサルテーション面接は，うまく行けば，どの因子が直ちに注意を要するかを明らかにするからである。それらは人によって異なる。以下の事例では，受動性における能動性を発見することと，真実を発見することへの患者の積極関与の評価に特別な注意が払われている。私は面接のこの二側面について，いくつか前置きを述べておく。

能動性と受動性

　精神分析的な企ての中で最も興味深い様相の1つは，人が受動的に経験するものと，能動的に生み出すものの境界面を研究することである。フロイトは精神分析の中心的目標を，人が活動の主体性 agency を発揮できる領域を拡張することにあると考えた。これは，無意識的なものを意識化するという全体構想の一部である。成功すれば，患者の神経症的な惨めさは平凡な不幸へと変わる可能性があり，その結果患者は，愛や仕事・遊びで充足感を得るかもしれない。
　アセスメント面接は，綱渡りをするようなものでありうる。片側には，患者が知っていることがあり，患者は自分が知っていることを知っている。これは，熟慮と意思決定の領野である。患者はどのベッドで寝るかを選択し，そうなる。反対側には，患者が「事件」として経験することがある。これには，情動的な嵐・衝動的な思考や行動・不安や抑うつ・交際での不幸・満たされない感覚・心身症などが含まれるだろう。
　面接が張った綱のどちらか側に大きく逸れたら，患者に益することはほとんどないだろう。時間の多くが意識の領野で費やされるならば，患者はカリフォルニアの人たちが「人生コーチ」と呼ぶものに会う方がいいだろう。また，時

間の多くが「深層の無意識」と呼ばれていたものを解釈することに費やされたら，風の中で口笛を吹いているようなものである。患者には治療者が何について話しているのか，分からないだろう。深く無意識なものは，深く無意識的である。

　しかし張られた綱の上では，両側を見下ろして，何事もそこまではっきりと分かれていないのを見ることができる。アセスメントをしている心理療法者は，患者が自分の責任であるものとそうではないものの境界線が，決して決定的ではないことを理解するのを助ける立場にある。さらには，その線はあるように思われるのと別のところに引かれている。患者が受動的に，青天の霹靂としてや見えない力による翻弄として経験することの中には，患者の積極的な黙認がある。患者の選択は覆い隠されていても，それは頑固なものでもある。患者が合理的選択と見なすものの中には，自己欺瞞と歪曲という継ぎ目がある。これらの隠れたか半ば隠れた事実は，コンサルテーション面接の過程で浮かび上がる可能性が高い。フロイトの「抵抗」という概念は，歓迎されない現実の知覚を避ける人間の手段の巧みさと多様性を，十分に正しく表さず，一括りにした言い方である。

　心理療法者の介入によって心の地図編集が変化しうること，それも時には根本的に変わりうることは，注目に値する。1回のコンサルテーション面接においてさえ，面接者は患者が，不幸な情動的生活を生み出して維持している自分自身の役割について驚くべき事実を発見するのを，助けるかもしれない。

　私は「発見」と言っているが，その発見でさえ，患者が選択することを必要としている。人は見ないことを選択できる。心理療法者としてできることは，見られる必要があるものの証拠を，活写して患者の目の前に提示することまでである。その劇的でサスペンスに満ちた瞬間——より一般的には，一連の瞬間——に，患者はどちらに動くかを決める。治療者はその動きに従って，再び試みる前に（おそらく，基底の不安にもっと注意を払いながら）時を待つか，前進している患者に加わるかする。

　こうした重大な転機を切り抜ける，いくつかの仕方がある。それは患者の機能水準と，患者が何を治療者に提供される必要があるかに大きく依存する。時には，治療者側の毅然とした態度のみが必要である。治療者は何が起きているかに気づき，起きたことについて述べ，騙されずにいる。患者の中には，真実に取り組むために確固として落ち着かせる技量を要する者がいる。またある時

には，過程はもっと複雑である。しかし簡単な例を挙げたい。

しばしば患者たちは心理療法に来て，私（治療者）は医者だと申し立てるだろう。彼らは自分自身について知らない。彼らの医者が彼らを送り出し，彼らは同意し，今彼らは治療を，少なくとも助言を欲している。彼らは自分について何も話していないし，自分の人生を何年も直に経験したのは彼らなのにもかかわらず，まるで初めから助言を期待して，この態度を取る。この構えの別の形は，患者が自分は何が重要か知らないと言い，だから私が質問すべきだ，というものである。

私の応答は，患者が私に尋ねていると（「私」を強調しつつ）指摘することである。これによって思慮深さか，ええ，あなたが専門家ですというかいくらか防衛的な弁明が引き出される。後者の場合，私は再び，患者はまるで患者自身の人生を知っているのは私であるかのように，私を専門家と呼んでいると言う。私は，まだ何も聞かされていませんよ，と付け加えるかもしれない。

なぜ私はこのように振る舞うのだろうか。**思考する**際のあらゆる責任・疑い・不確かさ・面倒な事態・苦闘を，他の誰かに負わせるのはとても簡単である。一部の患者では，これを引き起こす過程が非常に強力なので，私の発言はほとんど違いを生まない。他の多くの患者たちでは，最初は躊躇いがちだが段々はっきりと，心的景観に変動が起きる。何の考えも持っていないように見えていた人が，突然思考し始める。これが素早く起こる時，ある時点で思考する能力を否認している人が，思考に対する責任を急に引き受ける，と言う方が正確だろう。これは小さな変革を表しており，続いて起こるかもしれないことのよい前兆である。

真実への積極関与

能動性と受動性についての議論は，私の次の主題，つまり真実への積極関与に混ざり込んでいる。私はここでその話題を広げたい。

真実として捉えるとは，現実の真実として捉えるということである。現実は，神の賜物である。いつもそうは見えないかもしれないが，そうなのである。私たちは，『**不思議の国のアリス**』の白の女王のように，朝食前に6つのありえないことを信じられたら，どんなに素晴らしいかと想像するかもしれない〔" Why, sometimes I've believed as many as six impossible things before breakfast."「ええ，時には朝食前に6つもあり得ないことを信じましたよ」]。しかしよく考えると，おそらくそれほど素晴らしくはない。万能性は誘惑的に見えるかもしれないが，それは非常に恐ろしいに違いない。私たちがどれほど現実の制約や時にはまったくの酷さを嫌っても，現実は安定した家，居場所であり，それを私たちに提供している。私たちが何をしようと，現実はまさにそれのあるがままである。

しかし，その家の安定性と元気づけには，代償がある。私たちは契約を結ばなければならない。その契約は，現実は私たちの敬意を要求するというものである。私たちは，白の女王のようには，ありえないことを信じる選択はできない。

それでも私たち人間は，限られた量の現実にしか耐えられない。私たちは，現実の回避や歪曲が高くつくと知っていても，期待を魅力的に，不正な利得を大変な報賞と思うかもしれない。それにもかかわらず，現実を見て受け入れることを助けられるとき，私たちはより険しい道を選ぶかもしれない。その意味合いは深いだろう。

今，この議論がコンサルテーション面接の始まりについての前章にではなく，徹底的に調べることについての章に登場していることに，戸惑っている読者がいるかもしれない。それはもっともである。それがここで登場する理由は，私はこれまで叙述した関係上の移り変わりが，もっと長くきわめて深刻な駆け引きの最初の動きをどう表している可能性があるかを示したいからである。問題なのは，患者にどこまで自分の情動生活を統率するつもりがあるか，そしてそれができるかである。このことを次の事例ヴィネットで例示しよう。

事例ヴィネット　D婦人

D婦人は中年女性で，抑うつの再発と対人関係上の問題でやってきた。

D婦人は定刻に到着した。彼女はエレベータから出て，私と固く握手した。部屋に入るときに彼女は，ここはとても明るいですね，素敵ですねと言った。彼女は座ると不安になって，私は彼女に質問するのか，それとも黙って座っているのか，日差しが目に入るのが減るように，ブラインド（4分の3は閉じられていた）をもっと閉めてもいいかと言った。彼女はブラインドを下ろしに行き，それから席に戻った。

私は，D婦人がいかに私たちのやり取りをひどく急いで進めようとしているかについて述べた。彼女は，自分が知っている人たちとの沈黙は気になら

ないが，ええ，「その人が何をしているのか」が分からない時は隙間を埋めないといけない，と言った。彼女は，人を信頼するのが難しいことについても話した。

　D婦人は続けて，彼女の抗うつ剤の投薬とそれが彼女を「麻痺させること」についての両価的感情を話した。彼女は，人生で下した決断の理由を自問して，心の中で堂々巡りしがちだった。おそらくこの終わりのない反芻は，彼女流の麻痺させる自己投薬であると私には思われたが，差し当たりこの考えを言わないでおいた。D婦人は自分を「混乱している」とも描写した。

　それから彼女は，面接の前半部分の相当数の発言の特徴となった仕方で，人生への対処を自分なりの仕方でしなければならなかったと言った。結局彼女は，困難な境遇の中で対処しなければならなかった。続いて彼女が自分の人生を，ある混沌から別の混沌への移動として述べたことは，D婦人が不安な考えから別の，しばしば相反する不安な思考へと移動した，面接の初めの部分の記述になりそうだった。

　私たちのやりとりには，激しくて不安定で解決できない，あちこちに行く性質があった。私はD婦人と，彼女が私の理解しようとする試みに対して，私の言ったことの真実を半分は認めると同時に，私を押し退ける反応をしていることを取り上げた。これは，思考にばかりでなく身振りにも起きることもあった。彼女は，私が彼女とつながろうとするのに抵抗したばかりでなく，自分の心の中の悩ませる考えに私が関わることも望まなかった。

　私はこう述べた。D婦人は，一方では自分自身に対して批判的な，非難する一連の態度と自分で呼ぶものを持っていることを伝えていると述べた。もう一方では彼女は，自分の物事の対処方法を正当化しようとしているように見える別の構えを持っている。加えて彼女は，誰か理解する人がいるとは信じられないように見える。

　さらに，他のことも起きていた。私が起きていることを取り上げた時に，D婦人がそこにいて興味を持っていることを感じ取るのは，難しくなかった。これは，私が彼女の傷つきやすさや無力感，自分は愚かで役に立たないと感じる惨めさを扱っていたときばかりでなく，より能動的で自分自身に対して攻撃的で非難する側面について述べた時も，そうだった。実際，D婦人は私を，自分の発言に気をつけるようにさせた。私は，彼女が私の言葉を修正してくることに身構えていることに気づいた。しかし私は同時に，彼女の現状

についての真実に関して，彼女と結びつきを持てる可能性があることに安心感を持った。

　面接のこの性質は，時間の経過とともに深まった。D婦人自身が率直に確信を持って認めることになったように，私がD婦人を理解していて彼女に真実――すでに知っていたが言葉にしていなかったと彼女が述べた真実――を話していると，彼女が聴き取れたとき，彼女は攻撃され操られたというよりむしろ理解されたと実際に感じた。それとともに，安堵が生じた。安堵は，私が彼女の潜在的に破壊的な面について毅然としていた時，私が彼女の傷つきやすさへの気づきを表した時と少なくとも同じほど強かった。

　そのような受容性と積極関与は，初めD婦人が理解しないことを私が言った時に，きわめて明白だった。たとえば，ある時点で私は，終わりのない自己疑念と自問に陥るD婦人には，加虐的な面があることに触れた。彼女は私が意味することを明確にするために私を止めて，それから思慮深く進んだ。

　起きたことはもちろん，いつも簡単なわけではなかった。ある場面ではD婦人は，さらに深く考えるためではなく，頭の中で堂々巡りする状態を嘆くために，そのような関わりから手を引いた。これは自己提示事象と私が呼ぶものの一例だった。なぜなら，彼女の堂々巡りという記述は，まさにこの傾向を記述する彼女の活動に当てはまったからである。彼女の嘆きは，彼女が嘆いていることの一例であり，これは満足を与えるが破壊的な心的状態であるように見えた。それにもかかわらずここでも，私がこのことを取りあげて，彼女をさらに意味のあるやりとりに連れ戻すことが可能だった。

　だから，D婦人の他の人たちとの経験においてばかりでなく彼女自身の内的世界においても，明確に述べることができるのはさまざまな構えであり，そこで彼女は積極的な参加者だった。彼女は批判的で容赦なく非難するようにもなりえた。彼女には別の，冷淡で理解のない側面があった。また，彼女は圧迫され不公平に裁かれたと感じる立場をとることもありえた。しかしながらこれに加えて，彼女は考えて真実に敬意を払う能力を持っていた。

　D婦人は自発的に，これらのことが彼女の育てられ方とどうつながっていると感じるかを述べた。特に彼女は，父親のことを不必要に彼女を批判した暴君として，母親のことを「弱い」と述べた。そこには，両親の相互関係およびD婦人への関係の幾分かを，彼女が内在化した可能性が見られるだろう。

これは感動的な出会いだった。開始時に私は，違うことを予期していた。コンサルテーション面接が進むにつれて，私はD婦人の理解されることへの反応に特に感銘を受けた。これは単に，彼女が安堵を感じたり，私が彼女と考えることができると感じたりするという問題ではなかった。それは，私が彼女の，支配をするか心の中で批判を繰り出しながら動き回り始めるかという策略を指摘した時に，彼女が洞察深く反応できたということでもあった。
　フォローアップ面接でD婦人は，私たちの前回の面談がどのように貴重だったかを表した。彼女にとって強烈で感動的だったコンサルテーション面接以来，彼女は悲しいにもかかわらず，「前より軽く」感じていた。彼女は発達するために治療を本当に使うことができると感じた。彼女が伝えた細部は，起こったことについての私の記憶と一致した。D婦人は最初の面接以来，明らかに私たちの面談についてたくさん考えていた。

　徹底的に調べるには時間を要する。1回のコンサルテーション面接の中で，そして最初の面接とフォローアップ面接の間で変化する過程は，その患者がどこまで発達できるかを示す何らかの指標となる。次のヴィネットでは，コンサルテーション面接が発達の可能性の乏しさもあらわにするかもしれないことを見る。

▌事例ヴィネット　E氏

　E氏は，非常に整った幅の狭い字体で質問表に記入した。彼は自分のことを，不安と強迫性障害（OCD）のあった子どもとして書き，慢性的な抑うつを記述した。彼は，以前の助けにならなかった医者たちとの接触について詳述した。彼は何年も前に着手した諸計画を完成させていないことへの，強い欲求不満について書いた。
　E氏は時間通りに到着した。エレベータに現れたのは，背の高い，ややひよわな男性だった。彼は私をまっすぐ見て，しっかりと握手をした。
　彼は無表情に私を見て，自分に何を言って欲しいのか私に尋ねた。私は彼が，*私は彼に何を言って欲しいのかと私に尋ねている*ことを取り上げた。彼はわずかに動いた。それから彼は，じっと静かに私を見つめた。私は彼に，何が心をよぎっているのか尋ねた。彼は，私が彼を見つめていたことによって「落ち着かなさ」を感じたと言った。しかし通常と違って，彼は迫害さ

ているか特に不安になっている徴候を，表立って示すことなく私を見続けたので，このことが彼にとって情動的に何を意味するかをはっきりとまとめるのは，非常に困難だった．

　それで私は，彼が何のために自分が来ていると感じているのか，**彼が何について話したいのか**，不明なままであることについてさらに述べた．彼はかなり無表情に，自分の抑うつを取り除きたいと言った．時には何日も彼は，エネルギーがまったくないと感じることがある．彼にはただトイレに行き食事をするのも，一仕事になる．また別の日には，物事はそれほど悪くない．彼は不調の日を記録していて，私はおそらくそれを見たいだろうと言う．

　この誘いに応えるよりもむしろ私は，Ｅ氏が自分の「抑うつ」と呼んだ状態にあるとどう感じられるのかを，もう少し話すように彼に頼んだ．私はまた，彼が以前に何人かの精神科医や心理学者と会っていることを考えると，彼はここに来ることについてどんな気持ちでいるのかと思い巡らした．この記述から私がすでに，これまで述べた他の多くの患者たちより遠くにＥ氏を感じていることが明白かもしれない．それは，私が彼を諦めたということではなく，しつこく言って進めるのに躊躇いがあったということだった．

　Ｅ氏は自分が具合の悪い日に，何にも集中できないことをこう話した．彼はただ無気力に感じている．彼は，専門家たちとの大半の接触はつかの間であり，ほとんどは「アセスメント」で，現実の治療に結びつかなかった，おそらくそれらはタヴィストック・クリニックへの足がかりだったのだろう，と言った．ここに来て彼は，自分の抑うつに何かがなされるだろうとただ「希望していた」．

　私は彼を急き立てて，これまで何も助けにならなかったことを考えると，おそらく彼には来ることについて他の感情もあるのではないかと言った．彼は渋々，自分が「行き止まり」に達したのかもしれないと思うことを認めた．彼は，次から次へとドアを開けても空の部屋ばかりだったのに少し似ていると言った．

　私はＥ氏と，これらの２つのイメージを取りあげた．私は，いかに彼が希望を持ち続けなければならなかったか，しかし「行き止まり」に直面したと感じていることを述べた．彼はドアを次々に開けることで希望を維持しなければならないが，何度開けても空なのだった．私は，彼が傾聴されている，きちんと理解されている，彼の問題が把握されている，彼の助けの求めが満

たされると感じることは，彼にはとても難しいと述べた。彼はこれに同意した。

　四苦八苦しつつ私は，E氏の叙述が彼の人生での諸経験をどう反映しているようなのかを，考慮するように幾分彼を促した。彼は子どもの頃に，何人かは友だちがいたけれども，いかに「孤独な人」だったかを語った。彼は，岩や戦争で使われた榴散弾の破片や，他の物品——彼はこれらを「骨化した」と形容した——を収集するのが好きだった。今彼は社交せず，1人か2人の友人しかいなかった。

　私が，彼の子ども時代の説明はそれ自体骨格のようで，母親や父親・住んでいた場所・学校などへの言及がないことを取り上げた時（私はこれを彼の叙述に関して述べたが，彼の私への関わり方にも触れていた），E氏は自分の家族の悲劇的な状況（私はここで記述しない）について話し，子ども時代が大変だったことを伝えた。それでも私は，E氏と私自身との間にはわずかな情動的接触しかなく，私たちの進展は遅々としていると感じた。私は彼に，夢を見るかどうか尋ねた。

　彼は見る，と答えた。私は一例を話すよう求めた。最初に彼は，「**彼は教会に入った，その諸々の部屋は，どれも形を変え続けていた**」という夢を私に話した。彼の夢の叙述は夢自体と同じく乏しく，私はこの教会の内部の性質（もしあるなら）はどうなっているのだろうかという思いに取り残された。別の夢では，「**彼は夜に田舎の弧を描く長い道のりを歩いて，最終的に大聖堂に到着した。彼が中に入ると，大きな地下納骨所を置いた広いいくつかの空間があった**」。これがおおよそ彼の述べたすべてだった。

　私は建築物が空虚らしいことを取り上げた。彼は肯定し，この夢の中に人は多くないと言った。私は，夢とその叙述によって私たちが，空虚な空間に取り残されたように思った。

　コンサルテーション面接が終わりに近づいたので私は，E氏が自分の抑うつと呼ぶものは，彼がどんなエネルギーによっても自分の人生が満たされないと感じ，彼の半ば終えた計画の情動的な意味とつながることができず，徐々に蝕まれていると感じている時のようであることを取り上げようとした。彼が自分に残されていると感じるものは，骨化したものである。私は，彼が自分の子ども時代として叙述したことは，彼に苦痛ばかりで動転させる時代があったに違いないことを意味していると言った。そうだと彼は答えたが，苦痛に触れることに何の意味があるのかと言った。私は，彼が人生を通して微

妙なバランスを保ってきたことを承認した。彼は，自分には「物事を隠す」傾向があることを知っていると言った。

　これは悲しく痛切な面談だった。E氏のイメージと夢は，彼の情動的世界の生き生きとした表現を提供した。彼が変化する能力や動機づけを持っていることを示すものはほとんどなく，私は彼の心の硬直した心的諸構造の内側に，どれほどの苦悶や痛みが骨化されているのかをただ思うばかりだった。

　私は本章を，無力さと敗北に瀕した最中でさえ，再び積極関与と真実への潜在可能性ばかりでなく，能動性と活力の追求に焦点を合わせたヴィネットで締めくくる。

事例ヴィネット　F婦人

　30歳代のF婦人は，時間通りに到着した。私が彼女に挨拶した時，彼女は落ち着いているように見えた。面接室に入って，自分がなぜ来たのかを話し始めると，彼女は紅潮して口ごもった。彼女は，かなり組織され理論整然とした仕方で，2つの理由があると述べた。第一に，彼女は医師と相談することや慢性的な身体の障害に対処することが，実際面でも情動的にも困難だった。彼女は，自分が病気かもしれない，心臓発作で一夜のうちに死ぬかもしれないと想像し続けて，落ち着かない夜を過ごし，それについて反芻している。第二に，彼女は男女関係に対処するのが難しく，ビジネス上の男性パートナーに腹を立てやすくなっている。

　F婦人は，自分の問題について話す能力と，自分の不安に関して制御できないという感情の2つの間に，苦痛を感じさせる食い違いがあることを伝えた。

　F婦人の相当異なる側面が，ごく緩やかに現れた。たとえば彼女は，体調の問題が思春期に始まり，2年間症状に苦しんで何かおかしいと考えても，友人たちに打ち明けて話したり医者にかかったりしなかったことを述べた。第二に，彼女は煙草を吸うと瞬間を生きる状態に入れることを述べた――明らかに，彼女が現実を遮断し外部からの影響を阻んでいることを意味した。第三に，彼女は不安――つまりもし彼女が自分の状態を知ったら，医者は彼女がどこか本当に悪いと伝えるかもしれないと想像していること――についてもっと話した。彼女は，それで自分がひどく苦しんでも，知らない状態で

生きることを好んでいる。

　F婦人と私とのやりとりで、その他のことも明らかになった。一方で彼女は、自分について多くの重要なことをうまく述べることができた。それと同時に彼女は、自分自身についての思考と説明の軌道の中でコントロールし続けている感じがあった。私が何を論評しても、彼女は声を落として「ええ」と言い、目をそらし、それから私が言ったことの内容を取り上げる傾向があったが、私が言ったことは今や彼女自身にすでに馴染み深い思考パターンの一部となっていた。そのためF婦人は、影響を受けないままだった。

　関係性のこのパターンとそれがF婦人の情動的均衡の維持で果たす役割は、面接の焦点となった。私は彼女が、自分の循環的な思考法の中でどう孤立していくかを取りあげた。だから彼女は、違いを生む可能性のあるような自分への接近を他人に許すことも、難しいと感じている。彼女は、他人が自分の情動生活を乱すような仕方で入ってくることに、積極的に抵抗することもありうる。彼女にとって、医師（私のような）に身を任せるのは、彼女に制御できない問題を突き止められるかもしれず、大きすぎる脅威だろう。彼女が、これらは自分にとって非常に大きな意義がある事柄だと気づいたのは、明らかだった。

　それから、実態の他の部分が見えてきた。F婦人には断固とした側面がある。彼女は煙草を吸いたいと思えば、他の考慮は遮断できる。彼女はそうしたいときに、反芻思考を用いて自分の嫌な側面から逃れて、自分を囲い込むことができる。私は、彼女が自分を傷つきやすく助けが必要な人として姿を現わしているけれども、同時に自分の思考と感情をコントロールし続けている、と言った。私は、彼女の中の戦闘部隊に見えるものについても論じた。そこで彼女は傷つきやすく苦しく感じることがありうるが、彼女には自分の幸福を邪魔していると感じる可能性のある、現実のそうした諸側面（彼女の体調ばかりでなく個人的な事柄も含む）に断固として抵抗し否認しようとしている諸部分があるように思われる。

　彼女はこれらの考えを、知的には心に留めたようだった。しかし私がそれらを彼女と取り上げた時、彼女は主に、それらの情動的な衝撃を「自由に連想する」ことによって何とか和らげた。そうしながら彼女は、問題を自分の馴染み深い領域に連れ戻した。彼女は私の発言のいくつかに対しても、批判されたように防衛的に反応し、傷つき、十分に理解されていないと感じるこ

とがありえた。これらの感情に含まれる怒りやすさは，偽装されていたが，それでもやはり存在していた。

　しかしながら，徹底的に取り組むことは変化をもたらすことができる。私が私たちの間で生じたこれらの移り変わりを追って論評した期間を経て，雰囲気は変わった。面接の最後の4分の1にはF婦人は，情動的にもっと応じることができるようになり，コントロールされたりしたりは大幅に減り，私がまったく予想していなかった仕方で強い印象を受けるほど洞察的になった。彼女は，私が彼女自身の対処力や能力を取り上げたと同時に，それらがどう配置されて，彼女が物事に直面するために決意と勇気を必要とするときに物事を払い除けることになるのかを指摘したことに，安堵を表明した。

　面接の始めにF婦人は，繰り返し悪夢を見ると述べていた。私は彼女に一例を話せるか尋ねた。彼女は次の夢を私に語った。**彼女は外国に旅行した。彼女は眺望の素晴らしい，この本当に美しい複合施設に到着した。しかしそこに滞在する代わりに，彼女と彼女の同行者たちは水の通っていない倒れそうな家屋に行った。そのトイレはきちんとしたトイレではなく，その中に植物が1本生えていた。ベッドの配置は，満足の行かないものだった。**彼女は夢に意味を感じたが，それは現実的には彼女に何の洞察ももたらさなかった。彼女は，叙述されたような彼女の状況について，私が簡単なことをいくつか指摘したときに，もっと心に留めることが多くなるようだった。たとえば，彼女はあまりよくない感情を流し去る機能のあるトイレを求めていること，近くの美しい宿よりもはるかに劣った宿に泊まることになったという感情，適切なベッドのための適当な場所がないという事実である。夢の意味についてそれ以上取り組むことはできなかったが，私はそのような作業が実りあるものになるだろうという望みを抱いた。

　私は，F婦人の家族歴を詳しく調べようとしなかった。なぜなら，私は私たちがいくつかの非常に重要な情動的問題をうまく特定したと考えたからである。私はありうる選択肢について話し合うために，もう1度会う必要があるだろうと提案した。彼女はかなり率直に，自分の「戯言」に対処する心理療法者がいることが自分にとって重要だと言った。彼女が以前の心理療法者たちについての気持ちを話したとき，彼女は彼らが支持的で総じて助けてくれたと思っていたが，彼らが本当に彼女を把握しているとは感じていなかったことを伝えた。

最終的な省察

　私はこれらのヴィネットが，アセスメント面接の強烈さと感動的な性質を捉えていることを願う。このような親密な仕方で情動的世界に入ることを許容する人たちと会うのは，1つの特権である。治療者は，自分の役割を非常に深刻に受け止める必要がある。

　驚くことではないが，私はアセスメント面接の前，いつも少し緊張している。私は自分自身を精神的に整える時間を必要とする。第1章でコンサルテーション面接の特徴を述べたとき私は，乱流の川に落ちる隠喩を用いた。専門家の立脚点の土台を崩し，洗い流す恐れのある流れに掴まったときにも，自分の立場を保つ必要がある。肯定的な側面は，生があるところには，動きと変化の可能性があるということである。1回のコンサルテーション面接の大部分は，生と発達の源を突き止め解放することで占められる。少なくとも，精神障害がない患者にとっては。より問題を抱えた患者とは，私が示したように，課題は違ったものになりうる。

　次章で，私たちはコンサルテーション面接をどう締め括るのかを検討する。

第6章

終わり

R. ピーター・ホブソン（R. Peter Hobson）

　私はこの章に「終わり」という題を付けたが，あまりよい題ではない。なぜなら，1回の予備的なコンサルテーション面接の終わりが治療者―患者関係の終了を告げることは，ごく稀だからである。しばしばフォローアップ面接があり，治療者と患者は断続的な接触を長々と持つようになるかもしれない。もっと根本的には，T. S. エリオット（T.S. Eliot）が書いたように，「私の終わりの中に，始まりがある」。終わりは未来の序幕でもある，それが何を催すのであれ。

　本章で私は，述べることをコンサルテーション面接の最終部分の記述に限定しないことにする。とはいえ，取り組むのはその点である。私は，結論がそれまでに起きたことをどのように集めて展開しつつ，起こりそうなことを予測して形にまとめるかを例示したい。また，1回のコンサルテーション面接の過程で扱えて達成できる範囲の限界も再検討する。

　おそらく私は，自分のコンサルテーション面接の最後の15分間ほどを素描することから始めるべきである。面接がこの段階に移行した印は，私が夢を尋ねることである。私が「夢を話してもらえますか」と言うと，これが引き出す反応は，ほぼ必ず当惑した「どんな夢でもですか？」というものであり，私は，ええ――どんな夢でも，と言う。私の目的は，夢およびそれの伝えることが，面接の中で起きていたことを解き明かすかどうかを見ることと，患者が自分の夢（複数でも）に意味があると感じるかどうかを探ることの両方である。私はすでにいくつかの事例ヴィネットで，私が夢についてどう考え取り上げるかを例示した（Hobson, 1985 も参照）。

　このやりとりは，私が次に調べること――すなわち，患者はこの面談をどう

思ったのか——の足がかりを提供する。私は時々，患者が私のことをどう考えるか尋ねる。私は，その返事を必ずしも，それが礼儀正しいときにはとりわけ，額面通りには受け取らない。私は，患者の見え方や，起きたことに関する私の経験が，患者の感じることとどう噛み合ったり違ったりしているかを，より多く発見したいと心から欲している。これ以外に，私は患者が私にどれほど率直に話すかと，患者の自分自身の経験に対する構えを評価することができる。この構えはおそらく，コンサルテーション面接が終わりに向かうにつれて変わっていくだろう。

　時には，面接の中で達成された2人の間の接触の深みが，最後まで持続することがある。このことが起きると，治療者と患者は面接の最初の数分間に引き出された不安や他の諸感情を，今度は互いに尊敬し合う雰囲気の中で再訪するので，それは感動的な経験でありうる。時には，患者はもっと防衛的な心の状態に逆戻りしていると思われ，確立されたと私が考えたことがそこまで簡単に失われることに，私は失望し幻滅を感じてきた。時には，もちろん，私自身と私がしようとしていたことに関われなかった患者が，欲求不満や無理解を表現して，先へと紹介を要求することもある。

　必要な時には，私は患者の精神医学的既往と現症の正式な点検のために時間をとる。私が生物学的抑うつ・精神病的経験・認知機能の器質性障害といった症状について，系統的に問診する必要を感じたことは稀だった。こうした障害はコンサルテーション面接の早期に明らかになりがちで，診断の方針の急な変更を引き起こす。しかしながら，自殺のリスク・家族の精神疾患歴・管理上の決定に影響するかもしれない社会的支援などの環境諸因子についての特定の証拠を見出そうとすることは，珍しくない。

　結論に至るために患者と私は，コンサルテーション面接が私たちそれぞれに，患者にとって精神分析的心理療法が適切なのか，それとも何か代わりのアプローチ（私は具体的に述べる必要があるかもしれない）をと思わせたものについて検討する。話し合いの範囲は幅広いものになりうるが，中核的な問題の数は，比較的少ない。それは，その人が何を達成したいのか，精神分析的心理療法（個人療法・集団療法・家族療法のどれであれ，訓練生によるものであれ経験豊かな治療者によるものであれ）は，そうした目的にとって関連性があり適切なのか，患者はそのアプローチに意味があると感じているのか，患者は意欲的であって心理療法を発達のために利用できるのか，その過程は，患者の困

難を悪化させる重大なリスクを含んでいるのか，患者の生活の諸環境や対人関係は，治療を支えそうなのか害しそうなのか，それらは（たとえば精神科的支援を整えることによって）調整される必要があるのか，全体的に見て，これが本当にこの人にとって最適な治療形式であり，心理療法が行なわれる最適な時と場所なのか，といった点である。

　これらの問いのそれぞれには，もちろん潜在的に複合的な諸側面がある。たとえば，患者に良くなろうという意欲があることは十分ではなく，変わりたいと単に強く望んでいても，まだ十分ではない。もしも精神分析的心理療法が役立つことになるなら，患者は自分の個人的な発達が促されるべきならば伴うことになる**ような過程をしっかりと把握し，積極的に関与する必要がある。こう述べると，それは必要条件，つまり患者が通っている必要がある試験のように思われる。驚くことではないが，患者たちはまさにその通りだと感じることがありうる。しかし別の角度から見ると，それはこの特定の人にとって意味をなしたりなさなかったりするものへの，敬意の表現である。

　次にどうするかの決定は，治療者と患者の両者が考えたり他の人と相談したりする機会を持った後に行なわれる，フォローアップの面談に委ねるのが最も良いことが多い。フォローアップ面接は，患者が自分の経験を保持し，それに基づいて進展することができたかどうかを見る機会を作り出す点に，特に価値がある。同時にそれは患者に，最初の面談についての感情を表現する好機を与える。そのような経験が否定的であっても肯定的であっても，初回の面接が何を意味したかを認識することは，患者と治療者にとって非常に価値あるものになりうる。

　私はコンサルテーション面接を終える前に，患者に何か他に言いたいことがあるかを尋ねる。それから私は時間ですと言い，立ち上がって患者に握手を求める。これは，先の90分間に患者が自分自身について差し出したあらゆるものを返す，1つの仕方を表している。それは面接室から出て日常生活に入る，移行の印である。

　患者が去ると，私はドアが閉まっているのを確かめてネクタイを外す。私は窓の外を見る。時折私は，部屋の中を数分間歩き回る。それから口述録音機に手を伸ばす。

　臨床例を提示する時である。私は最初のヴィネットを，コンサルテーション面接の「終わり close」が溢れ出るかもしれないことを例示するために選んだ。

それはいつも何らかの形で溢れ出てはいるが、通常ここまで生々しくはない。このヴィネットは、困難で動揺させる恐れのあるコンサルテーション面接を、誰かに経験させるときに生じる倫理的問題も浮き彫りにしている。

事例ヴィネット　G氏

　G氏は、不安と抑うつのために紹介された男性である。彼は時間通りに現れた。彼は普段着で、ためらいがちな雰囲気を醸し出していた。

　面接室に入るとすぐにG氏は、この朝に起こることに関する「計画」を教えてもらえるか、私に尋ねた。私は、彼が最初にすることは、何が起きることになっているのかについての私の計画を、私に尋ねることだと言った（私の狙いは、この冒頭の一手の意義について、私たちどちらもが内省するように促すことにあった）。G氏は頷き、間を置いて、部屋を見回し始め、自分の周りにある絵画や置物を点検した。私はそのことに触れた。彼は、自分がどこにいるのかを明らかにしているだけだと言った。私は、計画への彼の要望についての私の発言に関しても、そう言えるかもしれないと述べた。つまり、彼が「見回している」だけだと言ったとき、それが起きつつあることのすべてではないと思われた。彼は肯定したが、妨害するつもりではないと言った。

　それに続く約20分間、G氏が自分の感じていることに気づかないようであり、それを伝えられないことに、私は注意を傾けた。私たちの面談のこの段階を特徴づけたのは、G氏が自分の話そうとしない状態についての私による論評に対して、どんな反応も軽視することだった。そして彼は、これと自分の人生の他の物事との関連性を理解できること、自分が少し気詰まりに感じていること、しかし総じて、何をしてどこに進むべきか分からないと感じていることを、（説得力なく）振り返った。

　ごくゆっくりとG氏は、冒頭で自分が感じていると「推定した」ことを話すようになった。そして迫られると彼はこれを、起きていたと自分が考えたことに変えた。しかし面接の終わりまで彼は、自分が自分の扱われ方にどう本能的な反応をしているかを、もっと直接的には伝えられず、その用意もなかった。彼は、自分の恐怖についても述べ、おそらく非常にはっきりしていたのは、ここで断られないために私が何を欲しているのかを明らかにしたいという、彼の欲求だった。

もちろん，こうした不安は個人的には重要な意義があった。しかしながら，コンサルテーション面接の大部分は，G氏が毎分毎分，特に私との関係において感じたり考えたりした物事から，ある特定の仕方でそれ「について考えること」によって，いかに生命と直接性を取り除いているかを扱うことにあてられた。最初G氏は無口で，それから抽象的な仕方で話しがちだった――たとえば，「それは，私が取り組む必要のあるような種類のことに聞こえます」。またあるときは，彼は自分を能動者として表現してもよかったことを，出来事として受動態で述べた。私が彼とこれらのことを取り上げたとき，彼は私が言っていることの真実と意義を認めることができた。だが私は，G氏がそれについて何かをしようと積極的に関与する可能性の気配を認めなかった。私が彼にこのことを直面化しても，彼は私に同意しているとも反対しているとも感じられなかった。

　私はG氏に，夢を見るかどうかを尋ねた。彼が語った夢の中では，**彼は青い粘着ラバー製の人形の強度を高めているところだった**。私は彼に，この中に何か意味のあるものを見るかと尋ねた。彼は笑って，それは今日現れたことに関連していると言った。私は，夢の中で彼の手が，青い粘着テープを使って自分をもっと強い男性に見せていると述べた。彼は，自分自身の中に生命力とエネルギーの源を**発見している**ようには見えなかった。

　このセッションの後で起きたのは，G氏の義理の息子が私たちの部署に電話を入れて，親族たちはG氏に掻き立てられた動揺の強さが不満であると言ってきたことだった。このことが起きたという伝言を受け取ったとき，私は厄介に感じた。それは，一部には私が，正式の苦情に直面しているかもしれなかったからだった。また一部には，私はG氏が対処できる以上の難しい感情をかき立てたかもしれないと懸念したからだった。同時に私は，面接が何か未来の作業にとって近づけるようにしたのかもしれないという望みを持った。

　G氏はフォローアップの面談に，時間通りに到着した。私は，前回の私たちの面談がいかに彼に深く影響したかを述べた。彼はええ――自分に最も影響したのは，起きたことに対して自分が，どれほど「驚き」そして用意がないかということだったと言った。彼は，もっと質疑応答のようなものを予期していた。面談は彼を「混乱させた」ままにさせ，彼はその夜ほとんど眠れなかった。彼は私と対決する空想をしていた。

私は，彼が重ねて非常に礼儀正しくしていたときに，彼なりの仕方で自分の経験がどれほど不快だったか，そして私が彼に飛び掛かったと感じたが，それは避けられたかもしれなかったことを突き付けて，私と対決していたことを認めた。彼は用意がなかったばかりでなく，私は彼の感情をかき立てておいて，彼に帰るように告げたのだった。彼と義理の息子そして娘は，その余波を処理しなければならなかった。私は，そのことが彼に大変な苦しみを引き起こしたことを遺憾に思うと，率直に言った。
　それでもG氏は，私がかき立てたのは，私が彼に感じ「させた」事柄ではなく，彼がすでに馴染みのある問題だと分かっているとも述べた。第二に，彼は自分の通常の対処法と，人生を見出すことの間の決定戦について，洞察に満ちた意見を述べた。彼は，義理の息子がクリニックに電話する際に，自分の代わりに何かするのを許容していることにも気づいていた。
　私は，G氏が防衛を働かせていることには理由があることを強調した。私は，彼がどれほど悩まされ動揺しうるかを私たちは知ることができたと言った。それでも私は，彼が「用意できて」いて，自分が表すことや起きるのを容認することを支配すると，代償は大きいことも知ったと思う。
　G氏は短期心理療法を始めたが，それは早々とほとんど取るに足らない終わりを迎えた。
　私はこの結果に失望したが，驚かなかった。私は心理療法が，表面からそれほど深くないものをG氏に汲み取れるようにする可能性があるかどうかを探究することは，適切だったと思う。その一方で，もしもG氏が自分の受動性に関して，より断固とした構えをとるようになっていたならば，驚くべきことだっただろう。これは，彼の関係上のスタイルの源と帰結を確認することも，彼のパーソナリティのもっと攻撃的で主張する部分を探し出すことも，私も彼の心理療法者もさほど進められなかったことを考えると，とりわけそうである。

土 壇 場

　治療者と患者が，コンサルテーション面接の結果について合意に達するときは，大いに結構である。たとえ面談が波立ち続きで，その決定が精神分析的心理療法に進まないというものだとしても，何が起きたか，なぜ心理療法がおそ

らく助けにならないかについて，見解を共有するに至ることが，しばしば可能である。

　私はほぼいつも，なぜ自分の専門的な意見ではこの形式の治療に乗り出すことが患者の利益にならないかを，患者に直接的かつ率直に言うことは可能であると感じている。たとえば，患者が重大な問題を抱えているならば，私は心理療法が有する脅威について話す。私は，患者自身による葛藤や不安への対処法に敬意を表すかもしれないし，心理療法がそれらの情動的方策を問題にする際に，時には良いことよりも害が多いこともありうると強調する。あるいはまた，患者がコンサルテーション面接の経験に当惑したり，それを的外れに感じたりするならば，そのことが治療は無益なものになりそうなことを意味している，と示せるかもしれない。

　そうは言っても，治療者は「ここではない，これではない」と断っている。これほど失望させるか，そうでなくても否定的なことを人に伝えるのは，大変である。患者は欲求を持って，それがどう満たされるかを想像してやってきている。多くの患者は，自分の求めた治療が提供されないという知らせを拒否として受けとり，拒否は少なくとも不快であり，時には外傷的である。それから患者は反応する。それは懇願（「受け入れられるために私は，何をしたり言ったりすればいいのでしょうか？」）と攻撃（「あなたが最初に違った振る舞いをしていたら……」）が入り混じったものであることが多い。

　もちろん，打撃を和らげようといくつかの方法を試みるかもしれない——たとえば，患者を別のところに送る・セカンドオピニオンを得られると伝える・1年後に再検討のために戻って来られることを指摘する（ちなみにこれは適切であることが多い）。だが困難は残る。そしてそれを逃れる道はない。すなわち，治療者の意見では「イエス」ということから，良いことよりも害が多い——あるいはおそらく害しかない——ならば，「ノー」ということは治療者の仕事である。

　患者が精神分析的心理療法を提供されない場合に生じる，他の問題がある。中でも最も重要なのは，患者の選択と次への紹介に関わる。これらは私が先に論じたこと——つまり，真実を尊重し擁護することの重要性と関連する。

　私は，このことがどれほど困難かもしれなくても，治療者は可能な限り本当のことを言うべきであると信じている。これは，治療者は自分が真実だと思うことすべてを言わなければならないという意味ではない。なぜなら，物事によっ

ては，言わないでおくのが最も良いからである（訴訟を恐れる臨床従事者にとって，ますます問題だと判明しつつあることである）。それが本当に意味しているのは，心理療法者は，患者と経験したことの性質と含みを捨てるべきではないということである。

　一例を挙げたい。私は，患者たちが彼らの心的生活やパーソナリティのある部分を取り除くことを望みつつコンサルテーション面接に来ることは，めずらしくないと述べた。その望まれていない部分は，抑うつや不安のような従来からの精神医学用語で表されるかもしれないし，仕事上や対人関係あるいは身体の不調に関して表されるかもしれない。これらの訴えが，コンサルテーション面接の過程で形を変えていくこともめずらしくない。それらが治療者に見えるようになり，患者に経験されるにつれて，訴えは少なくともある程度は意味が変わる。それらは，もっと日常的で本質的には非病理的な，その人の葛藤や苦痛に対する防衛手段の表現として認められるようになる。さらに重要なことに，それらは患者のパーソナリティの諸側面を代表し，価値があり大いに必要とされるが問題でもある内容を含むことが見られる。たとえば，ある人は自分自身についての特定の見方を維持することや，対人関係を厳しく管理することに多大なエネルギーを注ぐために，満足の行く人生の物事に投入するエネルギーはほとんど残らないかもしれない。このエネルギーは，解放されてもっと良い用いられ方をする必要がある。

　ところで，コンサルテーション面接の間に，治療者と患者がこの種の洞察で一致して見える瞬間があったとしても，患者は最初の構えに戻るかもしれない。特に，面接の終わりが近づくとそうである。一部の患者は，これだけでさえ捉え難く，治療者は鈍感で，コンサルテーション面接の過程には利益も価値もなく，時間を浪費したと感じる。そのような場合，患者が別の治療へと回すように求めるとき，治療者はどうするだろうか。確かに患者は，自分の問題を除去される必要のある障害の症状として同定している点では正しい，という見方を暗にあるいははっきりと引き起こしている。

　ジレンマは，そのような紹介をする際に治療者が，発達と再統合に向かわせるよりむしろ，患者の不満足な現状維持を強化するかもしれない一連の信念と手順に共謀しているかどうかである。おそらく同じく重要なのは治療者が，コンサルテーション面接で現れたものは棚上げにできると同意しているように見えることだろう。そのことは暗に，それは結局あまり大したことではない，と

伝えている。その一方で、もしも治療者がそのような紹介をしないならば、治療者は患者の選択を尊重せず、精神力動的心理療法のみが患者の訴えに取り組むのに適切であると傲慢な仮定をしているのだろうか。

そのジレンマは克服できないものではなく、治療者にはいくつかの選択肢がある。たとえば、治療者は患者を紹介元に戻し、そうすることでさらに紹介するかどうか話し合う過程をそちらでしてもらうかもしれない。自分で紹介するのが適切なときもある。とは言うものの、そのような形での引き渡しは、一定の仕方でなされる必要があると、私は考えている。治療者として私は、セッションの中で起きたことと、私がそれらの出来事の患者の情動生活にとって持つ含意であると理解することについて自分の見方を固守する。私は自分の見方を押しつけないし、症状に対処する何か他の手段を探すという選択には、患者が責任を持たなければならないことを強調する。私は代わりの治療的アプローチには、敬意を表する。同時に、私はそのようなアプローチが、ここで生じて患者の困難にとって重要にも見える、特定の問題は扱わないかもしれないことを指摘する。

もしも治療者として、患者の情動的な振る舞いと困難に関連する事柄についての事実への、強力で明白な証拠に出会ったのなら、そうではない振りをすることは、責任——すなわち真実を守ること——の放棄である。もちろん、受容力がない患者をそのような事実で非難することは、適切ではない。その上、間違っているかもしれない。その一方で治療者は、真実を探求し臨床的な証拠（治療者は必要に応じて、これを患者に正確に示すことができるべきだと私は信じる）を尊重し、この訓練された方向性の維持に積極的に関与している人物として、経験されうる必要がある。患者はそのような方向性と連携する、自分の真実を探求する部分を動員するかもしれないし、しないかもしれないが、このアプローチは患者に、そうする最良の機会を今か未来に与えるだろう。

終わることについては、ここで扱われていない他の多くの重要な事項があるが、本書の他の箇所で触れられている。それには、他の臨床従事者（精神分析的心理療法者であってもなくても）に紹介し、患者のケアに関わる他の諸機関に助言して連携をとるような、複雑なものが含まれる。代わりに私は、患者が心理療法からどれほど利益を得られそうかを知ることは、結局非常に困難でありうることを提示する。事実、治療が終わった後でさえ、患者がどれほど利益を得たか知るのは難しいことがある。私の次のヴィネットは、延長された何回

かのコンサルテーション面接の概観を提示している。要点を例示するために，それぞれに結びの言葉を付けている。

■事例ヴィネット H 婦人

　H 婦人は既婚の中年女性で，抑うつと自信の欠如のために紹介された。

　H 婦人は 5 分あまり遅れて到着した。エレベータから現れた彼女は，微笑みつつ落ち込んでいる眼差しと若々しくも老けてもいる容姿で，私を真っすぐ見た。

　面接室に入ると，彼女は私をすばやく見て，それから私に，心理療法がカウンセリングとどう違うのかを説明するように促した（私は説明しなかった）。彼女は私に，これが 1 回限りのコンサルテーション面接であることの確認を求めた（私は確認した）。これはとげとげしいコミュニケーションではなかった。彼女は難しい状況を，操ろうとしていた。

　H 婦人は対処すべきことがたくさんあると説明した。同時に彼女は，自分にとってコントロールを発揮することが非常に重要だと言った。もしも彼女がただ話し始めたならば，それでもう面談は終わりかもしれなかったが，そういうわけにはいかなかった。彼女は，縺れた物事を解きほぐくことと自分がすべてを失う危険にも触れた。

　私はコンサルテーション面接の中盤を飛ばすことにするが，H 婦人が物事を取り入れるのを難しく感じたことは述べておく。私は彼女に，私が何か言うと彼女は反応するが，一側面に対することが多く，自分自身の構えから始めるので，滅多に私たちが物事を一緒に取り組んでいるようには感じられないことを例証しようとした。ある時点で彼女は，これを批判として，つまり，私はおそらく彼女には人とつながる見込みがないと言っているのだと受け取った。しかし私は，彼女が私の言おうとしていたことを理解したと思う。

　私は H 婦人に，夢を話してもらえるか尋ねた。彼女は，夢を覚えていたことがないと言った。昨日，彼女は夢を見ていた。それは，箱を届けること，もしかすると列車と関係があるかもしれないことが，彼女の仕事になっていることについてだが，彼女はこれができなかった——それから彼女は，それが自分の責任ではないと感じて安堵した。ここでも彼女は，自分自身の諸側面を今日の面談に本当に届ける難しさとは，半分しかつながることができなかった。その夢は，それ自身の未完成のコミュニケーションというイメージ

を含んでいた点で，自己を表現していた。夢は，H婦人がもう責任を感じる必要がない時に安堵を感じたことと結びつけられた，「届けること／分娩すること(delivering)」の難しさを描写していて，意味を孕んでいるようだった。にもかかわらずその意味は決して彼女に響かず，機会の逸失だったが，誰もその責任を問われることはなかった。

　面談の結びで，私は率直に，H婦人が自分のために本当に何を欲しているのかが分からない，と話した。私は，彼女が非常に重要な事柄に対して，どれほどの余地を自分で作り出せるか，私にはよく分からないと言った。私は，彼女がこれらのことについて誰かに，どれだけ自分と直接つながることを許容するかについての懸念も表した。

　H婦人はフォローアップの面談に，時間通り到着した。彼女は，私たちの前の面談のあと「当惑」を感じたと言った。彼女は面談を「対決的」に感じていた。彼女の主な焦点は，自分が危ない橋を渡る仕方にあった。彼女は同情を欲しておらず，物事を扱う自分の仕方を変える必要を感じている。

　私はH婦人と，もしも私が彼女に対してもっと挑戦的であろうとしたら，彼女は傷つき，非難されきちんと評価されていないと感じるかもしれないことを論じた。彼女は自分ができる限りのあらゆることを試みてきたと感じられ，進む道はない。代わりに，彼女は自分が避け難い人生の現実に直面しなければならないことを，自分に「講義」し始めることができる――誰もそれを変えることはできない。私は，彼女がこうした描写を理解したと思う。実際，私が強調したようにH婦人は私の発言のいくつかを聞く際には，注意を払いよく考えることもでき，彼女が自分を理解することを望んでいる感じがあった。

　続くある面接で，H婦人は私に関して，少し誤解され詰られているように感じ，私が彼女の困難を把握していないようなので，幾らか苛立ち傷つきを感じると述べた。私たちの最後の面談の結びでは，彼女は私が少し「好戦的」だが，彼女に耳を傾け受容的であると感じた。

　H婦人は，集団療法に参加した。最初，彼女はうまくかみ合っていたが，集団が「適切に反応できないか，そうしようとしない」と感じたとき，「かなり大きな失望を経験した」と言われた。最終的に彼女は，集団に怒り始め，それが自分の助けとならず，失望させられたと感じた。彼女は，集団が「自分の心に響いた――が，良い意味でではない」と言った。

その後，彼女は私との振り返り面接を要望した。そこで彼女は，自分が人生で本当の充足感を得ることに困難があると，いかにまだ強く感じているかを伝えた。

私はH婦人と，彼女が私に対しても，より一般的には自分の人生に関しても，他人に開いて率直に受け入れることを自分に許容するのを，難しく思っているようであることに取り組もうとした。そうする代わりに彼女は，物事を「棚上げ」するので遠くから考えられるけれども，近すぎて影響されることはない。同時に彼女は，自分が物事に飛びつき，非常に否定的な仕方で自分を攻撃することがありうるのを，心配しているように見えた。私はH婦人についての自分の逆転移経験において，何を言うか気をつけなければならないと感じた。私は，彼女があまり理解されていないか，かなり傷ついたかの徴候を予測した（時に受け取った）。

続く面接でH婦人は，前回の私たちの面接が大変だったと言った。彼女は，仕事以外ではあまり考えず堂々巡りしていることに触れた。彼女はこれを説明し始めると，自分自身についてすでに知っていることを話す仕方へと陥った。その結果H婦人は，セッション自体の中で時間を無駄にし，より直接的で情動的なものから離れた。その一方で，私はそれらの瞬間——この面談中には数回あった——について，彼女が穏やかになり，非難されているというよりむしろ理解されていると感じるときに，コメントすることができた。そこでさえ彼女はすぐに変わって，たとえば，自分を包容する「構造がない」と言うのだった。

逆転移では，非難の前兆や役立たずであるという恐れと，本物の面談の可能性の両方を感じることができた。H婦人はグーグルで私を調べていたことが明らかとなり，彼女が私との何らかの真剣な接触を感じていたことははっきりしていた。

物語は，この保留された，完全にではないが大部分は未完成の状態で置いておくのがふさわしい。これは，心理療法がH婦人に何をすることができたか，彼女が心理療法について理解できたことを表している。これは，長引いたコンサルテーション面接過程の結果でもある。

何が欠けているのか

　おそらく，私がコンサルテーション面接を終えるときに何を**しない**かは，特に触れる価値がある。私は患者に，書面にした定式化を渡さない。私は，定式化を提供することがいくつかの形の精神力動的コンサルテーション面接では普通に行なわれており，患者の一部はそれに価値を見出してきたことを承知している。

　私がそのように仕事をしない理由はいくつかある。第一に，私はコンサルテーション面接の中ではすべてが話し合われると思っている。患者たちにはいつも，私自身や私が言ったか伝えたかした可能性のあることに対して，疑ったり異議があったり，質問したり苦情を言ったり，反対したり混乱を表したり，とどんなあり方の態度でも伝える機会がある。この種の話し合いは力動的であり，時間とともに展開する。非常に重要なことに，それは相互的である。解釈は，2人の対話にとって焦点であるばかりでなく，その中の一要素である。

　しかし確かに，書面にした定式化は患者と治療者によって共同構築されている，と反対されるかもしれない。そうだが，それは流動的なものを静的にする。客観化する際にどのような内容が定式化されても，定式化は，その人の治療者との間主観的な関わりの経験から遠ざかり，逸れそうである。治療者が患者と一緒になって「診断」が実際には何なのかを論じる，という手続きそのものが，コンサルテーション面接の要点を見る，一定の仕方を補強している。それは，治療者と患者が遠くから眺めた事実や経験の記録としての患者の歴史に浸る場面にかなり似ており，これは関係の中の，より直接的で安全ではないものから逸らす役割を果たす。

　決定的な問いは，定式化を作ることが，その定式が適用されることになっている人についての，患者と治療者のどちらの知識と理解を，精製するのか霧散させるのか，深めるのか上澄みを採るのか，である。もう1つは，過度に単純化され認知的に構造化されたテクストに，どのような権威が与えられているのか，である。また，ある定式化はどれほど**真実**であり，患者はそれを数週間数カ月にわたってどう理解するだろうか，と問うことができる。

　おそらく私は何かを避けている。それは，患者としての私は，自分が定式化を渡されるのを嫌うだろう，と知っているからである。定式化されることは，私が定式化する過程に加わっていてもいなくても，私が来た目的ではない。も

しも定式化を渡す，合理的で文明的な理由があるのならば——もちろんあるが——私はT．S．エリオット T. S. Eliot による『J・アルフレッド・プルフロックの恋歌（The Love Song of J. Alfred Prufrock）』が捉えているものを，それらに並置したい。「私が定式化され，ピンの上で手足を伸ばしているとき，／ピン留めされて壁の上でのたうっているとき，／どうして始められるだろうか，／私の生涯や生き方の切れ端すべてを吐き出すとは？」

　もしもこれが，あまりにも個人的な見方であるようならば，定式化でしばしば重要な役割を果たす一般化について，最終的な考えを添えておきたい。それを患者に提示するかどうかは，別のことである。訓練中の精神科医に対する伝統的な要件の1つは，精神力動的な定式化を作成できるべきであるというものである。もちろん臨床を行う者が，患者について深く発達的な見方で考えるべきであることは，きわめて重要である。私たちは，人の心理学的機能様式の水準を評価し，その人が自分の情動生活をどう管理しているのかを，少し詳しく述べる必要がある。しかしながらそれ以上には，抽象的で思弁的なことが多い定式化の価値には疑問がある。患者を大雑把に（たとえば）「境界例」や「倒錯」という種類で呼ぶのが適切かもしれない特定の状況を除くと，私は，個別の人の何かを捉える最良の方法は，コンサルテーション面接の中でその人が治療者に関わる仕方について，わずかであっても緻密に描写することだと考える。

　しかしながらこの時点で，私は自分が今書いたことを修正すべきである。もしも定式化することによって，治療者が患者を理解するために重要かもしれない諸因子の**範囲**について，もっと系統的に考えることを確実にするのならば，それでよしとされるだろう。特に，治療者は生物学的・社会的な事柄を考慮に入れるばかりでなく，面接室内で起きることの比較的簡潔な記述を，その人の現在および過去の関係の文脈に組み込むことができるべきである。精神分析的心理療法は，生物-心理-社会的な枠組みの中に属している。私たちがそれを忘れることは，危険を冒すことである。

　「全体像」を概観するこの必要性は，「何が欠けているのか」という問いを考察するための，別の，もっと精神力動的な理由に関連している。もしも心理療法者が，コンサルテーション面接に現われる像には欠けているものに，正当な重要性を与えないならば，患者の困難を誤解する可能性がある。欠けているものは，生き生きとした関わりの感覚や重要な関係への言及，何らかの感情の表現という形をとるかもしれない。私は，攻撃性の形跡がない受動的な男性患者，

情動生活に繊細さや柔らかさがなさそうな人，特に嘘をつく人には，いつも用心している。欠陥があると思われるのは，思考する能力か，創造的で満足させる職業か，成熟した生活の何らかの他の必須の構成成分かもしれない。それはなぜ欠けているのか，そしてその人の情動的なまとまりおよび動揺する可能性や変化に抵抗する可能性に対して何を伝えているのかが，問われる必要がある。

　他の事例では，私たちがこれまでの事例ヴィネットで見てきたように，欠けているものは探し出されてパーソナリティに再統合されることができる。本章の最後のヴィネットで私は，セッションの終わりとそれに先立つことの間のつながりがはっきりと見えるものを，さらに例示する。

▌事例ヴィネット　Ｉ婦人

　Ｉ婦人は若い女性で，これまでいくつかの治療に反応しなかった慢性疲労のために紹介された。彼女は質問表をタイプで打ち込んでいた。彼女は，パートナーに異議があるとき，いかに彼とぶつかるのが難しく，人生に辛くなり退き引きこもりがちになるかを書いた。

　Ｉ婦人は時間通りに来た。廊下を歩きながら私は，Ａ医師が同席すると彼女に伝えた。彼女はかなり辛辣に，「誰ですか？」と言った。私は，訓練生だと言い，彼女はそれを受け入れたようだった。

　面接室に入ると，Ｉ婦人の物腰はぐっとあやふやになり，それから崩れ落ちた。彼女は視線を半ば逸らし，人と関わっている感じがほぼない状態で，自分はどう慢性疲労症候群になったかを説明した。彼女はこの情動様式に陥りうるが，その理由は分からない。この時点で彼女の目は，涙を流していた。

　彼女は黙って自分の前を見つめた。それはあたかも，考えの流れが途切れたかのようだった。私がそのことを彼女に言ったとき，彼女は，自分の心の中に「妨害物」があって，考えられないことが多いと述べた。それで彼女はここに来たのだった……そして彼女は年をとりつつある。

　私は彼女が，圧倒されていると経験しつつ，そういう様子を示していることを取り上げた。慢性疲労症候群がまさにこの時，彼女を襲った。彼女は，どのようにして自分がこうした理解していない情動状態に陥るかを伝え，これらの困難を前にした無力感を知らせた。

　彼女は，自分にとってそれが全部ではないと解説した。

　私は，分かっている，なぜなら私は廊下ではもっと直接的な関わりの瞬間

があったと感じたから、と言った。だがそれ以後，彼女がどれほど自分そして私と触れられるのか，不明瞭になった。

これらの主題は，アセスメント面接の中心になった。私は何度も，I婦人が自分の示す具合にまったく無自覚なのかどうかを問うた。私は，彼女が自分のすることに無自覚であることをどう伝えているのかを，知っているかもしれないと言った。これは彼女の関わりを制約し，彼女自身と他の人たちをどちらも皮相なものにしている。私は，この時点で私たちどちらもが皮相で**ある**と自分が感じたという理由から，事態をこのように表した。

私は何度か，彼女がもっと十分に自分自身になり，皮相さが**薄れた**瞬間を辿った。そのたびに彼女の反応は離れることで，自分自身を通常あれやこれが分からない人とする説明を提供することが多かった（「通常」という限定は重要で，正直さの前兆を表していた）。彼女は，セッションの中でも人生でも，何とかして自分自身の現実と直に立ち向かうことを積極的に避けているようだった。しかしながら，彼女は何かのついでに，物事に向き合うために自分が援助を必要としていることに触れた。

実際，I婦人が物事に向き合わ**ない**仕方に向き合うことに，彼女を近づけるには，相当な努力を要した。それでもI婦人は少しずつ，これに気づき認めることができた。コンサルテーション面接が進むにつれて，彼女は自分がどう難しい感情を寄せ付けないように，能動的な役割を果たしているかについての気づきを伝えた。彼女は，それが自分の関係を制約していることを知っていた。

ここで私たちは，コンサルテーション面接の「徹底的に調べる」段階を再び採り上げることができる。セッションの初めに目立った私の態度は，I婦人の困難の深刻さと，それが長年にわたっているという性質について述べることだった。続いて私は，その時々の私たちのやりとりに由来する，繰り返し現れ説得力のある証拠に基づいて，そうした特定の困難が断続的なものであることを指摘できた。私は率直かつきっぱりと，I婦人によるエネルギーのまったくない「疲労症候群」を持った人という自己描写が，良くて部分的にしか当たっていないと主張した。

私たちは，I婦人のエネルギーの源がどこに分配されたかを，もっとはっきりわかるようにもなった。予測されるかもしれないように，この洞察はI婦人の私との関係性が移り変わったことから生じた。

第一に，I婦人が私の発言に焦点を合わせた何度かの機会と，それらを把握したいという彼女の欲求があった。それはあたかも，彼女が私の文章の構文と意味を解読して過ごしているかのようだった。これは，私が捉えて伝えようとしていることを吸収して，適切に理解することを犠牲にしていた。私がこのことへの注意を促したとき，彼女は以前のいくつかの治療は，自分に過去の困難についての知的な意味を与えたと論評した。彼女の言い表し方から，その「知的な意味」にどれほど意味があったかは，疑わしいようだった。

 第二に，I婦人のもっとエネルギーの溢れる部分が，情動的な隠れ場から現れた。たとえば彼女は自分を，物事を把握できず「愚か」だと描写した。この瞬間，彼女がこう伝える仕方から，私は彼女の判断能力（どれほど粗雑であろうと）はいうまでもなく，大半は自分との関係を絶たれたか方向を変えられているが非常に必要とされてもいる彼女の攻撃性や自己主張に，人はそのうち近づけるかもしれないと感じた。

 時折，現状維持がその皮相さの頭をもたげているようなとき，私は彼女が，大変な努力をしている無力な人として自分を経験していること，そしてそういう自分を私に伝えることが，どちらも彼女にとっていかに重要であるかを強調した。彼女は同情されるが，要求され過ぎない必要があった。そのために彼女と私は，安全だがほとんど生きていない，それぞれの役割に固定されているのかもしれなかった。

 私はI婦人に，夢を見るかどうか尋ねた。彼女は，夢を思い出せないと言った。私は強く求め，彼女はもののついでに，子ども時代の悪夢に触れた。彼女の目から涙が出て，彼女は沈黙した。私はそれも夢だと言った。しかしながらまた彼女は，それらについて語ることを拒み，それらは気を動転させると言った。彼女は，もしもその瞬間を掴んで開かれた創造的になりうるコミュニケーションを思い切ってやってみる機会が与えられていたとしたら，その時それを手にしようとはしていなかった。

 もしも私たちが話題を変えていたならば，I婦人ばかりでなく私にとってもストレスは少なかっただろうが，私は待つことを選んだ。すると，かなりの間があってから，I婦人は子ども時代の夢を述べた。**彼女は暗闇にいて，彼女をめがけて飛んでくる家具が何点かあった。**

 私はこれが，彼女の避けようとしている恐怖を描いていることを取り上げた。彼女は先に，物事を考えないことや取り組まないことによって，自分が

崩れ落ちないようにしていると述べていた。今や私たちは，根底にある現実を少し見ることができた。私たちは，彼女が払い除けていた恐ろしい心の備品の中に包含されているエネルギーの真価を認めることもできた。

　私は，彼女が私についてどう思っていたか尋ねた。彼女は，私を「厳しい」と思ったと言い，それから，私が彼女について役に立つことをいくつか拾い上げたので安堵したと言った。私はこれが，いかに私が人として「薄い」ままにされているような類の描写であるかを指摘した。私は彼女が初めに，私がこの面接を1回限りのアセスメント面接として行なっているのかどうかについて質問したことにも戻って触れた。彼女は，自分が個人的関係で起きることをどう制限しているかをはっきりと認識し，それがどう彼女が他の人たちから必要としている類の助けと断固とした態度に近づくことを困難にしているかを，私が取り上げたことの価値を認めた。

　私は，彼女が瞬間から瞬間にまとまって，物事を把握できることはわかるけれども，物事に本当に直面することへの彼女のやる気と能力――そして積極的な関与と勇気――には，まだ疑問があるという私の懸念を，はっきりと述べた。初め彼女は，私が「こうした物事を把握する機会をもう一度彼女に与えるために」フォローアップの面会を彼女に与えたことを感謝すると言った。私は，そうではない，そこがポイントではない――彼女は前から今日そうする機会を持っていた，と言った。核心は，では彼女がそれをどうするのかであり，これが将来のために彼女をどこに連れていくと感じるかである。

　フォローアップの面談に，彼女は時間通り到着した。彼女は，いかに私たちの初めの面接で自分が「何かに圧倒された」と感じたかを述べた――それから彼女はそれを，「自分が墓穴を掘った」ことに変えた。

　私は，これら2つのかなり異なる彼女自身についての説明を調べて，彼女は自分がその心の状態を生み出す際に役割を演じていることを，どれほど本当に信じているか正確に指摘しようとした。私は彼女がこれを重く受け取ったとは思うが，ここでもコンサルテーション面接の残りの時間でももっと疑わしかったのは，洞察がどこまで彼女に，希望の感覚や自分の物事への対処法の理解を与えているのかだった。むしろこの面談では，それは彼女が闘っている絶望感と結びつけられているようだった。彼女は，今日は小さい子が戻って来ているようで，脅かされていると感じていると述べた。しかしながら，この面談の中のその時々の相互作用では，彼女はこれを把まえて前進す

るという課題に挫折しているようだった。主だった雰囲気は，彼女が「助け」を必要と感じているというものだった。

　I婦人は，計16回の短期精神分析的心理療法に入った。初め彼女は，感情を表現して内省することや，それどころか，心理療法者と個人として関わることを，難しく感じた。彼女は崩れ落ちることや機能できないことが不安で，心理療法関係にもっと深く積極的に関与するべきかどうか不安だった。彼女は促されると，涙もろくか虚ろになりがちで，さもなければ，難しい事柄に直面できないようだった。そのため心理療法者は，挫折感を抱き苛立つことがあった。

　しかしながら次第に，I婦人自身が，他の人からよそよそしく残酷でさえある反応を引き出すのに加担していることは，もっとはっきりとしてきた。彼女は，自分にとって関係することと愛することが難しいことについて話すことができた。彼女は，保護されているが隔離されている隠れ家に自分がどう退避するかを，知的にも情動的にも理解するようになった。感動的にも彼女は，この構えの含みについて後悔を経験し，人として自信を持ち洞察力があるばかりでなく，もっと直接的で情動的に応じられるようになった。

　これは治療者が，I婦人の習慣的な関係対処法に挑戦することや，I婦人が未来の不確かさに直面できると信頼することにまつわる，彼女自身の不安を克服したことによってのみ，可能だった。最終的に治療者は，I婦人に新たに見いだされた純粋さ・希望・創造性に，感銘を受けるとともに心を動かされた。

最終的な省察

　コンサルテーション面接の1つの機能は，人がどう精神分析的心理療法でやっていくだろうかと予測することである。私の見解では，これは非常に不確実な仕事である。人は，誰かが心理療法者とつながる能力を容易に過小評価しうる。その治療者は，その個人にとって「適している」(と判明するかもしれない)けれども。だから，患者が待ち構えているものについてほぼ明確な考えを持ち，その経験によって害を被りそうでなく，心理療法を受けたいならば，私が患者に他をあたるべきだと助言するには，強い根拠が必要である。

　私はこれまでに何度も，患者の先行きが非常に不明瞭に感じ，心理療法の中

で現れ展開したことに，驚き感銘を受けてきた．また何度も，動きと利益への本物の約束と思われたものが，満たされないままになった．患者の変化に対する頑固な嫌悪感や，時には，苦労して手にいれた均衡を放棄することへのごくもっともな警戒は，治療が展開してからしか明らかにならないかもしれない．結局私たちがしているのは，不確かな未来についての情報に基づいた推測である．

だから残る問題は，どうすれば最も良く情報に基づくようになるかである．私は，個々の患者たちに対して心理療法の潜在的価値ほかを評価することに関連した，多くの考慮を繰り返すつもりはない．しかしながら，1つの事柄がさらに注釈を加えることを正当化する．それは，精神分析的心理療法のコンサルテーション面接が，どれほど親密で剥き出しにする可能性がある必要があるのか，ということである．

この論点は，どう最も良くコンサルテーション面接を始めるかに関して，先に現れていた．私は，ここでその議論を繰り返さないが，異なる心理療法者たちは，患者の最大の利益のために自分たちの最善を行なう必要があることのみ，再び述べておく．私がごく手短に考察したいのは，選択が生まれる多様性である．

たとえば，患者に性的な空想を尋ねることを，証拠を挙げて主張することは可能である．疑いなくそれは大いに暴露しうる．私はそうしない．それは行動規範の問題ではない——私は，自分が必要だと考えたならば，自分がそうしているのを想像できる．むしろ，それが必要ではないのならば，私は患者にこの特定の形式の質問をするのを，予備的な面談では控えている．

私は患者の早期の個人史について尋ねることに，比較的わずかの時間しか割かないようにするときがある．確かに，これがコンサルテーション面接の中盤までに述べられていなかったならば，私は「あなたは，自分がどのように今のあなたという人になったと思いますか」というようなことを言う．しかしそれも，もしも私が他の情報源から，特に転移およびその人の現在の関係と情動生活の報告から十分に知ったと感じるならば，もうそれで十分である．

これは，私が自分のコンサルテーション面接を討論のために提示するときに，同僚たちの欲求不満の源になりうる．一部の人は，患者の背景について聞かされなければ，その人を適切に知るようになりえないと感じる．それはそうだろうが，部分的には個人的な好みである．私は自分の課題を，患者と私の両者がコンサルテーション面接に必要とされる仕事を完了するために，私が見る必要

のあるものを見るためにちょうど必要とされることをして，関わる必要のある程度まで関わることだと考えている。より深く掘り下げる時もあれば，引き返す時もある。

　そのどちらを，と言うと，次章では私は，精神分析的心理療法者がどう考えて仕事をするのかを深く掘り下げたい。

第7章

細　目

R. ピーター・ホブソン（R. Peter Hobson）

　転移は，魚群のようである。治療者が，その独特の生態を垣間見ることを望んで，過ぎて行く流れに目を凝らしても，見えるのは反射した陽光のきらめきばかりである。と思うと，水面のさざ波は落ち着いているようである。水の流れは深まる。動いている形が，時には明確な形をとって，感じる眼に姿を現す。
　私は，心理療法ではあらゆることが動きの中にあると述べた。そして患者と治療者が，コンサルテーション面接の中を縫うように進みながら，構えの移り変わりを辿ることの価値を強調した。しかし私の臨床事例は，やや離れた全体が眺められる地点から，行きつ戻りつする動きを描写したものだった。本章で私は，内的な諸関係の布置がどのように患者−治療者のやりとりの細目に反映されるのかを，詳しく見ていくことにする。
　この章は，スタイルも内容も対照的な3節から構成されている点で，異例である。第1節は，フロイト（1917e［1915］）の著作『喪とメランコリー』の読解である。第2節で私は，転移について，考えて解釈するとは何を意味するかの，さまざまな見解を考察する。そして第3節は，コンサルテーション面接の始まりの段階における時々刻々の報告である。これらの3節は，人の臨床的提示と関わりの細目に注意を払うことの価値という主題で結ばれている。
　先に私は，父親の著書『**感情の形**』（Forms of Feeling; Hobson, 1985）からの名残に注意を向けた。この機会に，私は彼がその本の後半に用いた題名を，一括で盗用している。もしも彼が生きていたら，きっとこのことに微笑んだことだろう。父はウィリアム・ブレイクの『**エルサレム**』（Jerusalem, II, 55, pp.60-8）の以下の引用を活用した。「人に善を行なおうとする者は，細目にお

いて行なわなければならない／一般的な善は，悪党，偽善者，おべっか使いの弁解である／なぜなら，芸術と科学は綿密に組織化された細目にしか存在できないから」。

　私は，いかにフロイト（1917e［1915］）がメランコリー患者の提示する細目に注意を払うことによって，内的な「対象関係」が情動的経験に構造を与えていることを発見したかの考察で始める（Ogden, 2002 も参照）。ここでのフロイトは，治療者 - 患者の時々刻々のやりとりに対して特に関心がなかった。そうは言っても，彼が患者の構えと関係性にある機微を捉える感受性は，まさに転移の動きを辿るのに必要な鋭い知覚の類を表している。これに加えて，メランコリーの精神病理についてのフロイトの説明は，私がこれから記述する患者に，そのまま当てはまる。

『喪とメランコリー』

　『喪とメランコリー』（Freud, 1917e［1915］）の最初の数頁は，精神分析的な著述のまさに頂点を表している。フロイトは，彼の示す見解がすべてのメランコリー症例に当てはまるわけではないと指摘することで始める。メランコリーで彼が意味しているのは，非常に重篤な，多かれ少なかれ精神病的な抑うつである。それから彼は，メランコリーの抑うつ状態と喪の正常な状態を関連づける。それは少しも明白な関連ではない。彼は，メランコリーのいくつかの際立った特徴を挙げているが，その内のいくつかは，喪にも普通に見られるものである。

　　〔メランコリーは〕深い苦痛に満ちた不機嫌と外的世界への関心の撤去とによって，愛情能力の喪失によって，および何事の実行をも妨げる制止と自尊感情の引き下げとによって，特徴づけられる。自尊感情の引き下げは，自らに対する非難と悪口雑言とになって現れ，処罰を妄想的に期待するほどに昂進する。（伊藤正博訳「フロイト全集 14」岩波書店　p.274）

　もしも，喪とメランコリーの間に重要な類似点があるなら，そして喪が喪失に対する反応であるなら，おそらく重篤な抑うつもまだ喪失に関連している。メランコリー症例では，喪失は必ずしも意識的ではないだろう。それは異常な

仕方で反応され，疾患を生み出しているのだろう。そして，そのように反応する人は，そう反応する素因があるのだろう。フロイトはまた，喪とメランコリーの間にある最も注目すべき対比を強調している——すなわち，後者における自尊感情の著しい障害である。

> 喪の場合には，世界が貧しく空虚になっていたのだが，メランコリーの場合には自我自身が空虚になる。患者はみずからの自我を，何の値打ちもなく，実行力を欠き，道徳的に責められるべきものとして，わたしたちの前に描き出す。患者はみずからを非難し，自らに悪口雑言を浴びせ，追放と処罰とを期待する。彼は誰彼なしに他人の前でみずからを貶め，家族の誰に対しても，かくも恥ずべき自分のような人物に拘束されているといって済まながる。(伊藤正博訳「フロイト全集14」岩波書店　p.277)

すでにフロイトは，患者がどう考えたり感じたりしているかの記述以上のことをしている。彼は，患者がどのように自我を「わたしたちの前に描き出す」かに読者の注意を引き，私たちがコミュニケーション行為に取り組む必要のあることを示唆している。この特別な仕方で自分自身を他の人たちに描き出すとは，どういうことを意味しうるのだろうか。加えてフロイトは，患者が自分自身を非難し貶している際の患者の関係上の活動および他者から扱われると予期している過酷さを強調する。フロイトは続ける。

> みずからの自我を相手どってこのような告訴を申し立てる患者に反論することは，学問的にも，治療の上からも実りのないことだろう。彼はたしかにある意味で正しく，自分に見えるとおりに事の次第をありのままに述べているに違いないのだから。(伊藤正博訳「フロイト全集14」岩波書店　p.277)

フロイトは，否定的認知がどう修正される可能性があるかを言い出すことに加わるよりもむしろ，観察者である私たちが何かを把握できていないのに違いない，と反省する。もちろん私たちには，患者が**どのように**正しいかも，なぜ事態がそうであるらしいのかも分からないが，ここが私たちの着手すべき点である。そういうわけで，さらに考えを進めることは，何を生み出すだろうか。

そこには，どのように自我の一部分が他の部分と対立し，それを批判的に評価し，それをいわば対象として扱うか，ということが見られる。(伊藤正博訳「フロイト全集14」岩波書店　p.279)

　私たちは，ひとりの統合された個人を観察していると考えていた。だが実は私たちは，1人の肉体を持った人物の中にある，2人の準個人間の**関係**を目撃している。綿密な吟味によって，その人のある部分は，別の部分との加虐的被虐的な関わりに閉じ込められていることが明らかにされる。この種の抑うつの現象学は，基底にある非常に不快な性質の，精神内界の関係を露わにする。
　ここでのフロイトは，精神分析理論の転換点に達しており，彼はさらに多くを理解するために探求を推し進める。特に，彼は人がそのような情動的なもつれにどのようにして囚われうるかという問いに取り組む。
　論文中いくつかの箇所でフロイトは，患者が言っていることに，そして患者がそれをどのように言っているかに**耳を傾ける**ように，よく聞くように私たちに勧めている。

　メランコリー患者のさまざまな自己告訴に辛抱強く耳を傾けると，最後には次のような印象を払いのけることができなくなるだろう。すなわち，自己告訴のうちの最も強いものは，しばしば患者本人にはほとんど当てはまらず，むしろ，わずかな変更を加えさえすれば，患者が愛している，あるいはかつて愛した，あるいは愛しているはずの，別の人物に当てはめることができるという印象がそれである。……だから，自己非難は愛情対象への非難がその対象から離れて患者本人へと転換されたものだという洞察を得ることによって，わたしたちはメランコリーの病像を解明する鍵を手に入れることになる。(伊藤正博訳「フロイト全集14」岩波書店　p.280)

　このようにフロイトは，メランコリーがある人の字義通りか象徴的な喪失によって，確かに引き起こされる可能性があることを示唆する。患者はその失われた人に，愛着と同時に憎しみも感じている。喪失とともに自我（あるいは自己の一部）は，もう一方の人と同一化するようになり，その結果その人に対する感情は，今や自己に向けられる。メランコリー者は同時に攻撃する者であり攻撃をされる者である。そして，自分自身を憎む際，同時に他の誰かを憎んで

いる。憎まれている者と同一化するようになったので，今や彼は自分自身による侮蔑的な攻撃を被っている。

　そのため対象の影が自我の上に落ちて，自我はいまや，あたかも1つの対象のように，見捨てられた対象のように，ある特別な審級から判定することができるものになった。以上のような仕方で，対象喪失は自我喪失へと転換され，自我と愛された人物との間の葛藤は，自我批判と同一化によって変容された自我との間の内的葛藤へと転換されたのだ。(伊藤正博訳「フロイト全集14」岩波書店　p.281)

　これは，きわめて両価的な外的関係が，どのようにきわめて両価的な内的関係になりうるかを辿っている点で，根元的な類の発達論的理論化である。この発達上の変化の機制は，他の誰かと同一化することである。結果として心的構造は，互いに活発に関係し合い存在する諸人物の住む内的世界となる。しかし，これらの内的関係は，**単に内的ではない**。なぜなら彼らは，外的世界の人々に影響を与えることができるからである。たとえば，メランコリー者は，そこまで惨めに感じているのに，なぜ語り続けるのだろうか。その際に聴き手は，何か嫌なものに執拗に攻められている。

　続けてフロイトは，さらに重要だが副次的な示唆をいくつも行なう。特に彼は，メランコリー前段階の者が，親密な関係を特徴づける類の強い両価性および喪失に対して上述した類の同一化によって反応する傾向によって，この疾患形態に陥る傾向があると提示している。

　私はフロイトへのこの寄り道が，治療的なコンサルテーション面接を行なう人みなを元気づけられる一連の考え方と態度を特徴づけるという有用な目的を満たすと信じている。間もなく私は，そうした考え方が私自身の臨床の仕事にどう影響したかを例示することにする。その前に私は，これから述べるコンサルテーション面接の技法的側面の背景をいくつか提供する。

転移の中で作業すること

　フロイト (1912b) は，患者が (内的・外的) 関係の諸パターンのままに生きている精神病理に取り組む必要性について，直言した。それらは，分析者に

関して——つまり転移において——現実化されるからである。しかしながら，転移の中で作業する仕方にはさまざまなものがあり，ここでは私は，際立った相違が生じるかもしれないごくいくつかの事柄についての私の観察を述べる（Riesenberg-Malcom, 1995, Roth, 2001 も参照）。このことは，後で臨床的な仕事の例を評価するときに役立つはずであり，臨床従事者が転移を評価する際に採用するかもしれない焦点の，さまざまな水準に対する注意を喚起するはずである。その上，これらの考え方は第10章で述べられる転移解釈についての調査研究に対して背景説明を提供するだろう。

　精神分析者と精神分析的心理療法者は，患者と治療者の間で起きる相互作用のどの特定の特徴を強調するかが異なっている。ある人たち（たとえば，Kohon, 1986, あるいは Sandler, Holder, Maria Kawenoka, Kennedy & Neurath, 1969）は，患者-治療者関係の中で起きているさまざまなことのいくつかのみが，転移と逆転移の現れと見なされるべきだと考えており，時間をかけて「転移を集める」過程を尊重すべきだという見解を採る。その一方では，治療で起きるあらゆることに一種類しかないと主張したいわけではないが，患者は精神分析的な関係の中に転移するというクライン（1952）の「全体状況」の定式化を支持する精神分析者たちが（Joseph, 1985 を例として）いる。この方向性は，私たちに「つねに何かが起こっている関係としての転移」（Joseph, 1985, p.164）というイメージを与えている。

　治療者の介入，そしておそらく特に治療者が転移を解釈する活動に対しては，このことから次いで何が起こるのだろうか。治療者が解釈を与える狙いの1つは，患者と治療者との関係の，他の方法では認識されない側面を明白にすることである。ラッカー（Racker, 1968）は両極端として，解釈のための適切な瞬間を待つ傾向にある「沈黙する分析者」と，どの瞬間も——とりわけ治療のごく早期には——「切迫する点」を含んでいるため，原理的および潜在的に，どの瞬間も適切だと考える分析者を記述した。ある所定の治療者の解釈スタイルは，進展していく患者-治療者関係の中で何が非常に重要であり，それが現れるのにどれほど時間がかかり，どうするのがその意味を捉えて伝えるのに最も良いかについての治療者の見解と，一致している見込みが高い。

　もしも治療者が直接の対人的な関わりの性質を，治療的努力にとって決定的に重要であると見なすならば，ジョゼフ（1985）のような精神分析者が転移の中の動きと変化を特別に強調することは，不思議ではない。そのような動きは，

単に患者が表現し述べることにではなく，患者による分析者の用い方に現れる。心理療法者が関係性の移り変わりに注意を向けることは，患者が気づいていないかもしれない特定の感情と考えについての洞察ばかりでなく，患者が機能している心的組織の水準と，それとともにどの所与の瞬間にでも，患者の不安の性質についての洞察を生み出す。

　次に，介入はどのように言葉に表されることになるのかという問題がある。これは心理療法者が，自分の促進しようとしている発達論的な過程をどのように心に描いているのかに拠るだろう。心理療法者たちの中には，自分たちの役割は，患者に「一方的に」話したり真実を規定したり（批判的に示唆するかもしれない）するよりもむしろ，さまざまな可能性の相互探究を勧めていると見なされる仕方で，患者の困難の意味についての示唆を，「仮説」さえを，提供することだと強調する者がいる。この構えは，精神分析的心理療法の治療作用が，ストレイチー（Strachey, 1934）とビオン（Bion, 1962）によって特徴づけられた類の過程の方にもっとあると見ている心理療法者のものとは，対照的かもしれない。その過程は無意識的空想の直接的な再演を伴っており，治療者はそれに巻き込まれるが，次いで治療者は包容（コンテインメント）と理解することを通じてそれを変形する。ここで心理療法者は，関係の中で起こっていると自分が考えることを，率直に定式化しようとするかもしれない。その結果患者は，介入を（何らかの関連する問題を検討しつつ，治療者と同盟している）「脇から」ではなく，生じている空想内部の位置から経験する。

　このような見方の相違は，私たちが自分自身の臨床の仕事および他の人たちのものを評価するのに役立つかもしれない。人が臨床記述を読んだり聞いたりするとき，治療者がどのような言動をしようと，展開したことはおおむねそのように展開したことだろうと想定するのは，容易なことである。また，自分自身の技法が他の治療者の記述しているものと一致している――もっとも，きっと幾らか改善している――と仮定することも容易である。そのような想定や仮定が正しいこともあるかもしれない。私は，そうでないことの方が多いと思っている。

　そういうことで，これから私はフロイトが『喪とメランコリー』で記述したことを例証するコンサルテーション面接に向かう。ただし患者は，彼が念頭に置いていた者たちよりも障害は軽度である。私は，加虐被虐的に彩られた関係性のパターンが，患者の内部ばかりでなく転移と逆転移における患者と治療者の間でも，いかに明白であるかを突き詰める。

■事例ヴィネット　J婦人

　私は，あるアセスメントのコンサルテーション面接の冒頭で生じた，一連の患者−治療者間のやりとりの詳細を記述して論じるつもりである。主として報告は，患者が言ったこと，それから私が言ったこと，等々，行なったり来たりについてである。この症例で私はいつになく，こうした始まりのやりとりの中で患者の私自身との関係について論評することをほぼ控えて，代わりにそのような解釈のための基盤を整えることを選んだ。引用と引用の間に挿入されているのは，起きていたことについての私の理解と，私の介入を範例とする治療的原理についての省察である。

　治療者と患者が互いに言ったことを私が詳しく報告できるのは，このコンサルテーション面接の始まりの段階が録画されていたからである。これは何年も前に行なわれた面談で，当時私は，自分のアセスメント面接を時折録画していた。実際，私の記憶が正しければ，これはそのような録画されたまさに最初の面接だった。以下の報告の短縮は，私の前著『思考の揺りかご』（The Cradle of Thought, Hobson, 2002）にも掲載されている。

　患者J婦人は，この最初のアセスメント面接に，時間通り到着した。私が握手を求めた時，その場面も録画されていた（当時，患者は〔受付を通さず〕直接私の部屋に来ていた）が，何か奇妙なことが起きた。どういうわけか――どうとは言えないが――私は平衡を崩したように感じた。それはあたかも，私はぎこちなくて不適切な身振りをしたかのようだった。これは愉快な経験ではなかった。しかし私はどうにか回復して席に着いた。

　私はいつもの仕方で面接を始め，自己紹介をして，私たちの持ち時間を伝え，それから沈黙した。J婦人は，私が起きつつあることも自分の注意の状態も心に留める間のないうちに，自分がなぜうつ状態になっているのか分からない，理由はないように思う，と単調に詳しく話し始めた。

　「……調子良く感じれば，つまり何でもする時は，私はいつもすべてのことを完璧にしておきたいタイプの人間です。調子良く感じて，職場で私がしなければならないことをする時は，それが何であっても……ええと，私が何でも取り組もうとする時，私はそうしても，それは私が望んでいるようではないと感じてしまいます。私が言っていることが分かりますか，分かりませんか？」

この抜粋は，延々と続いた独白の抽出物を代表している。J婦人は，ほとんど私の方を見ずに，ほぼ自分自身に向けて話していた。彼女が話すにつれて，私は気持ちが沈むようになった。J婦人は，自分についてのこの最初の表明の終わりに，突然目を上げて私を見ると，また逸らした。彼女は，言葉では自分の言っていることを私が分かっているかどうか尋ねていたが，彼女が私の言うかもしれないことに関心があることを示唆するものはほとんどなかった。私は，私が聞いていることを示し，この時点で私たちが来たと私の思うところを手短に述べるために，おそらく何かを言うべきだと感じた。
　苦労して言葉を探して私は，「あなたが伝えているのは……」と始めた。しかし，私がさらにその続きを言う前に，J婦人は遮った。
　「たとえば，私がこの書類整理をしなければならないとき，ええ，調子良く感じる時にはしますが，でも本当の満足はしません，つまり，それが私にできる精一杯です。それでたとえば，叔母が私に会いに来たら，私は彼女に言うでしょう，散らかり放題みたいだって。すると，彼女は私に言うんでしょう，細かすぎるのよって。まあ，私はそうです，私が何かするとき，私が大抵の人より上手くやることは，自分で知っています，私は大抵の人より細かすぎます，でも決して満足しないし，落ち込むと決してきちんと整えられないでしょうから，やろうとさえしません。何に対しても本当にそんなふうに感じるんです」
　この時点で間があった。私はすでに途方に暮れていた。私は何か役に立つことを言いたかったが，それが何なのかは分からなかった。J婦人自身は，助けを受けとる可能性に絶望しているように見えており，私は彼女が，私とコミュニケーションをしようとすることにほとんど意味がないと感じているのではないかと思った。私はこう言った。
　「あなたはそれを私に説明しようとしていても，伝えられるかどうか，かなり心配になっているようです」
　J婦人は溜め息をついて，紛れもなくおざなりに「えぇ」と言った。私はこれに応えて，そしていくらか絶望しつつ，次のように言い足すことで，自分の告げたことを生き返らせようとした。
　「そして十分な理由を言っているか，十分な程度に説明をしているかどうかに」
　J婦人の反応は，私が言ったことを無視し，まるで私が何も話さなかった

かのように続けることだった。

「私はどうやら，こんな自分を憎んでいるのだと思います．でもそのことをコントロールできません．私は本当に他の言いようが分かりません，とにかくこんななのです．お分かりでしょう，私は何をしても，決して満足しないのです」

長い間があった。Ｊ婦人が，私は何か言うだろうと期待していることを示すものはほとんどなかった。彼女は言いたいことを言ったように見え，次に起こるかもしれないことに，心配も興味もないようだった。

私は自分の思考をまとめようとした。私が理解の言葉を提供しようとすることは，ぎこちなくて役に立たないように思われていた。ここで私たちは重苦しく行き詰まっており，その行き詰まりから抜け出す見込みはほとんどなかった。

後になってから私は，もしも私が一次ケアの医師か多忙な一般精神科医だったならば，行動させる力には抗しがたかっただろう，と思った。私はＪ婦人の精神状態の現象学について系統的に質問することから始めていただろう──お具合について，もう少しお話しいただけますか，午前と午後で，調子がよかったり悪かったりしますか，睡眠はどうですか，何か興味が持てるものをお持ちですか，と──そしてそれから私は，処方箋用紙に手を伸ばしただろう。Ｊ婦人の状態を改善するかもしれない（単に，かもしれないである）何かを彼女に与えたならば，安堵したことだろう。おそらくもっと重要なのは，私が薬を処方していたならば，それで私は彼女に出口のドアを示すことが許されていたということである。私は彼女の堪えがたい困難を取り扱う必要が，３週間後のフォローアップ面接の予約までなかったことだろう。

そうすると，こうした状況下では，当てはまるかもしれない精神医学的な正当化は別にして，薬を処方することは多くの情動的な欲求を満たしたことだろう。第一に，私は何かを提供し，Ｊ婦人は何かを受け取ったということになっただろう。結局のところ，Ｊ婦人は求めるものがあって来ており，助けを期待していた。第二に，私は自分ができることに失敗したか不十分だった，とすぐにも感じる見通しを，避けられていたことだろう。第三に，私は自分のＪ婦人に対する敵意の意識を，脇に逸らしていたことだろう。同時に，私はその敵意を，彼女を遮り「彼女を良くする」何かを持たせて帰宅させることで表していたことだろう。

その代わりに，私は心理療法者としての自分の仕事がこれからの1時間半を，何が起きていてそれが何を意味する可能性があるのかを測りながら，J婦人と同席しつつ生き延びるために最善を尽くすことだと分かっていた。おそらく非常に重要なのは，行動がJ婦人によって誘導された役割をそのまま生きることを意味する限りで，私は行動を控えなければならないことだった。
　そうすると，私が目下行動しないことは，J婦人に「話すのを止めている」のではなかった。私は理解を妨げる可能性のある，無用な行動を避ける必要があった。私は考える必要があった。
　その時私は，思いつくことがあった。私がJ婦人の，私とのコミュニケーションについての不安に触れたとき，それを言った瞬間には，私の言ったことはJ婦人には本当らしく聞こえなかった。だがそれは，**私**が感じていたこととしては本当だった。**私**は何らかの役に立つことを伝えられるだろうかどうかと心配し，**私**は十分な理由を提示したり十分な程度に説明したりできないだろうと感じた。私はこう感じたばかりでなく，私の解釈の話し方と内容の両方で，私の感じたことを表現した。私は自分に明らかになった自分自身の振る舞いと構えを内省することによって，J婦人について重要な何かを理解するようになった。
　私がこの時点で把握していたのは，この関係において誰かが不安であると同時に，何か価値のあることを考えださなければならないという圧力によって，脅かされていることだった。
　更に1回か2回たどたどしいやり取りをして，J婦人が他に何を言えばいいのかわからないと言った後，私はこう述べた。「あなたが伝えているのは，完璧さそのものを必要とする何かが，あなたの中にあることです」
　この指摘の主眼点は，J婦人が強調していた論点を取り上げることだった。それはJ婦人の自己批判にとって重要だったようだが，まさにその瞬間に私との関係で起きていたことに関連するものでもあった。
　この介入の他のいくつかの特徴について，述べておく価値があるかもしれない。私が言ったことは質問ではなく，声明の形を取っていた。私は，自分が話している瞬間に起きていることを捉えようとしていた。私は自分が述べたことのかなり良い証拠を，J婦人が自分は満足していないと繰り返し主張する中に持っていた。このことは，私の逆転移，特に何か言うときの私自身の慄きと符合していた。それに加えてもちろん，私の声明は私がJ婦人の知

らせていることに傾聴しそれを理解しようとしていることを伝えた。私はコミュニケーションを舞台の中央に据えていた。

　私には別の狙いもあった。誰かが自己批判をしながらやって来るとき，同情することは難しくない。私たちは批判されている者としての人に同一化しがちである。私たちは，その人をもっと自分に自信を持ち，「否定的認知」を過小評価するように励ましたく思うかもしれない。しかしながら，フロイトが明らかにしたように，私たちは批判する者としての人にも，取り組む必要がある。J婦人の場合，私は彼女がその一部において，積極的に批判的で不満足であることに注意を向け始める必要があった。

　そこで私は介入した。J婦人はどう反応しただろうか。溜め息で。J婦人は単調な話を再開した。

　「私にはよく分かりません，子どもの頃からそうで，学校に行くために自分の物を準備するようなこととかさえ，祖母が私のためにしてくれましたが，私は自分でするほうが好きでした，なぜなら誰も私のやり方ではできないと感じていたからです，思うに，始まったのが（間）私が（間）どうだったか分かりません（間）まえからそんなふうで・・私が学校に行なっていた時，私はすべてが完璧なのがとにかく好きで，誰も私の仕方ではできなかったのを覚えています，私は自分でしたかったのです。私はその辺りからとにかくどんどんそうなったのだと思います」

　私は言った。「だから，追加されたものがありますね。あなたは，物事を十分にうまくできないというだけでなく，それ以前からさえ，学校で，他の誰も十分にうまくできない，あなただけが学校の準備や他の事で完璧さに近づける，という気持ちがあったのですね」

　ここで私は，J婦人が言っていたことの要点を単に繰り返そうとしていた。まあ，ただ単に，ではなかった。私は実状を，拡張すると同時に明確にしていた。拡張とは，子どもの頃からJ婦人の短気と厳しさが，助けようとするどんな人に対しても向けられてきたことだった。明確化とは，彼女そして彼女のみが，何かをすることを許されていたことだった——私が直に見出しつつあったように。

　私の言明に対するJ婦人の反応は，また溜め息をつくことだった。彼女は，私の言ったことは無駄な言葉だと伝えていた。それでも同時に，**彼女が話をまた始めたとき**——つまり，私が何かをしているのではなく彼女がしている

時——，彼女はよく似た考えを表現しているようだった。

「ええ，それはただ……本当に学校でではなくて，ただ……私はその一例を挙げただけです……私が何かの準備をしていたときや，どこかに行く場合の。私は小さい頃でさえ，自分ですることを選びました，なぜなら，私は誰も私の仕方ではできないと考えたからです」

この頃には私は，私がJ婦人について何を言うにしても，先導しないように非常に注意しなければならないことに気づいた。私がどんな洞察をしようと，それは考えられるよりもむしろ却下されるだろう。私には価値のある何かを提供するようにという圧力があったが，考えを提示することさえ危険があった。問題は，私がその結果に苦しまなければならないだろうということではなかった——それは，私が支払いを受けているものである。むしろ，私がJ婦人の台本の中の私の役割を，そのまま生きてしまうだろうということだった。それは彼女が考えるのを助けることにも，私たちを前進させることにもならないだろう。

従ってJ婦人が，こういうこと全ては小さい頃に始まったのかもしれないという考えに戻ったとき，私は彼女の先導に従うことを断固として避けた。

私は，「あなたは私に尋ねていますね」と言った。

J婦人は何か呟いた。

私は，「あなたは自問したのかと思います」と言った。彼女は，「ええ，それはそうだったと思います。それが始まったと思うのは……」と言った。

私は，J婦人にある本物の内省への重要な移り変わりと思われるものを確保しようとして，その問題を徹底的に追及した。「私は，あなた自身が本当にそう思っているのだろうかと思いますが……」

ためらいの後J婦人は，納得させ心を動かす仕方で言った。

「ああ，私が想って……それはこうだと……まあ，私が小さい頃，祖母はいつも……私が何をしても，決して正しくなく，祖母はいつも……まあ，まさにそれです，一言で言えば。私が何をしても，決して正しくないし，決して十分に良くもなければ，なにか，分かりません……まあ，とにかく，私が何をしてもそれは決して正しくなかったのです。私は何も正しく行なえませんでした。それは私が1番年上で，祖母はいつも私に八つ当たりしたからでしょう。もしかすると，彼女はそんなつもりではなかったかも……彼女はただ自分の人生に不満だったのです」

J婦人がこれまでに心理療法者と接触したり，精神分析の文献を読んでいたりした可能性は，非常に低い。この最後の叙述には真実味があり，私はJ婦人の自分自身と自分の諸々の関係との永続的な苦闘に，心から共感した。

　私はJ婦人の子ども時代に，何が実際に起きたかを知らないけれども，彼女が述べたことはおそらく正確だっただろうと信じている。私が直に，それゆえに自信を持って知ったのは，彼女が他の誰かと築きがちな，満たされず満たさせない類の関係だった。私は，前の医者たちがなぜ援助の試みに失敗して憤慨するようになったのが分かった。彼女が私とそのままに生きていた関係には，彼女が面接開始時の最初に述べていた，彼女自身に対する関係と全く同じのパターンがあった。
　このヴィネットで私たちは，コンサルテーション面接のごく最初の段階で，どのようにJ婦人の困難にとって極めて重要なものが単に述べられているばかりでなく，そのまま生きられているかを見ることができる。私たちは，（おそらく）子どもと祖母との関係性という対人的布置だったものが，どのようにその子どもの心の中の精神内界の布置になったかを辿ることもできる。それは大人になった子どもの心の中に，今なお容易に認められる。そのパターンは治療的なコンサルテーション面接の中で，J婦人の自分自身との関係の中ばかりでなく，治療者である私との関係においてもそのまま生きられた。今や治療者が，他の誰かを満たそうと格闘してできないでいる，この大人でもある子どもの感情を経験しなければならなかった。治療者として私は，前の医者たちと同じく，自分がどれほど容易に満たされず挫折感を抱いている，権力を振るう人物の立場にいることになりうるかも理解した。
　最初の握手に戻りたい。ウィリアム・ブレイクは，1粒の砂に世界を見ることを著した。もしもコンサルテーション面接の最初の数分間が1粒の砂であるなら，最初の十秒間はほとんど顕微鏡でしか見えない粒子である。にもかかわらず，面会のそうした最初の数秒に含まれていたのは，J婦人についての中核的な真実だった。
　私はセッションの録画テープの最初の30秒に立ち返った。私がそこに見出したのは，私の主観的経験において逆転移として心に刻んだことの，振る舞い上の表出だった。J婦人が部屋に入ってきた時，私は自己紹介をしながら手を差し出した。J婦人は，彼女の手を前に伸ばすことで応えた。それから私たち

2人の手が触れ合う寸前に，彼女はほんの少し手を引っ込めた。それは私に，微かにだが地震並の衝撃を引き起こすのに十分だった。その瞬間の私の感情は，後に続いた出来事において著しく特異的に，J婦人が述べることになっている諸感情へと対応することになり，私たち2人がそのままを生きることへとなっていった。

最終的な省察

　J婦人についての私の報告には，逐語記録の引用と論評が混ざっている。主に，論評は私の逆転移についての記述と内省から成っている。ここで私は，私たちの相互作用が展開するにつれて私が患者に関して感じたことを捉えて，伝えようとした。私の報告の狙いは，私が打ち明けて心の重荷を下ろすことではなく——時にはセッションの後に，患者が押し入れた感情を押し出す方法を見つける必要はあるけれども——むしろ，どのように私の経験は，患者がコンサルテーション面接の中で実演していたことを反映したかを，吟味するためである。

　人が自分の「中に投影された」感情に巻き込まれている**とも**，何となくかき立てられ影響を受けている**とも**感じることは，そうした感情を投影されることの，特徴的だが変わりやすい特性である。それらの感情は，部分的にしか自分自身のものに感じられない。そしてそれは正しい。それらは，一部は自分に属し，一部は患者に属する。

　J婦人に感じたことの1つは，役割が逆転しやすいことだった。私は，焦れて撥ねつける衝動が自分の内にあることを認識した。コンサルテーション面接の間に，私は最善の努力にもかかわらず，その衝動に部分的に従った瞬間があったかもしれない。私が，動揺し，恥にさえ感じる考えを考えたことは，非常にありそうだった。患者が自分自身に対して加虐的になっていると，人はそれに反応して被虐的か加虐的になりやすい。

　私は，自分が攻撃的でも受身的な服従でもない構えを維持できるように，自分の態度を変更する際の自制と気配りを，自意識過剰なほど意識していた。だがそのような中立性は，達成された限りで，私の情動状態の一面に過ぎないことは言うまでもない。J婦人は私に強く影響した。

　私たち心理療法者は，伝えられることに，押されたり引かれたり，引き込ま

れたり締め出されたり，持ち上げられたり貶されたり，糞を垂らされたり養われたりと，その他あらゆるやり方に身を晒している。私たちは目的があってそうしている。私は自分の仕事を，私自身のJ婦人との関係に結びつけながら切り取った。それは，何が起きているのかを理解することと，適切な介入を行なうことの両方のためである。

　これは，間主観的な関わりが何を意味するのかについて，私が与えた最も詳細な報告である。起きたことを順に話す際に，逐語記録があったことは，安心させると同時に助けになった。それでも，私が逐語記録を持参する訓練生と，最大限の努力で「彼女が言った，私が言った」という報告を伝えようとセッションを順に話す訓練生の，どちらのスーパーバイズを選ぶか尋ねられたら，私は後者を選ぶだろう。もちろん，そのような報告は選択されたものである。それでも，選択されたものを訓練生が自分の姿勢を患者に伝える仕方——それはしばしば暗に含まれており，訓練生が言語的なやりとりについて報告することの中に捉えられている——を組み合わせるとき，患者がどう機能していて，治療者はどう巻き込まれつつあるかを見分ける良い機会がある。本章で私が，J婦人とのコンサルテーション面接の開始時について自然のままに報告していたら，同じだけ伝えていただろうと思う。

第 IV 部

特別な領域

　第IV部では，コンサルテーション面接が特別な特徴を帯びて特別な洞察を生み出す，外傷を経験している患者や際立って問題の多い患者に関わるときを，取り上げる。

第8章
外傷(トラウマ)

ジョアン・スタブリー (*Joanne Stubley*)

　この章における私の狙いは2つある。第一に，短い継続的なコンサルテーション面接は，外傷を訴えてやってくる人にとって，どう価値がありうるかを考察する。第二に，外傷の心理学的影響が，心の働きについての洞察をどのように生むかを論じる。そのような洞察は，外傷を受けた患者とのものに限らない治療作業に関連している。

　私は臨床の記述から始めるが，これはコンサルテーション面接を求めて来た人についてではない。

ある人の外傷の物語

　ある若い大学生が，パーティから自宅まで歩いて帰る途中，公園を通り抜けたところで，残忍な方法で強姦される。それからの何週間かに，別の2人の女性も同様の手口で襲われるが，彼女らは犯人の手にかかって命を落とす。その大学生は，悪夢・フラッシュバック・睡眠困難・友人と家族からの孤立感や疎隔感・情動の麻痺そして引きこもりという形で外傷後のストレス反応を経験する。

　学生は授業に戻ることができず，退学して実家に帰る。そこでも彼女は，自分の体験を話しにくいと感じる。彼女は，家族の中で無意味な議論や言い争いに巻き込まれると感じる。彼女は元の交際相手と別れ，旧友の多くが去って行くのを見る。やっとのことで彼女は，自分の人生を元通りに再開し，別の街で大学に通い始める。

私たちが関わる限りでは，これで物語は終わりだったかもしれない。しかしその若い女性は，創作を専攻していた。やがて彼女は，『ラッキー（Lucky）』と呼ばれる，自分の経験の自叙伝的な報告を書いた。それは悲惨で，時に心をかき乱す物語である（Sebold, 1999）。その物語は私たちに，この種の外傷的な経験がどのようなものでありうるかの詳細な描写を提供し，外傷的な経験が個人の人生に持ちうる影響を明らかにしてもいる。
　再び物語はここで終わりだったかもしれないが，この女性，アリス・シーボルド（Alice Sebold）にとってはそうではなく，彼女は創作を続け，『ラブリー・ボーン（The Lovely Bones）』（2003）という題の小説を書いた。この本は，スージーという14歳の少女が，トウモロコシ畑で強姦され，殺されるところから幕を開ける。物語は天国にいるスージーの視点から語られ，悲しみに打ちひしがれた家族と友人が，喪失の現実と闘う様子を見つめている。私たちは，その外傷が彼らにとって何を意味したかを，家族の過去と現在の生活を背景として理解するようになる。私たちは信じられないほどの密接感で，被害者・遺族・殺人者の考えや感情への洞察を与えられる。
　最も印象的なのは，本が持っている生命と希望である。読者は，外傷・喪失・死別の性質に対する，著者の深い理解を感じる。シーボルトは，登場人物たちが人生でそのような出来事を抱えて生きていくように，自分なりの道を見出すようになるのを，私たちが彼らとともに旅して行くことを可能にしている。
　スージーが行く天国と現世との狭間は複雑であり，特に私たちが深い悲しみには何が伴うかを探究する助けとなる点で，非常に興味深い。

　　わたしは，そのころから「天国」という言葉が何を意味するのかを考えはじめるようになった。そこがもし天国で，本当の意味で「天国」なら，そこには私のおじいちゃまやおばあちゃまも住んでいるはずだと考えるようになっていた。その中でも特にお気に入りのパパのお父さんがいて，わたしを抱えあげたり，いっしょに踊ってくれたりするところなんじゃないかって。そこは，喜びに満ちあふれているだけの場所で，過去の思い出やトウモロコシ畑やお墓なんかが出てくる場所じゃないんじゃないかって。
　　「そういう場所にすることもできるのよ」と，フラニーが教えてくれた。「多くの人は，そうしているわ」
　　「どうやったら，この場所をそんなふうにできるの？」

「あなたが思っているほど，簡単ではないのよね」と，彼女が言う。「答えを求め続けるのをやめないといけない，そういうこと」
「わからないわ」
「誰か他の人じゃなくて，なんで自分が殺されてしまったのかということや，あなたがいなくなってしまった空白を確認しつづけるとか，地上に残された人たちがどう感じているかなんてことを考えるとか，そういったことを全部やめるの」と，彼女は言う。「そうすれば自由になれる。簡単に言えば，地上のことを，全部あきらめなきゃだめっていうこと」
そんなこと，わたしには絶対に無理だと思った。[Sebold, 2003, p.120。イシイシノブ訳『ラブリー・ボーン』pp.180-1，ヴィレッジブックス]

私たちは，家族のそれぞれが年月を掛けて，自分の深い悲しみとどう折り合いをつけていくかが分かるようになる。スージーの母は，第1子を身ごもったとき相反する愛憎感情への罪悪感で一杯で，家族から離れて情事を始め，1人で暮らして奉公人の仕事をするために転居する。妹のリンジーは，青年期に入るにつれて自分の人生の意味を理解しようと悪戦苦闘し，時には耐え難い現実に心を硬化させるが，ゆっくりと世界の中に新しい愛着対象と美しい瞬間を見出していく。1番下の男の子は，姉の喪失と続く母の喪失の間で動きがとれずにいる。スージーはそれについて私たちに，こう述べている。

「宇宙一強靭な金属でできた骨格を持ち，どんな怪我でも一晩で治ってしまう能力をもったX-メンの一人，ウルヴァリンになることを彼は夢みていた。そして本当に何もすることがなくなると，バックリーはわたしのことを思い出した。わたしの声を思い出し，今にもわたしが家から飛びだしてきて，彼の作った砦の屋根を叩き，中に入れなさいと詰め寄ってくる様子を思い描いていた。……少しでも寂しくなったり，悲しくなったりすれば，彼は小さな少年ではなく，ずっと強い誰かになりきって，それをやり過ごした。一瞬にして心を石のように硬くする術を覚え，それを繰り返して彼は大きくなっていった」[p.217，邦訳pp.318-9]

重要な主題

この章の主立った主題を列挙することから始めよう。

意味の中心的役割

人は外傷的な出来事の意味を，自分の人生の文脈の中でどう理解するだろうか。私たちのほとんどにとって人生は，ここが歩く地面であり，毎朝起床しこの空気を吸い，言葉を話しこの人生を生きていくとはこういうことだ，と知ることに費やされる。外傷は，これらすべての意味に異議を申し立て，変えてしまう。

外傷的な出来事がある個人にとって持ついくつかの意味の中でも，無意識の水準で確立したものは，最も重要である。外傷の経験はしばしば，その人の人生のより早期の，特に以前の関係の中で重要だった経験と結びつく。

治療的な観点からすると，外傷的な出来事に，しばしば無意識的な水準で付与されてきた意味を理解することは，きわめて重要である。それによって，治療での出会いの中で起きるかもしれないことを予測できるばかりでなく，何が回復を妨げてきたかについて知ることができる。

言葉の重要性

外傷に直面すると，私たちの象徴化する能力，特に自分の経験・思考そして感情を叙述するために言葉を用いる能力は阻害される。言葉がもはや利用できないとき，行動に移す圧力がある。行動には多くの形がありうるが，1つ重要なのは，何らかの形での外傷的な経験の反復へと推し進めることである。フロイト（1920g）はこれを「反復強迫」と記述した。

外傷の再演において，外傷を受けた患者は，その外傷的な出来事に含まれるさまざまな人物や要素に同一化する可能性がある。この過程は，その人の困難の形式ばかりでなく，精神分析的なコンサルテーション面接および治療での振る舞いも決定する可能性がある。

喪失と喪

あらゆる外傷には喪失が伴うものであり，喪失は喪を要する。

喪の仕事を行なうのは，この上なく苦痛で骨の折れることである。このこと

を見事に捉えていたのはスージーによる弟の，苦痛に対して自分を防衛したいという願望が強まったり弱まったりするのに応じて，喪失の現実に触れたり遠ざかったりする能力の記述だった。心を石のように。

喪が可能ではないとき，回復——人生を前向きに生きる能力——は妨げられる。その代わりに，さまざまな病理的状態が，そのいくつかは外傷的な出来事から生じた同一化を基盤として，その人に進み続ける仕方を提供するようである。

回復の過程

外傷の後で，人はどのように人生を前向きに生きるのだろうか。これはよくある文学の関心事である。私たちはみな，次に何が起こるのか——地震の後・殺人の後・強姦の後・テロリストの攻撃の後に——を知りたいと思うものだから，当然のことである。

回復という言葉は，誤解を招く。そこには，何かが再び得られる・再び見出されるという含みがある。外傷的な出来事の後，人生は決して再び同じではない。正常に戻りたいという願望は，非常に強い誘惑的な力を伴う空想である。回復されうるのは，人生のみである——それが破滅的な出来事の後に，どのような形を採ろうと。

外傷に対するコンサルテーション面接

〈外傷とその余波の研究のためのユニット〉は，キャロライン・ガーランド（Caroline Garland）とタヴィストック・クリニックの同僚らのグループによって，1986年のヘラルド・オブ・フリーエンタープライズ号の転覆事故の直後に創設された。そのユニットは，精神分析的な理論を外傷のサバイバーたちとの作業に臨床適用しながら発展してきたものであり，そこには，キングス・クロス駅での火災，ハンガーフォードでの虐殺事件，ヒルズボロ・フットボール・スタジアムでの悲劇，パディントン列車事故，9・11アメリカ同時多発テロ事件，2004年のスマトラ島沖地震といった社会的災害に遭遇した人々が含まれている。私たちがユニットで出会った多くの患者は，強姦・暴行・大切な人が被害者となった殺人・交通事故などの出来事に直面した経験をもつ。大多数は，外傷後，数カ月，時には数年さえ経った，ショックと無力感という最初の段階が

遠のきしばらくしてからやってくる。

　私たちは経験を積み重ね，短期の，原則的に4回のセッションでコンサルテーション面接を行なうという考えに基づく作業モデルを作り出した。各セッションは90分間で，通常は2週間から3週間の間隔をあける。

　この取り決めは，修正される必要があるかもしれない。近年では私たちは，中東や南アメリカで自国の政府から拷問や外傷を受けた個人のみならず，戦争で破壊された東ヨーロッパやアフリカの国々からの外傷を受けた難民に会うことが，増え続けている。これらの人々の外傷的な体験の多くは，より慢性的で反復され維持されてきた性質をもっている。このような場合，私たちが間歇的治療と述べる，より長い期間に行なう修正をしたアプローチの方が，適切であることが多い。

　私たちは，コンサルテーション面接と心理療法のアセスメントとを区別している。これらの患者は，治療のために紹介されてはいない。彼らは，助けを得るためにユニットに送られたのであり，そのニーズは，手に入る支援を用いても回復できなかった，外的な外傷的な出来事によって生みだされている。私たちの短い接触の目標は，回復を妨げているものを突き止め，可能ならば，患者に自分が持っている資質を活用し始める機会を与えることである。

　私たちは，特に亡命者や難民にとって，住まい・経済面・移住資格のような実際的な問題に対応する必要性を承知している。また，柔軟である必要性も認識している。もし，侵入症状が顕著であれば，外傷を焦点とした認知行動療法を提供するかもしれない。メンタライゼーションに基づいたアプローチが役に立ちそうであれば，私たちはそれを考慮する。コンサルテーション面接の後に，集団療法がその特定の患者にとっては合っていると感じるかもしれない。しかしここでは，精神分析に基づいた私たちの治療作業に焦点を当てるつもりである。後に続く考察を枠づけするために，私たちが「外傷」で何を意味しているかを考えるところから始める。

記述精神医学によるアプローチ

　おそらく，心的外傷後ストレス障害（PTSD；post-traumatic stress disorder）として知られているものの特徴を述べることは役に立つだろう。PTSDは，実際にまたは危うく死ぬまたは重症を負うような外傷的な出来事，あるいは自

分または他人の身体の保全に迫る危険の後に発症する。精神医学上の基準では，出来事が起こった際に，その人が強い恐怖，無力感または戦慄を経験したことが必要となる。外傷的な出来事には，身体的・心理的・性的暴力，テロ攻撃と戦争，ドメスティック・バイオレンス，他人に対する暴力の目撃，事故と自然災害が含まれる。おおよそ50％の人が，生涯で少なくとも1回は外傷的な出来事に曝される。サバイバーのうち，おおよそ8％の人がPTSDを発症する。症状には，再経験，外傷と関連した回避・麻痺および覚醒亢進が含まれる。それらは通常，出来事から3カ月以内に始まるが，時には何年も経過してから現れることもある。PTSD患者には，一般人口と比較して6倍以上の自殺企図がみられる。

　PTSDを他の2つの状態から区別することには意味がある。第一は「複雑性外傷（complex trauma）」（Herman, 1992）であり，それは長期にわたる反復性の外傷によって生じる。これは，PTSD症状だけではなく，解離・身体化・再犠牲者化・情緒調節障害，アイデンティティの乱れを招くおそれがある。また，ハーマンは，外傷的な経験には多くの場合，隷属や罠に陥った既往があることを強調した。

　第二は，発達性外傷障害（developmental trauma disorder）（van der Kolk, 2005）であり，それは心と脳の発達に広範囲で影響を与える子ども時代の，長期にわたる反復性の外傷経験を反映する。子どもが感覚的・情緒的・認知的な情報を包括的な全体像へと統合する能力は，影響を被る。

　ここまでの説明によって外傷による厄介な影響が要約されているとして，私たちはその影響の源と性質をどう理解するだろうか。

精神分析的な視点

　フロイト（1920g）は「快原理の彼岸」で，外傷を，生命の危険と結びつく衝撃的な出来事を生き延びていく人に生じる，心の動揺であると記述した。この論文と後の仕事でフロイトは，無防備のまま危険に襲われ驚愕に陥った犠牲者が，初めは恐怖反応を示し，無力感を経験することを強調した（1926d [1925]）。彼は，何らかの形で外傷を反復することによってこの出来事を扱おうとする試みについても述べた。そのように新しく外傷を起こすことで，人はそれを突然どこからともなく現れるものではなく自分が始めることができて，

その犠牲者であるよりもむしろ，起きることに勝利するかもしれない。フロイトは，身体的な怪我があった場合には，外傷は生じにくいことを観察した。怪我は，その経験に伴う「過剰な興奮量」を拘束すると考えられた。怪我がない場合，人は起きた出来事を同化するのをより難しく感じる可能性がある。

　フロイトは外傷を，心の装置を包む刺激保護障壁（protective shield）の貫通と定義した。これによって情動の氾濫が起こり，心を圧倒されることから保護する通常の弁別過程は失われる。外傷を受けた人は，外傷的な出来事そのものによる過度の刺激に加え，圧倒的な内的不安と衝撃に直面する。ガーランド（Garland, 1998）はフロイトが描いたイメージを練り上げ，それまでに確立してきた防衛の破綻として外傷を記述した。それらの防衛は，出来事の強さ・原始的な恐怖の放出そして続く既存の心的構造の混乱と解体に対処するには不十分であることが明らかとなり，パーソナリティには長期にわたる影響が残る。

　ガーランドは，外傷に対する反応には2つの段階があると述べている。第1段階は，フロイトが心の障壁の破綻として記述したものに等しい。この段階は，精神的打撃と心の機能の解体によって特徴づけられる。それは私たちがテレビ画面で見るような，驚き・恐怖・無力感・混乱に満ちたサバイバーの表情に現れる。この段階は数時間あるいは何日も続くことがある。

　第2段階には2つの構成要素がある。外傷的な経験は，早期の不安を強く呼び起こす。しばしばこの不安には，畏怖・恐怖・迫害・ばらばらになることが含まれる。世界のあらゆる良いものが失われ，保護され愛される期待もなくなったと感じられるかもしれない。時が経つに従って，心はそうした経験を，すでに知っていることによって意味づけようとする。フロイトが拘束（binding）と呼んだ過程を通して，外傷は，過去に根ざした心を掻き乱す出来事や困難な関係と結びつけられるようになる。

　だから無力感は，外傷と直ちに起こる余波にとって中心的な位置を占めている。この経験を心から追い払うために，強い衝動（the urge）が，また切迫（urgency）がある。

原始的な意味

　原始的不安は，外傷によって再び覚醒させられる。外傷的な出来事は，自分に起きたことに対して責任のある誰かか，何かという作用主体のせいにされる。

第 8 章　外傷（トラウマ）　|　*163*

その結果，悪意のある力によって迫害されたと強く感じる。なぜ，誰かが私をこんな目に遭わせるのか？　と。それとともに，傷つけられることから守ってくれたり，そのようなことが起きるのを防いでくれたりする良いものへの信頼は，打ち砕かれる。意味と道理は失われている。

　クライン（1946）による心の早期乳幼児的状態についての記述は，外傷を受けた患者が用いる防衛ばかりでなく，彼らが直面している不安を理解するのに役立つ。外傷は，早期乳幼児期の妄想分裂ポジションに由来する非常に強い乳幼児的不安の再活性化を起こす（第10章を参照）。シーガル（Segal, 1957）が述べたように，私たちは自分自身の内部に「ポケット状の脆弱な部分」をもっており，それは発達上の外傷の時期やワークスルーされていない不十分な包容（コンテインメント）を表す，原始的な機能が密封保存された領域である。これらのポケットは外傷によって開かれ，長年遠ざけてきた強力で原始的な不安が心に殺到してしまう。患者は怯えと怖れに圧倒され，解体と死の不安が支配する。最悪の乳幼児的な恐怖が，現実化する。

　通常の発達過程では，乳幼児はそのような耐え難い不安に対し，自らの感情と経験を，「とても良い」と「とても悪い」という，まだ扱いやすいカテゴリーへと分裂させることで対処しようとする。耐え難いものは分裂排除され，投影同一化によって他者の心の中に排出される。世界のもっとまとまった見方は，ゆっくりとしか成し遂げられないだろう。

　外傷を受けた心は，組織化と意味を見出そうとする。外傷によって非常に強力に再び覚醒させられた妄想分裂ポジション由来の乳幼児的経験と関係は，出来事自体と結びつけられる。その出来事は，無意識の水準において或る特定の関係として理解されるようになる。それは，人生早期の最も脅威である面を確証する。このようにその出来事は，不安と恐怖を呼び起こす早期の関係の雛型に従って，認識しうる何かへと変形される。少なくともこれは知っている――私はかつてここに来たことがある，というように。

　コンサルテーション面接での転移と逆転移を綿密に観察することを通じて，治療者はそのようにして作られてきた無意識的な結びつきに気づくことができるようになる。過去の関係は現在の外傷に無意識的な意味を付与し，それらの関係の諸側面を，転移の中で反復強迫の一部として複製する強い欲求がある。行為と再演の欲求が特に強いのは，患者の象徴能力が損なわれているからである。外傷をもつ犠牲者には，言語的な記憶を用いること，起きたことを理解す

るための自分の人生の物語を紡ぐこと，その意味について考えることは，他の患者たちより困難である。その代わりに用いることができるのは，さまざまな形態の行為だけである。

言　葉

　このことは私たちを，言葉の重要性へと向かわせる。外傷は，象徴を用いる能力を混乱に陥れる。人は，考える場である想像力のための空間を失う。現実が私たちの万能的な願望や原始的な不安と衝突する時，想像力と外的現実の間の空間は崩れて失われる。人はもはや，実際に起こっていることとは違うものとして何かを想像できるとは信じない。このようにして，思考は出来事の手先となり，記憶は出来事そのものである。このことは，なぜサバイバーが外傷的な出来事を再経験し，フラッシュバックに悩まされるのかの説明し始めている。象徴機能の喪失とともに，いくつかの言葉が，その価値と意味を剥がされた役割を引き受けることがありうる。それらは象徴等価物）になる―すなわち，言葉は，それらが表象するとされているものと等価となる。ある新聞記事によると，2005年に起きたロンドン同時爆破テロ事件の女性サバイバーは，いくつかの言葉を話すことができず，それは，そもそもの外傷にされたのと同じように，それらの言葉が文字通り彼女の肉体を引き裂くように感じられるからだと語った。

喪失と喪

　すべての外傷は，何らかの喪失を伴う。これらの喪失のうち，いくつかは他のものに比べて分かりやすく理解しやすい。たとえば，外傷以前の健康状態の喪失，友人や愛する人の喪失，ある特定の生活様式の喪失，希望の喪失，アイデンティティの喪失，感情の喪失。それより目立たない喪失には，死すべき運命と向き合うときの，特定の世界観の放棄が含まれる。人が，攻撃のための自分の潜在能力を認めて，人間の破壊性の強さに直面しなければならないならば，自分と人類の未来像を失うかもしれない。

　フロイトの古典的な論文「喪とメランコリー」（1917e［1915］）は，喪失とその結果について理解するための基礎として役立つ。愛する人を失った後の喪

の仕事は，喪失という現実の受容と，その人へのあらゆる愛着の撤収を伴う。この仕事はゆっくりで痛みのある性質のものであり，記憶と期待を1つ1つ吟味し，現実を認める必要がある。フロイトは喪の仕事を，人（対象）から備給（リビドー）を引き離すことだと見なした。補足的な見方をすると，喪では，投影同一化を通して他の誰かに投影されていた自分自身の部分を回収する必要がある。言い換えれば，人は他の人の中に置いたものを自分のものにする必要がある。したがって，喪失という現実を認めることは，自己と他者の間の分化を達成することと，緊密な関連がありえる。このそれぞれが，喪が進むのには重要であるだろう。

　喪の仕事を行なうのを非常に難しくさせ，そのことで回復を邪魔したりできなくしたりする多くの因子がある。考慮すべき因子の中には，人生のきわめて早期における主に世話をしてくれた人との経験，特に包容（コンテインメント）もしくはそうではない経験，外傷が起きた際の心的発達段階（過去と現在両方での），外傷的な出来事の性質，罪責感，その人の両価性と敵意の程度がある。

　喪失から回復するためには，喪の過程をワークスルーする必要がある。喪を行なわなければ，現実との不安定な接触が続く。代わりに，時間が止まったまま，過去は現在となり現在は過去となる，一種の私秘的な現実が存在する。それは喪が脅かす圧倒的な痛み・罪責感・憤怒・悲しみからの，心的な退避である。

　罪責感があるところには，象徴的関係や実際の関係での償い（reparation）が必要である。外傷を受けた患者には，起こりうる罪責感の程度によっては，より困難になる。外傷の重症度が高いと，修正しようがないと感じられるほどかもしれない。また，自分には物事を正すための内的・外的な能力が不十分だと感じるかもしれない。さらには，フロイト（1915b）が「戦争と死についての時評」で記述しているように，愛する人の死は，彼がサバイバーの罪責感と呼んだ特殊な形の罪責感を引き起こす。これは，あらゆる愛する人との関係は，愛と憎しみの両価感情を含むという考えに基づく。ごくわずかの憎しみでさえ，単に無意識的にであっても，他者の死に対する勝利感に通じる。なぜならそれは，あたかもライバルや敵の死のように経験されるからである。他人が亡くなった出来事で自分が生き残った時には，罪責感が顕著な特徴となる。

　フロイトが記述したように，人は亡くなったり傷ついたりした人たちおよび内的対象に同一化することによって，罪責感を避けようとするかもしれない。

もし，あらゆる楽しみや生き生きとしたものを諦めて，人生を放棄するならば，喪の心的な痛みを避けられるかもしれない。あるいはその代わりに，永続的な被害者の状態を引き受けて，攻撃性は他者に属し他者の中で掻き立てられるとすることによって，自分自身の攻撃性と敵意から目をそむけるかもしれない。もしも，自己自身のこれらの部分を取り戻せなくなるのならば，喪は不可能であり，その人は犠牲者状態を永続化させる外的な再演に，巻き込まれがちなままとなる。

外傷的な経験による難題の解決への障害は，他にもある。自分に対して苦痛で不快なことがなされたと感じる時，その原因と感じられる人に同一化する自然な引力がある。人は攻撃者に同一化すると，無力な犠牲者ではなく行為の主体となり，復讐への扉が開く。

これらすべてに加えて，私たちがすでに見てきたように，外傷を受けた患者は，外傷自体の領域においてのみにせよ，象徴化のための能力に限界がある。このためにその人は，感じていることを記述する言葉を見出したり，何が起きたのかを理解したり，それを自分自身の語りに組み入れたりすることが困難となる。私は，アリス・シーボルド（Alice Sebold）が自分の経験を記述するための言葉を見出そうと努力したことは，彼女の創造的な小説の，癒し償う性質に寄与したと信じている。

治　療

キャロライン・ガーランド（Caroline Garland, 2005）は，次のように書いている。

　治療は，理解しようとする誰かに聴いてもらっているという感覚から始まる。もしも治療者が患者に起きた出来事を，それによって完全には圧倒されずに，その重大さを少しでも，内的にも外的にも受け入れることができるならば，もう１度意味のある世界を再構築する希望がある。[p.249]

この種の包容（コンテインメント）の重要性は，いくら評価してもし過ぎにはならない。コンサルテーション面接では，治療者は自分自身が圧倒されることなく，患者の圧倒的な経験を受け入れることが求められる。根の深い不安と敵意は，外傷を受けた患者が耐えられないものの一部である。患者がそのような感情を自分自身に

包容し統合していくには，治療者がそのような感情を十分に心に刻み，包容する必要がある。

このことは，なぜ出来事そのものよりも治療関係が，コンサルテーション面接にとって中心的であるのかを実証している。患者と治療者の間に発展する関係は，外傷的な出来事に意味を提供するために採られた早期の経験を反映する特徴がある。治療関係の中で生じるものを包容し取り組むことを通して，心理療法者は，過去および現在の出来事の両方の不運な結果を改善するかもしれない。逆説的に思われるかもしれないが，転移の中で作業することは，患者が外傷的な出来事の意味について，より深くより徹底的に探求し，理解することを可能にする。患者はそのような意味を，意識的な次元ばかりではなく無意識的な次元でも発見することによって，外傷に対する自分自身の悲痛な反応を理解できるようになる。

事例ヴィネット：A氏

ある冬の夜，2人の若者が，祝賀会からさほど時間が経たずいくらか酒に酔ったまま，1台の使い古したバイクに飛び乗り，家に帰ろうとする。彼らは同じ市場町の出身で，長年互いに知り合った仲だった。滑りやすい曲がり角で，運転していた方がコントロールを失い，2人は近づいて来るトラックの進路にまっすぐ叩き付けられた。

運転していた若者は死亡し，彼の友人であるA氏は重傷を負い，長期間入院した。A氏は20代前半だった。彼は幾らか無謀な仕方で事業に成功していた。彼は若い頃，死に挑むような種々の遊び，たとえばバンジージャンプやパラシュート・オートバイレースなどを探し求めては，多くの時間を費やしていた。

最初の衝撃と怒り・不信の後，A氏は模範患者となることで，数カ月の入院と身体面の回復をなし遂げた。看護師たちは，彼がいつもすべきことをし，スタッフの願いを何とか自分のできる方法で叶えてくれる彼に，感銘を受けたと言った。A氏は，現実世界に戻る道筋を見つけて生活に収拾をつけ始めるにつれて，不信感・衝撃・ショックの感覚が薄らぎ始めた。

すると退院3カ月後に，A氏は抑うつ・絶望感・自暴自棄を次第に感じるようになった。彼は悪夢を見始めた。それは事故の鮮明で強烈な再現で，その余波の中で彼は叫び声をあげ，身を震わせた。彼はますます寝つけず，

車に乗ったり人々と過ごしたりできなくなった。彼は神経を張りつめ，よく怒り，すぐに驚愕した。彼の考えは，失った友人に繰り返し向かうようだった。Ａ氏は，自分があの夜に友人の運転を止めてさえいたならば，このようなことは何も起きなかったのに，と感じた。彼は自分の生活に戻れないし，苦悩を友人や家族に伝えられないと思い，ますます罪責感に悩まされ，自殺を考えるようになった。

　Ａ氏が私に会いに来た時，私はすぐに，彼が何と好ましく，人の助けになる親切な男性かと思った。しかし，私に向かって話しながら，突然Ａ氏は，ショッキングでほとんど驚嘆させることを言うのだった。たとえば彼は，自分の負った傷についてかなり一般的な口調で話していた。すると彼は突然，事故現場で自分の脚がまさにどうだったかを微に入り細に入り，ぞっとする凄惨な説明に転じた。私は衝撃を受け，恐怖を感じ，面食らうことになった。このようなことは，何度も起きた。彼がこれらの打撃を加えたとき，一瞬，私はよろめくばかりだった。対照的にＡ氏は，明るく爽やかそうな様子だった。

　Ａ氏の過去が徐々にひも解かれるにつれて，彼は暴力的で予測できない父親と，かなり被虐的で控えめな母親について，生き生きとした説明をするようになった。Ａ氏は子どもの頃，父親がやってきて彼の顔を繰り返し平手打ちしたとき，ベッドで穏やかに眠っていたことを思い出した。何の説明もなく，母親は決して仲裁しなかった。彼の反応は，控えめな母親のようになることで父親の目から隠れ続けながら，できるだけ行儀よくしようとすることだった。

　私の判断では，Ａ氏のこうした両親との，父親による予測できない暴力と母親の被虐性(マゾキズム)を伴う経験は，事故に対する彼の解釈に対して雛型を提供した。その出来事はＡ氏には，予測できない激しい平手打ちの一種として経験された。彼の反応は，罰をさらに受けないように，以前していたように振る舞い，しないといけないことは何でもする，聞き分けの良い幼い少年になることだった。それでも，彼は能力の深刻な障害を抱えたままで，平手打ちから守る防衛を持たなかった。

　Ａ氏は外傷以前でさえ，幼少期の経験の不安をパラシュートやバンジージャンプといった死に挑むような遊びによって，（また別の平手打ちをされる危険を冒しつつ）克服しようとしていたと推測されるかもしれない。反復強迫には，生の欲動と死の欲動の融合がある。なぜなら反復は，異なる結果

の可能性も期待させるからである。しかし今やＡ氏の事故は，ポケット状の脆弱な部分を裂き開き，未処理の原始的不安が現在の外傷と結びついたのだった。

　象徴機能の喪失は，Ａ氏が行動してさらに外傷を反復する傾向を強めた。外傷は，象徴化されることも喪に服されることもできなかったため，反復された。このことばかりでなく，コンサルテーション面接の中でもＡ氏は，攻撃者に同一化して，ほとんど処理できない感情を繰り返し私を平手打ちすることで私に投影するのだった。そのような対人関係の諸々の実演を包容し理解することは，この行き詰まりが解決される可能性があってＡ氏の発達と統合が進む，最良の機会を与えると思われた。

　次に，複雑性外傷のある人を描写しよう。この人は，身体化・再犠牲者化・情緒調節障害・アイデンティティの乱れ・PTSD症状があって受診した。

▎事例ヴィネット：Ｂ夫人

　Ｂ夫人の身体には，長い間の監禁・拷問・強姦の経験が刻み込まれていた。それは３人の子どもをもつ既婚女性として，戦争で破壊された母国に住んでいたときに起きた。彼女は破壊活動をしているとの嫌疑を政府にかけられ，逮捕され投獄された。

　監禁されている間，彼女は繰り返し拷問され，強姦された。これらの暴行の合間，別の女性と同じ監房に入れられたが，その女性は数日後，怪我のために亡くなった。Ｂ夫人は，自分も殺されるだろうと確信した。ある時，彼女の頭の右側が刈り込まれ，数名の看守の前で辱められ殴られた。彼女がなぜ放免されたのかは不明だったが，彼女は数週間後に解放された。夫は行方不明で，死んだと推測された。Ｂ夫人は子どもを連れ国境を越えて何とか逃げ，多くの逆境に打ち勝って新たな生活を見出した。

　今Ｂ夫人は，非器質性と考えられる胸の痛みばかりでなく，右側頭部の頭痛に苦しめられていた。彼女は慢性的にコントロール不良の糖尿病を患っていた。彼女はPTSDの標準的な特徴である侵入と過覚醒症状に加えて，抑うつ症状を呈していた。

　Ｂ夫人は，精神科病棟で数週間強制的に拘留された後，GPから紹介されてきた。強制入院は，彼女の精神状態への懸念が増したことから生じたよう

だった。彼女は希死念慮も訴えていた。

　面接室にB夫人といて，私は彼女のかん高いささやき声に懸命に耳を傾けることに，どんどん疲れを感じ始めた。どんな動きや音にも彼女は飛び上がり，脅威に備えて部屋の中を隈なく見渡した。私は，面接の後に頭痛がして，物事を素早く行なう必要があるように感じた。B夫人が医療システムにいかに多大な不安を持ち込み，精神科で拘留されるに至ったのかが明らかになった。B夫人は具象的な方法で，その強制入院を以前の監禁の反復として経験していた。それで私には，こうした経験が2度と起きないように彼女を守る良い対象になるという，桁外れの圧力がかかった。

　B夫人は私と一緒に座り，頭を抱え，精神科チームへの苦情をささやき，私が動いたり何かを言い始めたりすると，飛び上がるのだった。私は動けなくなり，彼女の苦痛に直面して無力に感じた。彼女が監房にいたもう1人の女性のことを詳しく話したとき，彼女自身の無力感の経験がどれほど実演されているのかを理解できるようになった。

　私たちがこのことを一緒に考え始めると，B夫人の激しい怒りと，それがどれほど彼女の身体に向けられているかについて考えられるようになった。それはあたかも，彼女の身体が彼女を捕らえた監獄と拷問者の両方になったかのようだった。B夫人は自分の身体を，苦しみを迫害的罪悪感の回避手段として用いる被虐的な心的状態を行動化するために使っていた。身体症状は，彼女の中にある危険で迫害的な何かからのある種の逃げ場を表していた。B夫人の頭痛は，外傷的経験とそれがかき立てる，彼女の身体の中に保たれたものの具象的な表現であると思われた。

　別の時には，B夫人は外傷の異なる側面を実演した。攻撃者への同一化は，B夫人の自分自身の身体の扱い方とともに，私が無力で彼女の不安によって縛られていると感じるという転移の中に反映された。彼女はメランコリー状態で死んだか傷ついた他者に同一化し，そうすることで罪悪感を避けた。彼女の身体症状もまた，思い出さない仕方の1つだった。耐え難い感情は否認され，代わりに身体を通して排泄されたからである。B夫人は，精神科チームとのやり取りの中で犠牲者状態を再演した。彼女は監禁を，入院することを通して反復した。精神科チームが加害者だったならば，私は救援者ということになっていた。実際には，B夫人自身が，犠牲者でも加害者・目撃者・救援者でもありえた。

もちろん，私が述べてきたことはすべて，より広い文脈の中で位置づけられる必要がある。B夫人のような難民は，祖国や地位・活動・文化的参照点・社会的ネットワーク・家族の喪失を含む，多数の剥奪に直面してきたかもしれない。彼らは，持続的で強烈な迫害に直面したり，愛する人たちに暴力が振るわれるのを目撃したり，ばかげた暴力を向けられたりしていたかもしれない。時には，この暴力は系統的で容赦ない拷問と貶めの一部だったかもしれない。ある時点で彼らは難を逃れ，故郷を引き払い，異邦のしばしば敵対的な土地で彼らを待っている未知の運命へと逃走しなければならなかった。こうした現実は認められる必要があり，決して無視してはならない。

最終的な省察

　私は本章を，外傷を被った患者との短期の精神分析的な仕事についての技法的な点をいくつか強調して終える。短い段落で列挙して述べよう。

　外傷的な出来事は，治療の焦点ではない。治療の課題は，その出来事の意味と，何が喪を妨げている可能性があるのかを理解することである。このためには，その人の内的世界の性質に注意を向ける必要がある。最初の目標は，外傷に続いて，過去と現在がどう絡み合うようになったのかを辿ることである。

　外傷に続く必須の課題は，喪である。

　外傷は原始的不安を再活性化させ，象徴機能を損なう。だから患者たちは，分析的な設定に対して，より迫害的に反応する見込みが高い。治療者はこれを意識しておく必要があり，特に沈黙や「白紙のスクリーン（blank-screen）」という作業モデルに関してそうである。

　行動への圧力は常にあり，それは転移の中で演じられる。それは，元の外傷的な筋書きの諸要素に同一化している人を含むことが多い。転移と逆転移の中での作業は，外傷的な出来事の無意識的な意味の理解を可能にする。

　治療者は，包容（コンテインメント）という治療過程の一部として，患者には耐え難いことを耐えることを求められるかもしれない。攻撃性と破壊性は，直視されて自分自身のものとして認められる必要がある。治療者は，患者が自分自身の攻撃性に気づくことができる前に，対象として理想化されたり，貶められたりすることを許容する必要があるだろう。

　同時に治療者は，患者が外傷によって破壊された世界の中で機能し続けるた

めに用いてきた防衛を尊重すべきである。患者が外傷的な喪失への喪の痛みに耐えるかどうかの選択に直面するなら，その選択は患者がすることである。

多くの複雑性外傷の患者，特に亡命者や難民にとって，心理療法は外的現実の十分な認識と取り扱いを許容するように，修正される必要があるかもしれない。

要約すると，精神分析的心理療法は，外傷に反応して（内的にも外的にも）起こったことと起こり続けていることを，理解する機会を提供する。外傷は時間・言語・真実を乱し，混乱させ，狂わせる。外傷を受けた患者との仕事には，潜在力・真正性そして敬意が必要になる。難しい逆転移経験は避けられず，治療作業の包容（コンテインメント）・スーパーヴィジョン・サポートは必要不可欠である。

第9章

重大な問題を抱えた患者

デイヴィッド・ベル，バーギット・クリーバーグ（*David Bell & Birgit Kleeberg*）

　心理療法のサービスは，障害の少ない患者のためにあると考えられがちだが，国民健康保健サービス（NHS）で働いたことがある心理療法者は，それが自分たちの臨床経験といかに縁遠いかを知っている。心理療法のために紹介されてくる患者の大部分は，生涯にわたる困難に苦しんでおり，彼らの診断は「境界例」，「スキゾイド」，「双極性障害」，「重度の鬱病」，「摂食障害」を含んだ幅広い種類に及んでいる。そして当然これらのカテゴリーは，どれか1つに限られるものではない。多くの患者が，自傷や自殺の深刻な危険にさらされているか，さらされてきており，顕在化した精神病を患っている人もいる。
　こうした人たちは，人間関係の取り扱いに深刻な問題があり，したがって当然，彼らは自分の世話を担当する専門職者との関係に，そうした問題を持ち込む。時に，彼らはまさにこの理由のために――つまり彼らが，ヘルスケアの専門職者の中に手に余る（しばしば気づかれていない）感情を引き起こしたために紹介されてくる。彼らは重大な問題を抱えているばかりか，「扱い難い」と見做されることが多い。
　上記の一覧は，「病気」と「パーソナリティ障害」の両カテゴリーをまたいでいる。これは意外なことではなく，精神分析の見方からすると，この対比が示唆する個人的性質の不連続性は，現実よりももっと見かけ上のものだからである。詳しく調べると，顕在的な病気の発生は，時には奇怪で歪んだ形で，破綻に先立ちパーソナリティの一部だった葛藤と関心事を表現する傾向がある。したがって病気に**見える**ものは，精神分析的には，何らかの内的・外的条件のストレス下における**パーソナリティの展開**として理解される。

病気になる人たちは，そのパーソナリティ構造の中に一種の「断層線」を欠点として持っている。これは，敏感になった内的世界と有害な外的環境との毒性の相互作用の圧力を受けて，破綻する点に達する。もっと良性の環境が優勢であれば，断層線は絶え間ない不安の源であり続けるが，病気は顕在化しないかもしれない。だから複数の「併存」状態を伴う精神医学的障害の事例のように，複合的な像の異なる諸部分は，その人の性格とパーソナリティの異なる諸側面を反映している見込みが高い。

　この章で私たちは，こうしたより困難で複合的な問題を抱えている患者に焦点をあて，Tavistock Clinic タヴィストック・クリニックの Fitzjohn's Unit フィッツジョンズ・ユニットの専門家によるサービスにおける自分たちの臨床経験を活用するつもりである。こうしたより重篤な患者たちは，フロイトが神経症者について，他の人たちなら秘密にしておくことを暴露していると述べたことを思い出させる仕方で，さもなければ隠れたままかもしれない広範囲におよぶ精神力動的な諸問題を，私たちの注意が向くところまで持ってくることができる。

アセスメント過程

　「アセスメント〔評価〕」という用語は，患者が合格か不合格となる試験を受けているという考えを増強する。これは，重大な問題を抱えた患者たちには特に助けとならないように思われる。彼らにとって運命のサイコロはすでに，この不安にさせる二元論的な見方に偏るように仕込まれている。

　C氏はさまざまな治療を受けたのち，私たちのサービスに送られてきた。助けになったものは，何もなかったようだった。彼はやってきて部屋に入り，数分待った。それからこう言った。「私は心理療法を望んでいます。それで，私の理解するところでは，とても助けになりそうな治療を受けられることを確実にするために，私は自分がこの面談で何をしなければいけないのかを知る必要があるように思います。」

　C氏は，この問題をはっきりさせている。しかし障害が軽度の患者でも，似た力が隠れていて捉えにくい仕方で働いていそうである。面談をアセスメント面接ではなくコンサルテーション面接と呼ぶことには多くの利点があり，いくつもの結論が可能であるという含みがそこにある。

C氏が私たちに気づかせることは，他にもある——すなわち，患者たちはコンサルテーション面接ばかりでなく提案される治療の種類についても，多くの意識的・無意識的な先入観と信念を持ってやってくるということである。そのような期待は，患者自身の内的な関心事**および**それが紹介過程自体から受けるあるいは受けない強化の組み合わせによって，面談前から動き出していることだろう。

▌事例ヴィネット　D婦人

　D婦人は，子ども時代に非常に深刻な剥奪を経験した。彼女は地元の精神科で長年にわたり知られており，大量の診断と治療を受けていた。彼女は何度も入院したことがあり，退院させるのはいつも大変だった。紹介元のチームは，疲弊を感じていた。彼らは彼女に，専門家による集中的な治療を彼女のために探していると伝えた。しかしD婦人の「専門家」と「集中的」の理解は，チームが伝えようとしていた意味とは，ひどく異なっていた。これらの言葉は，非常に原始的な熱望をかき立てて，D婦人は，あらゆる欲求が満たされる待ち望んだ状況がついに提供されると感じた。「集中的な」治療は彼女にとって，無意識的には，誰かがいつも求めに応じてくれるので，彼女はもはや人生の大半を占めていた分離と見捨てられの感情に，面と向き合わないことを意味した。

　こうして，心を搔き乱す出会いの舞台が設定された。D婦人にとって面談は，カフカ風の通過儀礼のようなものだった。彼女は心理療法者を，理想化された母親像への入り口にいる，蒼古的な父親／番人として経験した。そのため，彼女が失望することは避けられなかった。

　もちろん，そのような出会いが演じられる，多くの仕方がある。たとえば，患者は自分が助けを得ないことを確実にするためにコンサルテーション面接を妨害し，それによって処罰への被虐的欲求を満たすかもしれない。私たちの論点は，コンサルテーション面接の過程，特により重大な問題を抱えた患者とのものは，これらの原始的な心的過程の影響力によって圧倒されうるということである。これが非常に強力に生じる場合，均衡のとれた見方をしてそれを維持することは，きわめて困難である。

　経験を積んだ臨床従事者でさえ，この困難に屈することがありえ，心理療法

者は患者に対して，自己弁明のためにどんなことでもするかもしれない。彼らは，服従の振りとして，あるいは苦情をかわそうとして，本当は助けになりそうだとは思っていない治療を提供することになるかもしれない。それでも，大きな圧力を前にして欠かせないのは，均衡を保つことであり，このことはおそらく，コンサルテーション面接の結果が治療的になるかならないかを決定する，最も重要な因子の1つである。

　心理療法者が（「適した」あるいは「適していない」）患者に属する特徴に焦点を絞るのは，十分ではない。なぜなら心理療法の可能性について考える時には，考慮すべき多くの相互に作用する因子があるからである。マレー・ジャクソン（Murray Jackson）は，よくこう尋ねていた。「どういう独特の患者が，どういう種類の困難があって，どういう種類の社会的文脈の中で生活しつつ，どういう種類の後方支援が（たとえば，地元の精神科サービスから）あり，どういうスーパーヴィジョンを受けている，どういう種類の心理療法者と，するのか？」と 。ある特有の困難を抱えた患者には，ある文脈では心理療法に乗り出すことに意味があっても，別の状況では適切ではないだろう。

▌事例ヴィネット　E氏

　E氏は重度の精神障害を持つ男性で，自殺企図を繰り返していた。彼の治療経過を見直すと，陰性治療反応——つまり，進展の可能性は症状の悪化をもたらす——のパターンがあることがわかるだろう。E氏は，良くなっているようだったまさにその時に，おそらく罪悪感と，求め依存的に感じることへの憎悪に刺激されて，突然悪化し自殺未遂をはかるのだった。E氏が深い絶望と挫折を自分の周囲の人たちに引き起こしたにもかかわらず，精神科チームはそれでも彼から遠ざかることはなかった。彼らは心理療法に乗り出すことの危険性についてかなり現実的な見方をして，E氏に定期的に会い続けて彼の担当ワーカーとの接触を維持しあらゆる意思決定の責任を共有することを，明確にした。彼らは，心理療法が助けにならないかもしれず，なったとしても，行動化が増大する運命にあることも理解していた。

　私たちがE氏に心理療法を提供することにした主な因子は，動揺させること必至のこの企てに彼が乗り出したときに，彼と私たちが利用できるこの支えの存在だった。

対照的に，もう1人の患者F婦人は，コンサルテーション面接の間に，彼女が1日中部屋で独り過ごし，実質的に誰とも接触がないことを打ち明けた。F婦人は，自分が少なくともある程度までは自己理解に関心があるように示したが，彼女が心理療法に着手することは適切だと思われなかった。

社会生活がこのように乏しい患者は，心理療法を開始すると，それが自分の人生にある唯一のものだと感じるようになりうる。患者は時間の大半を前回の面接内容の反芻で過ごして，次の回を待つだろう。この場合おそらく，患者の世間への備給を動かすために，地域精神保健チーム（CMHT）の援助を頼んでおく方がよいだろう。それが成功するようならば，心理療法はより現実的な候補になるかもしれない。

時折，このような状況で私たちは，もしも患者が何かの講座に申し込んだりボランティア活動を引き受けたりできるならば，心理療法の可能性を本気で再検討しよう，と提案して，患者と一種の契約を結ぶことさえしてきた。この構えと，似て見えるかもしれないが異なる構えを対比させたい。私たちは患者と，「これ以上無断欠席しないならば，あなたは治療を続けられます」という類の治療契約を結ぶことは，倒錯的なもつれを引き起こす可能性があるので，助けになるとは思わ**ない**。心理療法そのものに関して言えば，私たちは単に，心理療法の経過中に事態が急速に悪化したならば，そのときには意図したよりも早く治療を終了するための面談を計画するかどうかを決定できると見越しておくのみだろう。

アセスメント面接は切れ味の悪い道具であると認識される必要があり，だから私たちはその予測力を過大評価するべきではない。どれほど注意深くしても，私たちは間違いを犯す。患者の中には，適していないと考えられたが，もしも機会が与えられていたならば，アセスメント面接者が間違っていたと判明したかもしれない者たちがいる。私たちは時々，心理療法を活用できないことが明らかになる患者や，心理療法を悪性の破壊的な仕方で利用する患者を受け入れている。コンサルテーション面接の過程では，自我機能や理解を使用する能力の尺度があれば，高得点を取ると想像される人たちが，ひとたび治療に乗り出すと，まったく違う像を示す患者もいる。ブリトン（Britton）は，分析者がコンサルテーション面接の文脈で「それ」——つまり患者の性格の非常に障害の重い部分——**について**患者に話すことができるかもしれない仕方を記述した。だがひとたび分析が始まると，患者はもはや「それ」について話すので

はなく，「それ」そのものになる。

　紹介されてくる患者は，非常に長い間，ことによると人生のほとんどにわたって困難を抱えていることが多い。そのため，「なぜ今なのか」という疑問が生じる。多くの事例で，破綻が患者を治療に連れてくる——すなわち，彼らの馴染みの防衛は用を果たさず，彼らは急性の不安と絶望感に圧倒される。その時点まで彼らに危うい安定を提供してきた構造は，不安と防衛の彼独自の組合せを，言い換えれば，彼らの性格構造を形成している。それはある程度まで，彼らを心的な痛みから保護してきた。そして今，彼らの最も差し迫った関心事は，痛みからの解放である（それはまったく当然のことである）。だが彼らが前からの防衛構造を再確立しようと努めるのは予測されることであり，そのことはコンサルテーション面接中にさえ明らかになることがある。

　よくある1つの筋書きは，CMHTがある患者の世話をしていて，その世話に最も責任のある担当者が辞めようとしているというものである。このことは，切迫した離別の帰結に関して，相当な不安を生む。このことに触れられないまま，代わりに紹介では，患者は「心理療法を考慮したい地点にきている」という観点で言い表されることも，まれではない。そして紹介者は，紹介状の最後にこう書く。「私は当職を辞するため，返信は来月私から引き継ぐことになるX医師にお願いします」。他の状況では，チームが患者の包容（コンテイン）に失敗しているのかもしれない。ここでの1つの選択肢は，患者によって露呈した，**チームの「断層線」**に取り組むためにコンサルテーション面接を手配することである。

　他によくあるのは，（たとえば）ひどい自傷をしていたが，新しい仕事に就くかして，それをしばらく止めているという患者の紹介である。無理のないことだが，臨床管理チームは，今や事態は安定している，患者が根底にある問題に取り組むために，心理療法が考慮されるのではないか，と考えるかもしれない。しかし時たまにしか，この考えには十分な根拠がない。地元のサービスが達成したことは支持して認めて，正式な心理療法がもっと上手くできるという考えには同調**しない**方が良いことは，稀ではない。安定が崩れる潜在的な可能性は，治療の待機リストにいる間はとてもうまくいっていたのが，空きが生じて治療が始まると急に動揺する患者でも，はっきりと認められる。それはあたかも，彼らには治療が提供される——だが決して今ではなく未来に——ことになっている世界にいることが，最も心休まるかのようである。

紹介に至る背景が何であろうと，重要なのはコンサルテーション面接で，患者の障害の重い部分が面接室に入って来る余地を，面接担当者がつくることである。現実の危険として，故意にではなくても，より重篤な水準の障害には耐えられないだろうと患者に伝えていることがある。このことが起きると，患者と治療者は暗黙の合意に引き込まれて，障害の重い要素を見ないようにする。これは一種の偽りの同盟を作り出し，それは分裂がもはや維持されえないほどになると破綻する。

それでもやはり，私たちは心理療法が役に立ちそうかどうかを判断するために，最善を尽くす必要がある。コンサルテーション面接を行なうとき，私たちは患者が有能であると示すことを期待しているのではない。私たちの前提となる立場は，別の考えに導かれない限り，患者は援助可能であると想定することである。この点に関して，取り組むべき最も重要な項目の1つは，理解に患者が応じられるかどうかである。

▌事例ヴィネット　G夫人

G夫人は面接室に入り，着席して，私[著者の1人]が何か言うのをじっと待っていた。彼女が一連の質問を期待しているのは明らかだった。私は彼女に，自分について話すよう促した。彼女は自分の諸症状を，それらの持続期間・進展・その執拗さの詳細とともに，列挙することに時間を費やした。彼女が自分自身について，このよそよそしく対象化した仕方で話すにつれて，生気を殺ぐ絶望の雰囲気が部屋に入った。しばらくして私は，彼女にこう言った。「まるであなたは，私が診察するように引き渡したい病気の自己を描写しているかのようです。そうすると私は，あなたがまったく関与しないまま，私がどのような種類の治療を処方したいか，あなたに知らせることになるでしょう」。

これによって，感じられるほどの変化が雰囲気に生じた。G夫人は涙を流し始め，こう話した。「私は自分の人生で，これまで本当に何かにきちんと参加したことはないと思います」。逆説的にも，明らかにこの瞬間，彼女はより生き生きとして参加していたが，それは彼女にとって，非常に動揺させることだった。面談が進むにつれて，驚くべきことではないが，G夫人はこの苦痛な混乱から自分を保護するために，生気を殺ぐ防衛に再び手を伸ばした。それでも状況は流動的だったので，彼女が心理療法に乗り出すのは理解

できることだった。この事例では，理解の深まりには患者との接触の拡張が伴っており，治療者は，患者 - 治療者の相互作用の中にもG夫人自身の心の内部にも，何か反応して動くものを感じた。

ごくたまに，この種のより深い接触はコンサルテーション面接の中で進展をもたらす。他の時には，それは束の間だが，そうであっても治療同盟を形成する可能性を示しているので非常に重要である。深く凝り固まった防衛が動く徴候をほとんど見せないとき，この種の展開が起きるのに十分な機会を提供するために，さらにコンサルテーション面接を実施することが不可欠でありうる。

心理療法者が人の精神病理を力動的構造として理解できるのは，患者が**関係する**仕方を目立たせる，関わりを通してである。これのみが，患者が求めていてかつ耐えることができるものの，十分なアセスメントの土台を提供することができる。

倒錯性の次元

人が理解に応じられるかどうかは，精神病理の重症度と直線的に相関して変化する，と考えられているかもしれない。つまり，患者の病気が重ければ重いほど，自分に関心を持つ能力は低くなると想定されているかもしれない。これは，事実ではないことがわかっている。心理療法に紹介される患者の中には，障害の通常の尺度ではどれでも得点が低いけれども，精神分析的なコンサルテーション面接の文脈では，自己認識のどんな可能性に対しても非常に厳重に防衛しており，嫌悪さえ示す人が数多くいる。そのような事情では，患者には尊厳のある撤退が許されるべきである。その一方で，精神病と分類されるような一部の患者を含めて，非常に障害の重い患者が，彼らを理解しようとする試みによく反応して，それから心理療法をうまく利用し続けることは，異例ではない。

私たちが大きな実践的な価値を見出した区別の1つは，かなりの程度の倒錯性が臨床像を特徴づける状態と，そうでない状態の間のものである。「倒錯性」という用語によって私たちは，患者が快を，それもしばしばきわめて密やかな快を，自分の悪化や治療者による援助の試みを挫折させることから引き出す状況を指している。このパターンには，被虐的性質と加虐的性質の両方があるか

もしれない。被虐的な快は患者自身の自己破壊性から、加虐的な快は他の人たちとの苦悩に満ちた関係から引き出されている可能性がある。

この「倒錯性の次元」は、精神医学的な診断から比較的独立しており、しばしば認識されないまま進む深刻な問題である。それは特に、患者の自分自身および自分の周囲の世界との関係の仕方よりもむしろ、診断に焦点があるときにそうである。精神医学的なコンサルテーション面接が静止画像のようなものを生み出すのに対して、精神分析の観点はもっと、患者とその世界の間の関係における**生きた**現象としての精神病理——時には倒錯性を含む——を露わにする映画のように展開する。

2人の架空の、どちらも強い希死念慮と衝動を抱いている患者を考えてみよう。倒錯性の少ない患者では、生きる望みはその患者を世話する関係者に、いわば「手渡される」(投影される)。だがここでの動機は、より希望があり生命を維持する態度を、患者内部の強い破壊的な力から保護することにある。患者は、自分自身に懲罰的な構えをする、パーソナリティの原始的部分(超自我 superego)に十分耐える強い自己をまだ持っておらず、他人が患者の生存の責任をいくらか引き受けることで安心する。すると、治療者との作業同盟を形成する能力とあいまって、患者は力が増して生きる望みを徐々に取り戻すことができる。

より倒錯性の強い状況では、その狙いは異なる。患者は、生きる望みをなくせばなくすほど、死を理想化していく。これには勝利感が伴っていることが多い。このような患者は、助けようとしている人たちを軽蔑し、自分を生かそうとする努力を冷笑することさえありうる。とは言え、倒錯性の機能様式が主に防衛的なとき、それは分析の働き掛けに応じて、心理療法の過程で放棄さえされることもありうる。

虐待の問題

時折、性的虐待を受けていた患者が、あたかもそれのみで根拠づけられるかのように、心理療法に紹介される。ここでも本当に問題となることは、患者が自分自身および他の人たちと関係する仕方である。そしてもちろん、そのような関係の仕方は、他の人たちの振る舞いと経験に強い影響を与えうる。

20代男性のH氏は、子どもの頃に性的虐待と重度のネグレクトを受けてい

た。彼のGPからの紹介には，この男性が子どもの頃に経験した凄まじい虐待の詳細とともに最近の裁判事例を伝える新聞の切り抜きが含まれていた。その事例を取り巻く世間の注目が，紹介の理由と結びついている印象があった。担当GPは，職務怠慢と見られたくないようだった。だが切り抜きの同封はおそらく，この恐ろしい状況についての消化されていない認識を，具象的に手渡す方法でもあった。

　実際には，その患者は提示したどの予約日にも現れなかった。これは，彼が連絡を保ち，新たな予約日時の知らせを受け取ったと確認してきたにもかかわらずだった。彼は，彼の来ないことが心理療法の実行に両価的なことを示しているかもしれず，彼はこのことを自分のGPと話し合いたいのかもしれない，と手紙で示唆されて，腹を立てた。私たちには，患者は援助を受ける可能性との接触を維持する必要があったが，それが実際に起きることはひどく恐れているように思われた。そのような患者たちは，コンサルテーション面接の中で「虐待について話さなければならない」だろう，すると手に負えない感情が掻き立てられそうだ，と信じていることが多い。

　患者と紹介者によっては，虐待について，おそらく詳しく何度も何度も述べることが助けとなるという考えを持っている。しかしながら，患者の中には人生を何とかやっていくために，感情を遮断しなければならない者もいることが認識される必要がある。これは病理的ではないかもしれず，防衛を尊重する必要があるかもしれない。もしも遮断の壁が取り壊されたら，——たとえば，性的虐待を受けた患者が法廷で虐待者に対して証言するとき——破綻と永続的な機能低下に通じる可能性がある。私たちが経験した患者の中には，地元のサービスから，子どもの頃に受けた虐待について話すために心理療法を受けるようにという圧力を感じていたが，コンサルテーション面接では，この圧力から解放されて自分を保護する必要性が認められ受け入れられたことによって，安心した人たちもいた。

心理療法を提供しないことについて

▍事例ヴィネット｜Ｉ婦人

　Ｉ婦人は子どものいない40歳のブラジル人女性で，うつ病と自殺企図の病歴があり，コンサルタント精神科医から紹介された。彼女はその精神科医に，自分の幼年期に実母と継父から広範な性的・身体的虐待を受けたことを

明かしていた。彼女は自分に責任があり，この虐待がふさわしいと感じていた。彼女は激しい感情・記憶・フラッシュバックに対処する手段として，思春期の早い時期から自傷していた。Ｉ婦人はそれまでに，さまざまな形式の心理療法を受けていた。彼女はCMHTの世話を受け続けていて，時折その危機・時間外サービスを利用していた。

　私たちがすべての患者に送る質問表にＩ婦人は，非常に多くの「問題点」があるので彼女は方向性を見失って，何に取り組むべきかわからないと書いた。子ども時代の記述で彼女は，両親のどちらにも言及しなかった。彼女は，心配事を抱えてまったく孤独でいると感じていることについて書いた。彼女には，子どもの時に気が動転すると頼りにした叔母がいた。彼女は学校および大学での成績は良く，今は理科教師として働いていた。彼女は自傷による傷跡の手術を受けた後，非常に後悔した。彼女は，おそらくそれが自殺企図のきっかけになったのかもしれないと書いた。

　初回のコンサルテーション面接の前，エレベーターのそばで待っていると，面接担当者は，予想外の方向から天使のような女性がやってくるのに気づいた。女性は何かを探しているようで，治療者のすぐそばを通り過ぎた。治療者が彼女に追いついて面接室に案内すると，彼女はドアを大きく開け放したまま，まったくわけが分からなくなった様子だった。彼女は，面談が何のためなのか分からない，自分はここに送られてきたと言った。彼女はここがどのような場所なのか知らなかった。

　心理療法者が，Ｉ婦人は方向感覚を失っていることに注意を向けると，Ｉ婦人は，質問されたほうが気楽に感じられるだろうと言った。治療者は，そのようにすると，彼女が他の誰かの欲することに彼女が応じるという状況が生み出されるだろうと指摘した。これが，ここにいることに関して彼女の思っていること――つまり，送って来られ，それが良い考えかもしれないと他の誰かが考えたということ――のようだった。Ｉ婦人は同意し，それは自分が思いつくようなことではない，と言った。面談の後半では，彼女の傷跡を取り除く手術を受けるように彼女を説得したのは，彼女のパートナーだったと述べた。

　Ｉ婦人は，何かが変わりうるということに絶望を感じていると伝えた。彼女は失望させられることに耐えられなかったので，何も期待しないことを学んだと言った。彼女は，仕事を持てばおそらく事態は変わるだろうとあてに

していたが，そのようにはならなかった。彼女は自分のすることほとんどすべてに後悔することについて話した。

治療者は「ほとんどすべてですか」と尋ね，I婦人は「私ができると思うことの1つは，理科を教えることですが，私は若い人たちの良い先生だとは言えません。私の同僚は誰も，私が若い人の相手が下手だと言わないでしょうが，私にとってそれがどれほど大変か，誰も知らないのです」と答えた。彼女は続けた。「私が心理療法を受けていた時には，こうしたことを入れて置いて行く場がありました。でも私のパートナーは，私が心理療法を受けていたとき，事態が悪化していると考えました」。彼女は自分の子ども時代について何も言わず，治療者はそれをコンサルテーション面接で取り上げられる話題ではないと感じた。

治療者はI婦人との面談に反応して，背筋の寒くなる連想をした。それは，ヒトラーと彼の側近たちがベルリンの地下壕で過ごした最期の日々を扱った映画『没落 The Downfall』〔邦題『ヒトラー 最期の12日間』〕の一場面で，ゲッベルスの妻が自分の子どもたちを毒殺していることに関していた。このことから治療者は，患者がこの種の命にかかわる場面で犠牲者でも加害者でもある，と理解することに導かれた。彼女の内側の世界の中では，患者は一切の不完全さや欠点に耐えられない人物との関係に支配されており，そのような欠点は根絶されなければならないという考えに身を奉げているようだった。全体的に見て，治療者にはI婦人が，あたかも重大な欠陥がある親である人物によって心を奪われたかのように盲目的に人に従う，茫然とした子どものようだと感じた。

CMHTはI婦人の支援と管理をしており，彼女の仕事ぶりは教師として問題ないと報告した。私たちは，I婦人が自分の能力に対してあまりに冷淡なことに驚かされ，I婦人を包容し支援していた良好に機能しているネットワークもまた，自分たちが良い仕事をしている感覚を失っていたのではないかと懸念した。I婦人の病歴と面接者に見せた示し方から明らかな倒錯性の程度から私たちは，彼女に心理療法を提供することは危険過ぎると思うようになった——そうすることは，あらゆる損傷と傷跡を除去できるという万能的な考えと共謀することになるだろう，と私たちは考えた。私たちは，心理療法がI婦人の破壊性を悪化させる見込みの方が高く，希死念慮につながってもおかしくないと考えた。私たちの判断では，I婦人はすでに最適の援助

を受けていた。ただし，(性的虐待に結びついた早期発達における外傷の他の事例と同じく) 入院精神療法へと彼女を紹介することは，真剣に検討した。

あえて心理療法を行なうことについて
事例ヴィネットJ婦人

　ここで私たちは，ある人が高い危険性といくらかの倒錯傾向を示しているにもかかわらず，心理療法に受け入れられた時に起きたことを記述する。私たちはコンサルテーション面接の結果が，利益と潜在的な害の間でどう精妙にバランスがとられているかを例示するために，事例の最初のコンサルテーション面接以降の経過をたどる。

　J婦人は中年の女性で，非精神分析的な心理療法に不満を持ち，コンサルタント精神科医に紹介されてきた。彼女は完璧主義者だったが，ひそかに自傷していた。

　コンサルテーション面接の最初の部分は，きわめて困難だった。治療者はJ婦人の支配欲求も強い自己卑下も，ますます意識するようになった。J婦人は「もしも私が許可を得ることになるのなら」という言い回しを用いた。彼女は，自分を養ってくれ，生涯苦しんできた絶え間ない迫害の重荷から自分を救ってくれる，何かに入ることが許可されるだろうと感じていた。治療者は，J婦人が治療者と関わっている過程を描写するのに，「オーディション」という言葉を用いていることにも注目した。J婦人は，自分が人生でしている多くのことを，自分自身でいるのではなく演じていると見なしていることが分かった。

　面接の開始時には，コントロールを巡る争いがあったが，それはやがて和らぎ始めた。しかしながら，治療者は患者の自傷を非常に心配して，自分たちがかなり深刻で破壊的な感情を扱っており，それは治療に乗り出すことによってかき立てられるかもしれないとJ婦人に伝えた。

　J婦人はこのことを理解したようだった。同時に彼女は，あたかも彼女が治療を受けるには，自傷を止めなければならないと治療者が主張したかのように，治療者の意味を曲解しかねなかった。それでも結局，部分的には治療のために利用できる支援があることから，J婦人には心理療法が提供された。

　週2回の心理療法を開始して数週の間に，J婦人の自傷は増え始めた。心理療法者との本物の情動的接触があった面接のあと，J婦人は大動脈の間近

を切った。彼女は，母親が心配してドアを叩くほど長時間浴室に閉じこもったり，母親の恐怖と欲求不満が高まっていくことに快楽を感じたりする場面を描写して，彼女の振る舞いの倒錯的次元を伝えた。これは治療者が経験した状況をよく捉えていた。治療者は，恐ろしく破壊的なことが進行している可能性に気づかされていたが，患者の中の気遣いにはまったく接近できず，締め出されていた。J婦人は，恥ずかしく思ったり無力で苦しんでいたりすると感じることに耐えられず，そのような感情は彼女が能動的に自傷することによって弱められていた。

　こうした困難すべてにもかかわらず，J婦人は最初の1年の間，心理療法からなんらかの利益を引き出しているように見え，時には気遣いに対する本物の能力を示し，深刻な自傷行為は減少した。彼女は互いに拷問をかけあうような非常に混乱した情事に巻き込まれるようになった。彼女は，パートナーに関してひどく欲していると（希死念慮を伴って）感じるか，拒絶し虐待していると（自傷行為を伴いつつ）感じるかしていた。

　最初のクリスマス休暇は，J婦人にとってしのぐのが大変だったが，彼女は戻ってきて，休暇をうまく過ごした，情事を終わりにして長年知っている男性と家庭を持とうと考え始めた，と言った。彼女は，去年の自分ならば生き延びられなかっただろうと感じた。彼女は自分の持っているもの，特に仕事と再開した昔の関係について話した。どちらも，彼女は簡単に失っていたことがありえた。彼女は，自分の第一優先は，その両方を維持することであるべきだと言い，続いて，治療を終えることに決めたと言った。

　私たちは，J婦人が休暇の間に何らかの均衡を取り戻し，それが面接に戻ることによって乱されることを恐れていると考えた。彼女は自分の中に恐ろしい感情に満ちた領域があると感じていることが，明らかになった。それでも彼女は，そうした感情を閉じ込めておくことができるという意味で，自分がコントロールしているとも感じた。援助を受け取ることは内的に騒動を起こすことであり，J婦人はそれが容易に，危険な実演に通じうることを知っていた。治療者がJ婦人の治療を終えるという決定に批判的でないこと，それが失敗と見なされないこと，そして将来また紹介を受けられることは，明らかに重要だった。J婦人はよく考えたうえで去った。

結　論

　重大な問題を抱えた患者にコンサルテーション面接を提供する際には，柔軟であることが非常に重要である。なぜなら患者たちは，公式に収めることも予定表にはめ込むこともできないからである。多くの患者たちが内的世界に，述べてきたような厳しい人物像を持っていることを考えると，私たちはそれに服従したりそれを回避したりしないように，同時に，そういう人物像と混同されて患者の苦痛を増さないように，注意する必要がある。

　私たちの狙いは控えめである。私たちは患者が，治療を通じて根本的に変わった状態になって現れることを期待していない。実際，患者ばかりでなく治療者にとっても，その人が回復すべきであるという専制的な考えを捨て去ることは，しばしば大きな達成である。あまり変わることのできない人でさえ，理解される経験のことを，深遠できわめて価値があると感じることができる。患者は自分の違いと限界が，決めつけのない仕方で受け入れられていると感じるとき，患者もまた，自分をもっと受け入れることを始められると感じる可能性がある。

第 V 部
他からの眺望

　精神分析の思考と実践は，非科学的だと言われてきた。この部の最初の章では，従来からある科学がどのように精神分析的心理療法のコンサルテーション面接の中核にある諸問題——たとえば人の心の，内的・外的関係の状態の諸性質——を研究できるかを，実際に明らかにする。そのこと以上に，科学的研究は個人の諸関係への精神分析の視点が，精神科的障害の理解に非常に重要であることを示している。本書は，精神分析的心理療法のコンサルテーション面接が行なわれている社会的文脈が変化していることについての報告で締め括られる。

第10章
調査研究の反響(リサーチ)

R. ピーター・ホブソン, マシュー・パトリック,
ラーマン・カプール, カーレン・リオン－ルース
(R.Peter Hobson, Matthew Patrick, Raman Kapur, & Karlen Lyons-Ruth)

　私たちは本章の題名によって，2つのことを意味している。第一に私たちは，正式な定量的調査研究が，精神分析的心理療法のコンサルテーション面接と密接な関係がある問題について考える助けになる可能性があることを例示したい。特に，転移解釈の性質・妄想分裂ポジションと抑うつポジションの機能様式の区別・いくつかの「内的な」関係状態の性質・転移に焦点を置かない面接と質問表が精神力動に関連する情報を伝える可能性，そして内的なものから外的なものへの翻訳について考えることにする。第二に，いくつかの方法論的な問題を取り上げて，調査研究が心理療法者のために達成できることとできないことについての省察を提供する。
　精神分析の命題が科学的信頼性を欠いていると考えている人は，多く存在する。にもかかわらず精神分析的心理療法者たちは，自分が心的生活の事実を扱っていると信じている。もしもその諸々の事実が実際に事実であるならば，それらは姿を，非精神分析的な方法による測定で扱える現象の中に，直接的・間接的に現すと予想されるだろう。それらの方法は，精神分析的な観点からすると特に感受性が良くはないかもしれないが，それでも，面接室の中だけでは正確に指摘するのが困難か不可能なことを，顕わにする可能性はある。
　心理療法者たちには本章の展望に，正当な理由のない楽観で向き合う人も，断固とした懐疑的態度で向き合う人もいるだろう。私たちは以下の記述が，どちらの態度をも緩和することを期待する。**個々の調査研究からの見返りは，さ**さやかで疑わしいことが多い。しかしながら，時間の経過とともに調査研究の所見は，強い印象を与える知的で政治的な力を集めることができる。正式な調

査研究は，稀にしか驚くべき新事実を顕わにしないが，部分的に知られていたことに，新たな光を照らすことはできる。それは決して小さくない成果である。

最後に前置きとして，方法論的な主張をしておく。私たちが実証したいように，精神分析的心理療法に関連する現象を研究するに際して，創造的となる機会がある。特に，どうすれば独立した専門家たちが，**主観的に了解された**対人関係とコミュニケーションの諸パターンについての信頼できる客観的な判断を一致して行なえるようにするかには，未開拓の潜在可能性があるように見える。調査研究者たちが，物事を証明しようとする拘束着から自由になって，代わりに心理学領域にある，重要だが逃げやすい事実問題を網で捕まえようとする真剣な遊び心に携わるならば，定型的な研究からいくつかの驚かせる洞察が得られるかもしれない。

私たちは，転移解釈の研究から始める。

転移の中で作業することについて

本書の中心的な主張の1つは，アセスメント面接では精神分析的心理療法自体と同じく，転移の中で作業することから多くのものが得られる，ということである。転移とは，患者が治療者との関係に持ち込み，その中で再び生きるものである。治療者が転移の中で作業するとは，治療者が関係性のこれらのパターンに注意を払い，それについて適切なところで述べることを意味する。

これが簡単に聞こえるなら，単純な定式化の中にどれほど多くのことが埋められうるかが，誤って伝わっている。たとえば，治療者は自分の逆転移感情を，内省して消化し包容（コンテイン）する必要がある。もしも治療者の介入が，もっと具体的には解釈が，どの瞬間においても患者の欲求と心の状態に対して適切であるべきならば，これは情動的な必需品であることが多い。さらには，私たちが第7章で見たように，それぞれの治療者は転移を分析し解釈するという課題を，かなり異なる仕方で概念化している。

本書の担当の部分は，心理療法のコンサルテーション面接の比較的直接で向かい合う，今・ここで（here & now）の様式に関わってきた。しかしながら，それに代わるアプローチの潜在的な価値は，さまざまな箇所で認められてきた。もっともな問いとして，精神分析的心理療法の異なるスタイル間の相違は何で**あるのか？** と浮かぶだろう。私たちは，臨床実践がさまざまに分かれている

ことをどう考え，できるならどう研究するべきなのだろうか。

　以下の研究（Hobson & Kapur, 2005），これはカプール（1998）の，クライン派概念の操作化可能性に関する博士論文と関連している）は，精神分析的心理療法者がコンサルテーション面接や治療面接の中で，述べたり行なったりすることと関係している。それは，心理療法者によって異なる心理療法技法の，多くの特徴のごく一部を検討している。私たちは，見たところ限られた焦点を選んだ——すなわち，異なる治療者たちによる解釈の内容である。私たちの目的は，実践におけるいくつかの特質に接近するばかりでなく，解釈するスタイルの差異が，治療技法における多方面にわたる差異をどこまで反映するのかを調べることだった。このことは，私たちが心理療法のコンサルテーション面接を行なっているときに，自分がしていることやその中で変更すると決めるかもしれないことについて，よく考える助けとなるだろう。

　全般的に，転移解釈を研究する心理療法の研究者たちは，実際に研究しているものの**例**をほとんど挙げない。しかし例外はある。たとえば，ホグレンドら（Hoglend et al., 2006）は，以下を転移解釈の典型例として提供している。

　　あなたは私に，あなたの同僚が分担をこなしていない，それが前回のセッション以来あなたを悩ましている頭痛につながっていると話しました。このことは，私が治療の仕事で，私の分担をこなしていないとあなたが感じていることにも関連していることは，ありうるでしょうか。私に直接そう言うのは，難しいのかもしれません。[p.1740]

（ホグレンドらは，p.1744 に他の数例を示している）この解釈を心に留めて，心理療法者たちが転移解釈を行なう際に異なりうる 3 つの次元を考えよう。

1. 解釈が，患者と治療者との間の直接的な今・ここでの相互作用に錨を下ろしている（そして，しばしば限定される）程度。その代わりに，解釈は患者の経験と特徴の決定因子に関する，より抽象的な（そこで・あの時）所見を内含することがある。治療者が関係性のパターンの解釈をセッションの中で早く頻繁にしたり，生育歴上の結びつきの性質が明らかになるまでそれを待ったりするのを，どこまでが適切と見なすかは，しばしばこの直接性の次元に関連する。

2. 解釈が，心理療法者に関して感じられた患者の情動的葛藤を捕らえようとするばかりでなく，患者が情動的相互作用を形づくり心的均衡を保つために，自分自身と心理療法者に（意識的にでも無意識的にでも）**している**ことを，強調しようとする程度。
3. 解釈が，心理療法者との会話の中にありうる意味を患者が考えるように，ほぼはっきりとした提案として言葉にする程度。

私たちの研究を行なうにあたって，2つの調査研究グループ，1つは，ビル・パイパー（Bill Piper）の率いるカナダのグループ（たとえば，Piper, Azim, Joyce, & McCallum, 1991），もう1つはコノリー（Connolly），クリッツ-クリストフ（Crits-Christoph），ルボルスキー（Luborsky）からなるアメリカのグループ（たとえば，Connolly et al., 1991）に感謝している。これらの研究者たちは，転移解釈の彼ら自身による定義を満たした治療者の介入例を，こころよく提供してくれた。私たちは定義自体には立ち入らないで，むしろそれが実践の中で意味しているように見えることを例示することにする。私たち自身の素材は，筆頭著者（ピーター・ホブソン）が，心理療法クリニック外来で定例のNHS業務の中で行なったアセスメントのコンサルテーション面接を撮影した，3本のビデオテープから採った。

私たちの最初の非公式のアプローチは，3つの調査研究グループによって提供された転移解釈の特定の実例を比較することだった。以下は，各グループから採った単一の，ほぼ典型的な例から成る。コノリー（私信，2002年2月）によって提供された解釈から始める。

あなたは，もしも，あのー，家の人たちがもっと助け始めたら，おそらく，おそらく一息つけるようですが，あなたにとっては，ただ率先して行なうことが大変です……私はここでも，それが問題になっているかもしれないかどうか，あなたはここでも私がリードする方が良いと思っているのだろうかと考えていました。

たまたまこの解釈は，スタイルばかりでなく内容も，先に提示したホグレンドのものに似ている。合わせると引用は，治療者に関して起きている出来事を患者に内省するように提案する独特の仕方を伝えることにも，それを患者の日

常生活の諸関係についての報告と結びつけることにも役立っている。

次のパイパーからの例は，トーンと方向性が異なっている。

> 私はあなたが，私についての自分の経験の一部を保存しようとしているように思います。そして，あなたがそうしようとしている仕方は，自分の苛立ち，怒り，欲求不満，不安を締め出し，それが入ってきてすべてを破壊しそうにならないようにしています。

私たちが自分たちの逐語記録に向かうとき，もしも研究からの以下の結果が意味をなすべきならば，私たちの用語の使い方を明確にする必要がある。私たちは「解釈」を，今起きたばかりの患者—治療者の相互作用の意味を明確にすることを狙った，治療者によるコメントとして定義した。「転移内解釈（in-transference interpretation）」は，治療者自身への特定の直接的な言及が含まれ，通常「私」や「私に」という単語を含む，治療者の一言明あるいは言明群から成っていた。それは，治療者に関する患者の現在の感情と行為を明確にしようとしている。次は，私たちの逐語記録から採った，（かなり長い）転移内解釈である（他のものは，Hobson & Kapur, 2005 に見られる）。

> 御覧のように私は，このことにはとても奥行きがあると思います。質問表であなたが述べた２つのこと，１つは，あなたが一時期食べることに，私には分かりませんが，本当に問題があったと，それから，たくさん眠るという，この一風変わったことについても何か言っていました。こうしてあなたと私で接触していても，私にはずっと，あなたが私から何を取り入れているのか，何は取り入れていないのか，少しもはっきりしません。あなたが何に対して眠り，何には目覚めているのか，私には少しもはっきりしません。あなたの心に留められても，次には失われるようなものが，私がある種の鈍化と呼ぶものがあるようです。あたかもあなたは，それについて現実に考えずに解決できるかのようです。あるいは，あなたは取り入れのようなことをしますが，現実には自分の意見を持ちません，現実にはそれを吸収せず，現実には取り入れていないのです。

私たちはこれらの短い引用例から，解釈のスタイルに潜在する相違が自明

になったことを願う。それでは，私たち自身の研究（Hobson & Kapur, 2005）からの転移内解釈に焦点を当てる。この本には他にも，心理療法者（ホブソン）による多くの介入例が含まれており，それらも私たちがここで導入する概念図式に従って評価することができる。

その研究で記録された転移内解釈に関して，私たちの（完全には客観的でない）眼には，3つの性質が際立っていると思われた。第一に，ほとんどの転移内解釈は患者―治療者のやり取りの，その場での今・ここに錨を下ろしているように思われた。それらの解釈は，今起きたばかりことや起きつつあることに特化している傾向があり，時折ほかの関係や繰り返し出る語りのパターン（「質問表であなたが述べた2つのこと，……」）との結びつきに触れることがあっても，そうした場合には，すぐに現在の交流に触れられた。その転移内解釈は，一般的だったり抽象的だったりするよりむしろ，本質的に局所的で焦点がしっかりと絞られていた。

第二に，転移内解釈が中心としていたのは，患者の不安と防衛の性質を含む，患者が治療者を経験している仕方，それから，治療者が何を考え何をしているのかを含む，患者の注意の焦点，そして患者が**しようとしていること**だった。この「している」ことは，患者が自分の心の状態に対処しようとする試みについて，言葉にされることもあった（「あなたの心に留められても，次には失われるようなものが，私がある種の鈍化と呼ぶものがあるようです。」，「……あなたは取り入れのようなことをしますが，現実には自分の意見を持ちません」）が，患者が治療者との相互作用をどう描こうとしているかについて述べられることのほうが多かった。解釈は，患者がいかに治療者を巧みに誘導して，やり取りの中でなんらかのことを感じさせたり，所定の役割をとらせたりするようにしているかに触れることが多かった。この種の解釈の仕事は，患者が治療者自身の構えをどう処理したのか，特に，治療者が理解の表現を意図した言明として提供したものを，患者がどう経験し用いたかを重点としていた。

第三に，解釈のスタイルは，治療者が自分の観察と推測について自分とよく考えるように患者にはっきりと提案はしていないことが多いという意味で，直接的だった。代わりに彼は，自分が目撃していると信じることを，患者にも利用できる（だから反駁もされうる）証拠に基づいて，明瞭に述べた。明らかに，治療者は患者が彼の観察を利用できるように提示もしており，私たちがすでに見たように，患者の反応に細心の注意を払った。そうは言っても，治療者の介

入のかなり多くは,「御覧のように……」や,「私が思うのは……」で始まっており,これは治療者が,患者に理解してほしいか,少なくとも考慮してほしい見方を伝えていた。この最後の所見は,治療者にはちょっとした驚きとなった。

　ホブソンとカプール (2005) の研究の第二の目的は,独立した評価者が転移内解釈の諸例について一致できるのか,もしできるならば,そのような解釈はどのくらいの頻度で起きるのかを確定することだった。5段階尺度で,2人の独立した判定者は,治療者の解釈の「転移内性質 (in-transference-quality)」の評価において,十分な一致を示した。2人の判定値の差が1点以内だった割合を計算すると,評定の85.4%がこの基準を満たした。(最終的に2名の判定者による共同評定で合意されたものとして) 5点か4点が与えられた解釈のみを,転移内解釈として数える基準を採用した。

　治療者 (ホブソン) は,どの先行研究で報告されたよりもはるかに頻繁に,転移解釈をしていたことが判明した。彼は,3つの別個のコンサルテーション面接の最初の50分間に,18回から24回の転移解釈を行なっていた。これは,パイパーら (1991) によって記録された通常の心理療法セッション1回あたり平均5回の転移解釈,ホグレンドら (2006) によって「中程度の頻度」を表すと考えられた1回から3回の転移解釈,コノリーら (1999) によって報告された1%未満の治療者の言明と比較される。

　これらの所見は,心理療法者がコンサルテーション面接の最初の3分の2,約50分にわたる時間のうちに,かなりの数の解釈——すなわち,患者の言動の意味を探求する言明——を行なっていたことを示している。解釈は,次から次へと繰り出された。これらの3分の1から5分の3は,転移内解釈だった。治療者は,3名の患者それぞれの研究対象となった時間に,平均2,3分ごとに1回の転移内解釈を行なっていた。

　「平均的比率」は,時間軸上の不均等な分布のために,あまり意味がない。多くの場合,転移内解釈は面談の最初の段階に多く見られた。それは,治療者が患者に治療的な出会いの中で起きていることの明確化や理解に参加させようとしていたときだった。それから面談の第二段階に,転移内解釈の濃密だが幾分まだらな時期があり,ある例では,最後にさらに噴出した。ここでは,「できたて」で認知できる転移に関連した素材が速く現れるのか,もっとゆっくり現れるのかという程度が,いかに患者によって異なるかを思い起こすべきである。転移は時には,患者の個人史の諸側面が結晶化し,関係パターンを予備的

に示したものに形を与える時にのみ，明確にされる。

　治療者間の相違を考察することに戻ると，私たち自身の研究でのみアセスメントのコンサルテーション面接から，逐語記録が採られたことを思い出すことが重要である。しかもその面談は，患者が**最初は**計りしれない治療者を経験して取り扱う際の癖を際立たせる仕方で構造化されていた。それは，交流のこのとりわけ対人的な交流の領野を患者が理解してそれに対処するのを助けるのに，治療者が積極的に考えを提供することを避け難くした。そのような仕事が，患者の治療者との関係を焦点としたのは，不思議ではない。そして治療者が，特に患者が治療者自身の心の状態と解釈による介入にいかに**作用し**，それから**用いた**かに注意を向けたことも，不思議ではない。これらは，その場での今・ここでにある，「できたての」問題となった。

　この研究は予備的なものであり，ごく少数の治療者と患者からの素材に限られた。けれどもそれは，精神力動的心理療法の焦点と行い方——治療者の解釈に反映されるが，決してそれに限られない——が，心理療法者によって非常にはっきりと異なりうることを例証している。一般に別のものと思われている心理療法間の諸形式の差異を，取るに足らないと信じている疑い深い人がいるとは言え，精神分析的心理療法の下位領域内でさえ，事情はそうではない**ようである**。ここで私たちは，心理療法者の介入はスタイルにおいて，むしろクラシック音楽がジャズと対照をなすように，相当な差異を示す可能性を見出している。

　もちろん，クラシック音楽にはそれにふさわしい場があり，ジャズにはそれにふさわしい場がある——ただ，それらは同じものではないということである。アセスメントのコンサルテーション面接を含めて，精神分析的心理療法の性質と実践を熟考するとき，これは心に留めるべき重要なことである。治療者には，コンサルテーション面接をどう行なうかについて，選択肢がある。コンサルテーション面接の課題に接近する代わりの仕方は，どの患者にとっても，コンサルテーション面接が明らかにすることやコンサルテーション面接が促す発達に対して，密接な関わりがある可能性がある。

　補足的な観点から言うと，私たちの研究は他の人たちの調査研究の解釈に関係している。特に，転移解釈の頻度の分量の**意味**は，全体的な治療状況の枠内でしか評価できない。治療者によって非常に違っている解釈の頻度は，それが転移の中で作業する様式の相違を反映していると理解されてのみ，意味をなす。他の人たちの調査研究ではそう推定されるかもしれないが，転移解釈の「**容量**

は，投薬量を処方するかのように処方することはできない。より一般的に——かつ重要なことに——精神分析的心理療法に関するいかなる調査研究も，変動不能性を考慮に入れる必要がある。いくつかの調査研究の問いに関しては，患者間の変異性ばかりでなく治療者間の変異性は，比較的あまり問題ではないかもしれない。他の計画と目的には，大きな問題となる見込みが高い。

転移における関係上のパターン

　精神分析的心理療法の理論の中心には，2つの考えがある。第一に，人は対人関係のパターンを繰り返すということであり，第二に，そのパターンは転移の中で識別できる（そして影響を与えるのに利用できる可能性がある）ということである。対人関係性のいくつかの様式は，他のものより「原始的」で統合度が低い。患者の機能水準を決定することはしばしば重要であり，これに関して間違いを起こしうる。心的組織のさまざまな形式を特徴づける1つのアプローチは，メラニー・クライン（1935, 1946）の仕事に由来する。彼女は心の妄想分裂状態と，抑うつポジションを特徴づける心の状態を対比させた，クライン派の見方が精神分析的心理療法のコンサルテーション面接と関連していること，そしてそれ以上に，いくつかの精神科の障害の理解に関連していることは，どう研究される可能性があるだろうか。

　以下の研究（Hobson, Patrick, & Valentine, 1998）を始めるに当たって，私たちは科学的動機ばかりでなく政治的動機も抱いていた。確かに私たちは，一定層の患者たちと彼らの精神分析的心理療法者との関わりの性質について，何かを発見することに関心があった。しかしおそらく私たちは，量的な調査研究の対象になっていなかった現象への新しい方法論の適用を探求することに，より中心的な興味があった。私たちは，適切な臨床素材に適用された従来からの科学的方法が，これまで計量を逃れてきた心の部分に届きうると楽観していた。何十年もの間，問題の心理学的な機能様式は，精神分析理論の中で際立って重要な役割を果たしてきた。精神分析の外では，批評家たちはこれらの説明を，「まったく主観的」な地位にあるものとして退けた。

　第三の動機は，最初の2つと関連しているがかなり種類がかなり異なっており，私たちが研究を主流の精神医学雑誌に発表できるかどうかを見ることだった。このことは精神科医や心理学者に，問題を抱えた患者に見られる関係パター

ンの精神分析的な説明に対する，彼らの偏見のいくつかを再検討するように促す可能性がある。

　この最後の目的を念頭に置いて，私たちは自分たちの方法論的アプローチが，従来からの精神医学的な考え方と確実に噛み合うようにする――それに挑戦もするが――必要があった。そこで私たちは，境界性パーソナリティ障害（BPD）を有する成人女性を研究することにした。手元には，アメリカ精神医学会による『分類と診断の手引』（DSM-Ⅲ-R；APA,1987――私たちの研究当時の版）に正式に記された診断があり，精神分析的な志向性の研究に役立つものだった。私たちの仮説は，BPDという症候群のまとまりが，罹患した人を特徴づける経験と防衛の，「対象関係上の」（対人上の）諸構造を反映しているというものだった。言い換えると，精神科医がBPDと同定したものを，私たちは心的組織の原始的状態を表面化させる傾向がある人の，かなり純粋な培養物と見なす。

　では，精神医学の見方からすると，BPDという症候群は何で**ある**のだろうか。そして精神分析の観点からは，こうした原始的な関係状態は，何で**ある**のだろうか。診断と提案された関係上の配置の間の合致度を研究できる前に，これらの疑問への答が必要である。BPD症候群を有すると言われるのは，9つの診断基準のうち5つを満たすときである。その9基準とは，激しくて不安定な対人関係パターン・自己を傷つける可能性がある，少なくとも2つの領域での衝動性・情緒の不安定性・不適切で激しい怒りまたは怒りの制御の欠如・繰り返される自殺の脅しや自傷行為・顕著で持続的なアイデンティティ障害・慢性的な空虚感や倦怠感・現実または想像上の見捨てられを避けようとする気違いじみた努力そして一過性の被害的または解離性の症状である。

　ここで短い余談を述べよう。このように定義されると，BPDという症候群が特定の形式の自己-他者の経験・心的表象と関連していることは，決して自明ではない。実際，多くの精神科医や心理学者たちは，それに対して反論するだろう。さらに多くの人たちは，力動的組織の関係パターンと形式が，その症候群の**基礎**であるという考えに逡巡するだろう。私たちの目的は，このような提案が一部で考えられている以上に妥当性を有するかどうかを見るために，科学的に検証することだった。

　私たちは，グループの1人（ホブソン）が定例のNHS業務の一部として行なったアセスメントのコンサルテーション面接のビデオテープを集めたものから，事例を選んだ。7本のビデオテープはBPDを有する患者を，もう7本は

気分変調症（気分の落ち込みが少なくとも2年続いているが，大うつ病性障害の証拠はない）の患者を写していた。私たちは，精神力動的な訓練を受けた6名の心理療法者に，これら14本のアセスメント面接のビデオテープの，初め30分間を見るように求めた。彼らの課題は，各患者と治療者ホブソンとの間の対人関係性の諸性質を，30項目の「個人関係性プロフィール（personal relatedness profile）」に従って評定することだった。

個人関係性プロフィールの全体は，最初の発表（Hobson, Patrick, & Valentine, 1998）にあるが，私たちはそれによって，妄想分裂機能様式と抑うつポジション機能様式の本質を捉えようとした。焦点は，より原始的な心の状態を形づくると仮定されてきた分裂・否認・投影性同一化などの心的機制の作用にではなく，顕在的な関係上のパターンにあった。実際には，私たちは評定者が，患者の治療者への関係で目撃された関係性と，患者によって描写された日常的な関係に関する関係性の両方を考慮に入れることを許可した。

プロフィールの第1部は個人関係性に，第2部は経験されたか描写された人たち（「対象」）の特徴に，第3部（私たちはこれを補足と見なすようになった）は患者の主たる情緒状態に焦点を合わせている。各部には10項目あり，半分は妄想分裂ポジションの機能様式を，残り半分は抑うつポジションの機能様式の特徴となるようにされている。項目は，所与の患者に特徴的である（でない）ことに対して，1から5の間で採点される。実例として，下記は項目の一部である（P-Sは妄想分裂ポジション，DPは抑うつポジションを表す）。

患者が関与する「関係性パターン」の特徴

- 当事者たちにとって自由（と潜在的に愛情のある結びつき）を伴う相互関係（DP）
- 「同害報復法」によって作動する，復讐心・報復（P-S）
- 気遣いの欠如，人を物のように使用（P-S）
- 固定した敵意・虐待・不当な扱い・（加虐・被虐性を含む）支配-被支配の関係の，明瞭あるいは微妙な徴候（P-S）
- 患者（や述べられた他の人たち）が関係の複雑さと格闘する，両価性に対する能力（DP）

患者によって経験された人たち（「対象」）の特徴
- 誠実で献身的，「率直」（DP）
- 自己愛的で，わが事に没頭して人に合わせず，自己の欲求充足のために他者を使用（P-S）
- 他者の欲求と願望を承知して情動的に応じることができ，親身に世話をする（DP）
- 不安に圧倒されずに依存や無力さを認められ，おそらく真の感謝を表す（DP）
- 迫害的で恐怖を引き起こし，邪悪でいわれなく意地が悪い（P-S）

　それでは，心理療法者がアセスメントのコンサルテーション面接の，30分間のビデオテープを14本見て，これらのような項目について見たものを評定したとき，何が起きただろうか。
　第一の結果は，独立した評定者たちは個人関係性プロフィールの諸項目の判定において，相当な一致を示したということだった。所与の患者の対人関係性のパターンとその患者によって経験された人たち（治療者を含む）の諸特徴は，「客観的な」仕方で同定されることができた。とりわけ精神分析的な記述は，個人に特異的な想像されたものであるという意味で，ただ「主観的」なのではなかった。それは，患者の対人関係について何か客観的なものを捉えていた。
　第二に，項目の諸得点間の相互相関関係は，妄想分裂ポジション機能様式と抑うつポジション機能様式の区別に対応する単一因子によって，きわめて妥当なように説明された。言い換えれば，妄想分裂ポジションの諸項目で高得点だった人たちは，この種の別の項目でも高得点である見込みが高かったのに対して，抑うつポジションの諸項目で高得点だった人たちもまた，項目全体にわたって比較的一貫性があった。
　最後に，うまく合わない項目を除外し，個々の患者が尺度上でどのように得点したかを調べたところ，私たちは２つの診断群の間に，ほぼ完全な分割があることを見出して感銘を受けた。確かに，気分変調症の患者の得点は，予期されたように相当量の妄想分裂ポジション機能様式を示し，重複部分はわずかだった。にもかかわらず，各群のこのように少数の患者にさえ，非常に明確な統計的に有意な群間の差があった。BPDを有するほぼすべての女性が，気分変調症を有するほぼすべての女性よりも，妄想分裂ポジション機能様式では得

点が高く，抑うつポジション機能様式では得点が低かった。

　したがって，診断と精神分析的に考え出された関係状態についての私たちの尺度との間には，非常に緊密な結びつきがあることが判明した。当然ながらこのことは，問題の多い関係状態がBPDの多岐にわたる精神医学的／記述的な特色の**根底にある**ものだと証明はしないが，もちろんそのような主張と両立する。さらには，その障害のどんな説明でも，いかにしてそのような関係パターンが臨床像に，これほど一貫して現れるのかを説明する必要がある。これらの患者の情動的困難は，時には精神科医によって気分の障害として描写されるとは言え，情動を帯びた比較的特定の種類の**個人関係**から成っていた。BPDに対する基準の中で「情緒の不安定性」や「激しい怒り」として抽出されているものは，まさにそれである——これらの情動的な特色をその諸側面とする，対人力動から抽出されている。

　この研究の達成したものがどのようになされたかは，強調する価値があるかもしれない。私たちは，私たちの群を注意深く，それらが精神医学的な診断に**おいても**，（私たちの仮説に従って）精神分析的な特徴においても異なっているように選択した。臨床素材は，私たちが研究していた心の状態の個人差を際立たせるように計画されたコンサルテーション面接から選択された。私たちは精神分析的な思考に近い尺度であると同時に，精神力動的に訓練された判定者がビデオ録画された患者—治療者の相互作用の中で観察できるものに焦点を当てた尺度を考案した。私たちは，患者の診断を知らない独立した評定者が，私たちの尺度を用いた判定で一致しうるかどうかを確認した。私たちは，データが分析されたときに明らかになりそうな群間の差異について予測した。

　これらの計画の要点が万事整えられて，研究を開始する準備ができた。おそらく最も重大だったのは，私たちが対人的な関わりの性質を，訓練を受けた専門職者によって，十分に洗練されていて感度の良い評価尺度を用いて測定すると決定したことだっただろう。その結果は，私たち自身をさえ驚かせるものだった。

「内的な」関係状態

　精神分析的な思考のもう1つの中核的な特徴は，他の人たちと生きられるという意味で外的な諸関係と，個人の心の中で表象され生きられるという意味で内的な諸関係との間に，絶え間ない相互交流があることである。以下の共同研

究（Lyons-Ruth, Melnick, Patrick, & Hobson, 2007）は，また BPD を有する成人に関するものだが，私たちはコインの「内的な」側に向かった。

　私たちは，BPD を有する女性の，敵対（hostile）と無力（helpless）という心の状態に焦点を当てた。私たちの研究に参加したのは，この診断の女性 12 名と，年齢・診断上の地位・抑うつ尺度の評点が類似する気分変調症の女性 11 名だった。今回はビデオテープではなく，早期の重要な関係に関する面接，つまり成人愛着面接（AAI；the Adult Attachment Interview）（George, Kaplan, & Main, 1985）からの逐語記録を研究した。私たちはこの面接については次節で詳しく述べるが，ここでは面接を受けた人が，自分の早期の重要な関係と経験を，特に愛着人物に関する（分離・動揺・外傷(トラウマ)を含む）ことを振り返ると言っておけば十分である。

　私たちは，AAI のためにカーレン・リオン-ルースとその同僚たちによって作成された評定尺度である，敵対——無力コーディング・システム（the Hostile-Helpless Coding System）（Lyons-Ruth, Yellin, Melnick, & Atwood, 2005）を用いた。これは以下のような，心の〈敵対—無力〉の状態の水準に対して（1-9 の幅を）両端として測定された得点を与えるいくつかの指標から構成されている。

- 養育者についての全面的な価値下げの頻度。それには積極的に否定する脱価値化と「冷淡な」軽蔑的記述が含まれる
- 脱価値化された養育者との同一化。そこでは参加者が，否定的に評価したアタッチメント人物と自己との類似点を，明確に認めていないかもしれなくても尊重するか受け入れているように見える
- 恐ろしい情緒への繰り返される言及
- 悪いものとしての自己の感覚への繰り返される言及。そこには罪責感と責任感，軽蔑に値するか肯定的な注目に値しないという感情が含まれる
- 苦痛を笑う，繰り返される例。そこでは情動的に苦痛か否定的な経験を語る際に，笑いが伴う
- 断絶したアタッチメント。そのとき参加者は，接触を故意に終わらせる決断を通じて，親兄弟の 1 人以上ともはや接触していないことに言及する

　養育者の全面的な価値下げ得点が高い 1 つの言明は，こうだった。「私は軽

蔑すら感じています。私は彼らをもう憎んではいません，かつては彼らを憎んでいて，彼らに何をしてやろうか，彼らをどうやって殺そうかという白昼夢にふけっていました，でも，彼女にその価値はありません」。価値下げされた養育者との同一化を反映した言明は，こうだった。「……そして私はよく彼らを怒鳴りました，それは私が脅されたと感じた人たちが，教師とかいうものや母親みたいによく私を叱りつけたのと，同じやり方でした。私は同じ口調を使って同じようなことを言いました」である。ここでは患者が，母親が自分に向けたと感じられたものとまったく「同じような（脅す）こと」を，他の人たちに向けて実演することに囚われていると感じていることが見られる。

　各個人は，総合点が5点以上ならば，重要な愛着経験に関して心の〈敵対―無力〉の状態を有していると分類される。〈敵対―無力〉に分類される逐語記録は，面接を通して生じている中心的な関係についての，対立する評価の証拠が特徴である。その評価は，参加者によって話題にされることも調停されることもない――たとえば「私たちは友達だった……私たちは敵だった」のように。このスキーマが，精神分析の理論化とどれほど密接に連携しているかは，これから明らかになるだろう。

　結果は，3階層の（独立していない）事前予測と一致して，気分変調症を有する群では半数 だったのに対して，(1) BPDを有する全患者は，心の〈敵対―無力〉状態を示した。(2) BPDを有する患者は，全面的に価値下げする表現を有意に高い頻度で示した。そして(3) BPDを有する患者は，価値下げされた敵対的な養育者と同一化する強い傾向を示した（BPDでは58％なのに対して，気分変調症では18％）。加えて，気分変調性の患者よりも有意に多くの境界例患者が，子ども時代の愛着人物への支配的な振る舞いに言及した。

　ここでもまた私たちは，**適切な類の**正式な調査研究方法が，個別の形式のパーソナリティ障害を有する人たちにとって決定的か少なくとも特徴的なものとして，関係の過程――外的にも内的にも――への，理論的志向性における転換を促す可能性を見出している。特定の精神力動的精神病理学の諸特徴を評価のために選び，それらを関連する形式の精神科的障害を有する患者群間との比較という文脈で検討すると，さもなければ不明瞭のままだったかもしれない事柄を，明らかにすることができる。コンサルテーション面接が個々の患者のためにできることを，正式な調査研究は，精神病理学の本質のために達成できることがある。

諸関係の「心的表象」

　精神分析者たちは，人の対人関係の諸性質と思考する能力とのつながりを詳細に論じてきた。思考作用の1つの現れは，人の言説である。第4章では，患者の質問表の中には情報の少ないものもあれば，大文字で記入されたもの，走り書で細々とぎっしり詰まっているものもあることに触れていた。ほとんどの場合，そのような個人差はその人の情動的／関係上の困難を表していると判明する。ただしそのことは，コンサルテーション面接が行なわれてからしか明らかにならない可能性がある。

　愛着の伝統を受け継ぐ最近の研究は，関係と思考作用の間のこの結びつきを探究している。数年前に私たちは，BPDを有する人における思考作用と言説を探究するために，当時としては新しい手段だったAAI (George, Kaplan, & Main, 1985) を採用することに決めた (Patrick, Hobson, Castle, Howard, & Maughan, 1994)。私たちがそうした理由は，この測定法が精神力動的構造の，科学的に扱いやすい指標であると考えたからである。

　私たちはAAIそのものについて，もう少し述べる必要がある。覚えておくべき1つの重要なことは，その面接がどのように生まれたかである。1980年代半ば，メアリ・メイン (Mary Main) と同僚たちは，親からの分離に対する幼児の反応を査定するために，5年前に自分の乳幼児とテストを受けた，40名を超える親（主に母親）の群を自由に使うことができた (George, Kaplan & Main, 1985)。研究者が行なったのは，その親たちに面接をして，5年前の母子の分離-再会反応と，今その母親たちが自分の子ども時代の経験について，考え話すことができる仕方との間に，何らかの対応があるかどうかを見ることだった。これは実に優れた着想だった。実際には，乳幼児たちは母子関係の指標として用いられ，その関係はある類の母親面接を他のものから区別するために用いられた。「安定したsecure」母子関係にある母親たちのほとんどは，自分の子ども時代を「自由に評価」できたのに対し，「不安定なinsecure」母子関係は，自分自身の子ども時代に素っ気ない態度をとるか，自分の早期の関係についての説明の中で縺れたり囚われたりしがちな母親を含むものだった。

　言い換えれば，母親とその子どもとの間で**観察された**関係は，母親が自分の早期の関係**について**首尾一貫して**考える**ことのできる程度と一致していた。

　ここでの目的にとって特に重要なのは，人が囚われた心の状態を表すときで

ある。これは，長い面接（あふれ出ている質問表におけるように）になりがちである。その人の言説には，原因不明の視点の揺れ・ほとんどあるいは全然関係ない反応そして非常に縺れており混乱し区切れのない文章を示す。ここで実例として，ある BPD を有する人からの逐語記録の一部を示す。

　「うーん，私は母により親しみを感じていました。うーん，なぜなら彼女は，私は特別だと感じさせてくれたからです。私は思うんです——えーと，何でもできて，私は本当にうまくやるつもりだったし，えーと，すべてのことはうまくいくんだろうと。えーと，私はそれでとても良い気分でしたし，父とのとはまったく違っていました——私が父から得た，たった1つのものは，そう，あなたは大丈夫，物事は……私の行く手にはいつも邪魔物があって，そして物事は……私の行く手にはいつも邪魔物があって，人は，人生にいつも限りなく失望するんでしょう……」

　面接への付加的な評定は，人が喪失や外傷（トラウマ）の経験について語る時の，認知的な無秩序・無方向に関わる。それの徴候には，人がこうした話題について語っているときの，推論の途切れ・根拠のない恐怖や罪悪感・不合理な思考過程が含まれる。このような特色がある時，その人は喪失や外傷（トラウマ）に関して「未解決」であると言われる。

　BPD を有する患者の機能様式についての私たち自身の仮説は，精神分析の発達的理論に由来した。私たちはビオン（1962）の考えを活用した。彼は，幼児が経験や感情を包容（コンテイン）して吸収し，有効に思考する能力を発達させていくことになっているのならば，十分に感受性があって情動的に包容（コンテイン）する養育者を必要とすると主張した。もしも感受性のある養育者がいなければ，子どもは困難で外傷的な対人関係上の出来事を統合できないかもしれない。私たちは，BPDを有する患者たちが比較的均質な群をなすのは，彼らには困難な感情を包容（コンテイン）しがたく，結果として特徴的な，認知上の混乱を引き起こす諸防衛を展開するからだと考察した。

　再び私たちは BPD という精神科的な診断を，防衛スタイルと心的組織において比較的同質であると私たちが推測する群を構成する手段として扱っていた。私たちは，BPD を有する患者は気分変調症を有する患者と比較して，①AAIでは「囚われ型」となりそうであり，②子ども時代の外傷的な出来事に関して，

「未解決・無秩序」である証拠をより示しそうだと予測した。

　私たちの参加者は，心理療法の待機リスト上の，境界例の女性患者12名と気分変調症の女性患者12名だった。これらは，先述の〈敵対―無力〉研究に参加した群とほぼ同じだった。面接の逐語記録は，研究および患者群の性質について知らない人によって評定された。

　意外にも，境界例患者では12名すべてが，しかし気分変調症患者ではわずか4名が，AAIで「没頭型／囚われ型」と評定された（類似の，しかし白黒がこれほどはっきりではない結果がFonagy et al., 1996にある）。実際，12名中10名の境界例の女性が，E3という特殊な下位カテゴリーに分類されたが，気分変調症の女性は誰も該当しなかった。E3とは，彼らが愛着人物との経験に関して「混乱し，恐れ，圧倒されている」ように見えたことを意味する。

　加えて，外傷と喪失の総合得点は2グループで非常に似よっていて，境界例の被験者の12名中9名が，そして気分変調症の被験者の12名中10名が，AAIの評定表に設定された重大な外傷や喪失の基準を満たすエピソードを報告したが，境界例の被験者9名はみな，報告した外傷または喪失に関して未解決型に分類され，それに対して気分変調症の被験者では，10名中2名のみだった。私たちがもっと特に外傷に焦点を当てた時，境界例患者の6名が恐ろしい殴打から子ども時代の性的虐待まで，多岐にわたる経験を報告するのを見出した。私たちの気分変調症群の患者5名は，重篤度がそれに匹敵する外傷を報告した。しかしながら，境界例患者6名全員がこれらの外傷的な経験に関して未解決型に分類されたのに対し，気分変調症の患者5名は誰もそう分類されなかった。後者の非境界例の女性たちのみが，自分の経験について首尾一貫して考えることができた。

　このことが意味したのは，おおむね**行動**によって定義されたBPDという症候群BPDを有する患者には，私たちが精神分析理論に基づいて予想したものと一致する，**心的構造**の特有のパターンを持っていたということである。結果は，BPDを有する人たちがどのように彼らの仕方で考える（あるいは考えない）ようになるかを考察し，さらには思考作用の**発達**を過去および現在の親密な関係における間主観的経験という文脈の中で考察する必要があることを示している。この結果を，先に引用した妄想——分裂機能様式および境界例の人の〈敵対-無力〉の関係状態についての研究結果と統合する道は，開かれている。

再び外へ

　私たちは調査研究の最後の一片を加えて，これまでの経過を補うことができる。もしも精神分析の見方が正しく，内的なものが親密な関係の中で生きられるようになるならば，BPDを有する母親は自分の乳幼児に，どう関わると予想されるだろうか。

　クランデル，パトリック，ホブソン（Crandell, Patrick, and Hobson, 2003）は，BPDを有する母親たちが，2カ月の乳児と向かい合って遊ぶのを研究した。その母親たちは，「侵入的に鈍感」と評定される傾向にあった。母親が90秒間「静止した顔」をし続けるのに反応して，これらの母親の乳児たちは，非境界例の母親の乳児よりも，ぼうっとした眼差しを示し，母親から目を逸らすことが多く，続いて気分はかなり落ち込んだ。この印象的な結果は，境界例の母親の乳児は，早くも生後2カ月で応答しない母親に関わるという難題を扱う能力が低いことを示唆している。ビデオテープを見た一部の人は，乳児たちが「被害的」に感じているのではないかと疑った。乳児のその後の発達にとって不利な可能性のある含みは，生後12カ月に達した時明らかだった（Hobson, Patrick, Crandell, Garcia-Perez, & Lee, 2005）。特に，大多数が無秩序な愛着パターンを示した。

　後者のフォローアップ研究（Hobson et al., 2005）で，今度は教授課題において境界例の母親は再び，その幼児に対して侵入的に鈍感と評価された。後続の研究は，母子の分離─再会場面に適用された，母親の行動のより細やかな評定を含んでいる（Hobson et al., 2009）。抑うつを有する母親や精神病理を有しない母親と比較して，BPDを有する女性はより高い割合（85％）で，自分の乳幼児との混乱した情緒的コミュニケーションを示した。幼児たちは，特におびえ／無方向の行動が優勢であることが顕著だった。それは，無秩序な愛着の乳幼児と強く関連するパターンである（Hesse & Main, 2006）。

　覚えておいてほしいのは，関係上のパターンは，精神病理の深く埋め込まれた諸側面を構成しているということである。1つの含みは，障害の世代間伝達の深刻な危険があるかもしれないことである。これもまた，心理療法のコンサルテーション面接で現れる問題であるかもしれない。

最終的な省察

　この調査研究は，アセスメントのコンサルテーション面接を行なう精神分析的心理療法者にとっては，どのような価値があるだろうか。私たちが記述した諸研究によって，精神分析的心理療法のコンサルテーション面接の性質や概念上の焦点・重篤な精神病理の本質と含みについて，あなたの見方は豊かになったのか，挑まれたのか，あるいは変更されたのかどうかの判断は，あなたたち読者に委ねる。このことについて考える方法の1つは，「私は結果を知る前に，その知見を予測していただろうか？」と尋ねることである。

　私たちは，別の種類の反響で終える。本章で記述された諸研究は，誰かが精神医学的または心理学的援助を求める時，その人の関係パターンを系統的に規則正しく探究することが重要かもしれないという見方に対して，異例の**形式**の経験的支持を提供している。さらに，もしもコンサルテーション面接が情動的困難の臨床的側面をとらえようとするなら，一定のアセスメント面接のスタイル——そしてそれ以上に，臨床的な現象を見て解釈する1つの仕方——が活かされる必要があるかもしれない，ということのようである。主流の精神医学と心理学は，精神分析的コンサルテーション面接が生み出せる**独特**の形の洞察を達成するのに必要な手段を持っていない。そのような洞察は，臨床的評価とマネージメントにとって周辺的なものとして退けることはできない。それは，人の精神疾患を理解するために中心的な意義があって，適切な介入を決定するためにきわめて重要である可能性がある。

第11章

再　考

アントニー・ゲーリック（*Antony Garelick*）

　私の寄稿は，短いものとなる。本書の初めの方の章で，バーコウィッツとミルトン（Ruth Berkowitz & Jane Milton）は，私が1994年に刊行した「心理療法アセスメント：理論と実践」と題した論文を文献として快く挙げてくれた。ここで私は，その論文を書いて以来変化したことについて，振り返りを提供する。私が述べることは，本書の他の寄稿者たちによって取り上げられ討論された，多くの重要な問題を補足するだろう。

　無意識は時間を超越する。患者の呈する仕方は時とともに変化するかもしれない——たとえば，古典的な転換性ヒステリーは，医学的には説明できない症状や心身症に道を譲ったようである——が，人々の根底にある葛藤と情動的な困難は，おそらくほとんど変わっていない。それらより急速に変化したのは，社会および精神分析的心理療法が行なわれる環境である。

　患者と精神分析的心理療法者の間の変化していく関係について，考えてみよう。20年前には，専門家の権威は疑われることがなかった。援助というものは，本来的に父権主義的だった。一般的に患者は，コンサルタント心理療法医の威信に挑戦することも，不快な要求をすることもなかった。彼らはアセスメントされているのであって，意見を求められてはいなかった。問われているのは，彼らが特定の様式の治療に適しているのかいないのかだった。

　患者の期待は変化した。今や消費者が支配している。多くの場合，患者はもはや患者とは呼ばれない。彼らには権利や資格があり，より多くの情報を入手する経路がある。彼らはインフォームドコンセントをする必要がある。彼らはあらゆることがより明白であることを求める。彼らはほとんどすべてについて

知り，専門家の文書や書類を閲覧する権利を持っている。

　それに一致して，心理療法のコンサルテーションは微妙な交渉となった。今や問題はその患者にとって，どの治療法がより適しているかと，最も気に入るものなのか，である。

　もちろん，このことの多くは，好結果を生んでいる。しかし変化は，意図しない結果をもたらしている。

　分析的コンサルテーションを行なうに当たって，どのような融通性が残されているだろうか。治療者がある時間，自由連想は人の心の基底にある状態を探索して理解に達するのに最も効果的であろうという原理に則って，かなり沈黙のままでいると仮定してみよう。現在の風潮では，これは患者の期待しているものおよび多くの患者が期待する権利があると感じているものからの，まったくの逸脱に該当する。人によっては，患者と医師との間の慣習的なやりとり，たとえば病歴の聴取・特定の問診・治療の処方から変わるならば，どのようなものでもコンサルテーションに先立って説明されなければならない，という見方をするだろう。これもまた，そうあるべきことなのだろうか。この慣例から，どのような損失と利益が生まれるだろうか。あるいは，補足的な視点からすると，精神分析的精神療法者は，もしもこの仕事には共感と支持ばかりでなく，患者に対する挑戦や直面化を含む必要があるならば，どのような危険を冒して仕事を引き受けているのだろうか。患者の探しているもの——パーソナリティの諸部分を働かせることであれ，共謀関係に入ることであれ——が，患者はまったく必要としていないものならば，どうだろうか。

　私は潜在的にありうる問題を強調してきた。そこには有益な面もある。たとえば，患者がいかに明白に述べられた情報と，彼らの治療の論理的根拠を求めているかを，私は強調してきた。これには健康な側面がある。コンサルテーションの過程が，自分の人生に対して人がもっと責任を持たないようにではなく，持つようにすることは，非常に重要である。だから私も，自分の技法の諸側面を調整するようになって来ており，それは単に警戒からだけではない。私はたとえば，最近は自分のどんな解釈でも介入でも，その後をフォローアップするようにしている。これによってしばしば解釈や介入は，意識的で明白な形で，確かに患者に刻み込まれ近づきやすいものになる。これによって，無意識的な経験が言語的コミュニケーションへと変形される時の，患者の反応を判定する機会も提供される。

視点には，他の関連する転換も起きている。心理療法のマーケットには，大量の治療的アプローチが溢れるようになった。大体，それらは言語化してはっきりと述べることができるものに焦点を当てている。治療は，短期間で測定可能な結果があるものとして自分を売り込んでいる。これらの性質はいずれも，患者が治療によってもたらされると期待するものに組み込まれるようになっている。患者が，動揺や痛みを伴ったり，長引くことになったりするかもしれず，結果がまったく不確かな治療に狼狽するのは，不思議ではない。それ以上に，精神分析的心理療法は，治療計画というものに従って，要約して管理できるものを通じて患者たちを安心させる代わりに，彼らを未知で定式化されていないものの方へと向かわせる。

もちろん症状の緩和に関わることは，深い理解を求めることと，両立不可能ではまったくない。それでも医療行為は一般に，そして心理療法のやり方は特に，ますます手順（プロトコル）に追い立てられるようになっている。この手続きによるアプローチは，エビデンスに基づく方向性とかみ合っている。それは1つには，エビデンスは注意深く標準化され観察記録された治療に由来する（またそれに適用できる）必要があるからである。問題となるエビデンスは，体系的で統計的に分析されたデータから導き出される。そのデータは，異なる治療を受けている患者群の比較であることが多い。

このようなエビデンスには価値があるかもしれないが，重要なあらゆるものの網羅はしていない。コンサルテーション面接を求める個人には，その人に特有の多くのことがある。どの患者にもその人の物語，主観的経験，さまざまな希望とさまざまな恐れ，夢がある。これらの個人に独自の諸側面は単に，不安や抑うつのような「状態」の診断を条件づける細目なのではない。それらは，敬意と治療的な注目に値するものでもある。心理学的な志向性のある患者は，話を聞いてもらい理解されようと必死にしているかもしれない。心理療法者と関わるという強い影響力のある経験は，患者の心の中での内的対話のきっかけとなりうる。

私が高い機能を発揮している専門家たちとの最近の自分の臨床的な仕事について考える時，2種類の患者が直ちに心に浮かぶ。高い成果を上げている完璧主義の多くの個人において，主要な力動は，彼らの超自我の過酷な性質に関係している。それは批判過剰から自己処罰的なもの，自我破壊的なものまで，幅広い。必然的に，これは転移の中で表現されるようになり，そこで洞察と幾ら

かの改善が達成されるかもしれない。患者の第二のカテゴリーは，個別の症状を呈する患者から成る。1つの深く考えさせる例は身体醜形障害であり，それはしばしば妄想に近い状態にまで達する。コンサルテーション面接の焦点は，患者を自分の症状について新しい理解の仕方の方へと転換させることである。時間があれば，たとえ否認と否定に直面しても，いくらかの患者は，情動的な問題が自分の身体に投影されていることを理解し始めることができる。すると，さらに創造的な対話が展開できる。非精神分析的な形の心理学的介入が，この特殊な種類の発達上の進歩をどのようにもたらすか思い描くのは，困難である。

　要約すると，社会および環境の諸変化には，精神分析的心理療法におけるコンサルテーション面接の管理にとって重大な含みがある。消費者中心のモデルに従って，もしも心理療法が物質的な商品の一種類に過ぎないならば，私たちは消費者を幸せにするために，私たちの製品をパッケージにして市場に出すべきなのだろうか。それに代わる案は何だろうか。私たちは社会と組織の要請と期待に応えながら，転移と逆転移の中で明らかにされるような無意識的な諸因子には，どのように真剣な注意を捧げられるだろうか。

　この企てが一体何であるのかを定式化し，おそらく再定式化する必要が，あるように思われる。精神分析的心理療法の本質は，同じままである——すなわち，患者たちが自分の人生で起きていることを，情動的・発達的そして関係志向の観点から，理解できるようにすることである。その目的は，その人の困難についてのより深い理解が生まれるようにすることであり，その理解とともに患者が，自分の心と人生においてさらに統合を達成するのを助けることである。もし人が，それまでは無意識的だった現象を意識化できるならば，そしてそうすることで自我の健康な部分に，さらなる統制と選択のもとで新しい洞察と気づきを利用できることを可能にするならば，患者は反復的で無意識の不適応的な精神内界・対人関係の相互作用の支配から解放されて，人としてもっと力を与えられたと感じるようになるかもしれない。

文　献

Aarons, Z. A. (1962). Indications for analysis and problems of analyzability. *Psychoanalytic Quarterly,* 31: 514-531.
Abraham, K. (1919). The applicability of psychoanalytic therapy to patients of advanced age. In: *Selected Papers on Psycho-Analysis* (pp. 312-317). London: Hogarth Press [reprinted London: Karnac, 1979].
APA (1987). *Diagnostic and Statistical Manual of Mental Disorders* (3rd edition, revised). Washington, DC: American Psychiatric Association.
Bachrach, H. M., & Leaff, L. (1978). Analysability: A systematic review of the clinical and quantitative literature. *Journal of the American Psycho-analytic Association,* 26: 881-920.
Bachrach, H. M., Weber, J., & Solomon, M. (1985). Factors associated with the outcome of psychoanalysis (clinical and methodological consid-erations) : Report of the Columbia Psychoanalytic Center Research Project IV. *International Review of Psychoanalysis,* 12: 379-389.
Baker, R. (1980). The finding of "not suitable" in the selection of super-vised cases. *International Review of Psychoanalysis,* 7: 353-364.
Bibring, F. (1937). Symposium on the theory of the therapeutic results of psychoanalysis. *International Journal of Psychoanalysis,* 18: 170-189.
Bion, W.R. (1962). A theory of thinking. *International Journal of Psychoanalysis,* 43: 306-310.
Bloch, S. (1979). Assessment of patients for psychotherapy. *British Journal of Psychiatry,* 135: 193-208.
Britton, R. (1998). *Belief and Imagination: Explorations in Psychoanalysis.* London: Routledge.
Coltart, N. (1987). Diagnosis and assessment of suitability for psychoanalytic psychotherapy. In: *Slouching Towards Bethlehem and Further Psychoanalytic Explorations* (pp. 15-26). London: Free Association Books, 1992.

Connolly, M. B., Crits-Christoph, P., Shappell, S., Barber, J.P., Luborsky, L., & Shaffer, C. (1999). Relation of transference interpretations to outcome in the early sessions of brief supportive-expressive psycho-therapy. *Psychotherapy Research, 9*: 485-495.

Cooper, J., & Alfillé, H. (Eds.) (1998). *Assessment in Psychotherapy*. London: Karnac, 2005.

Crandell, L. E., Patrick, M. P. H., & Hobson, R. P. (2003). "Still-face" inter-actions between mothers with borderline personality disorder and their 2-month-old infants. *British Journal of Psychiatry, 183*: 239-247.

Epstein, R. A. (1990). Assessment and suitability for low-fee control psychoanalysis. *Journal of the American Psychoanalytic Association, 38*: 951-984.

Erle, L & Goldberg, D. (1979). An approach to the study of analysability and analysis: The course of 40 consecutive cases selected for super-vised analysis. *Psychoanalytic Quarterly, 47*: 198-228.

Fenichel, O. (1945). *The Psychoanalytic Theory of Neurosis*. New York: W.W. Norton.

Fonagy, P., Leigh, T., Steele, M., Steele, H., Kennedy, R., Mattoon, G., et al. (1996). The relation of attachment status, psychiatric classification, and response to psychotherapy. *Journal of Consulting and Clinical Psychology, 64*: 22-31.

Frank, J. (1956). Indications and contraindications for the standard tech-nique. *Journal of the American Psychoanalytic Association, 4*: 266-284.

Freud, A. (1954). The widening scope of indications for psychoanalysis. *Journal of the American Psychoanalytic Association, 2*: 607-620. [Also in: *The Widening Scope pf Indications for Analysis: Indications for Child Analysis*. London: Hogarth Press, 1969.]

Freud, S. (1904a). Freud's psycho-analytic procedure. *Standard Edition, 7*: 249-254.

Freud, S. (1905a). On psychotherapy. *Standard Edition, 7*: 257-268.

Freud, S. (1905e [1901). Fragment of an analysis of a case of hysteria. *Standard Edition, 7*: 7-122.

Freud, S. (1912b). The dynamics of transference. *Standard Edition, 12*: 99-108.

Freud, S. (1912e). Recommendations to physicians practising psycho-analysis. *Standard Edition, 12:* 111-120.

Freud, S. (1915b). Thoughts for the times on war and death. *Standard Edition, 14*: 273-302.

Freud, S. (1917e [1915]). Mourning and melancholia. *Standard Edition, 14:* 243-258.

Freud, S. (1920g). *Beyond the Pleasure Principle. Standard Edition, 18*: 7-64.

Freud, S. (1921c). *Group Psychology and the Analysis of the Ego. Standard Edition, 18*: 69-143.

Freud, S. (1926d [1925]). *Inhibitions, Symptoms and Anxiety. Standard Edition, 20*: 77-175.

Freud, S. (1937c). Analysis terminable and interminable. *Standard Edition, 23*: 216-253.

Garelick, A. (1994). Psychotherapy assessment: Theory and practice. *Psychoanalytic Psychotherapy, 8* (2) : 101-116.
Garland, C. (Ed.) (1998). *Understanding Trauma: A Psychoanalytic Approach.* Tavistock Clinic Series. London: Duckworth [revised edition, London: Karnac, 2002).
Garland, C. (2005). Trauma and the possibility of recovery. In: S. Budd & R.Rusbridger (Eds.) , *Introducing Psychoanalysis: Essential Themes and Topics* (pp. 246-263). London: Routledge.
George, C., Kaplan, N., & Main, M. (1985). *The Adult Attachment Interview for Adults* (2nd edition). Unpublished manuscript, University of California, Berkeley, CA.
Glover, E. (1954). The indications for psychoanalysis. *Journal of Mental Science, 100*: 393-401.
Greenson, R.R. (1967). *The Technique and Practice of Psycho-Analysis, Vol. 1.* London: Hogarth Press.
Herman, J. (1992). *Trauma and Recovery: From Domestic Abuse to Political Terror.* New York: Basic Books.
Hesse, E., & Main, M. (2006). Frightened, threatening and dissociative parental behaviour in low-risk samples: Description, discussion, and interpretations. *Development and Psychopathology,* 18: 309-343.
Hinshelwood, R. D. (1995). Psychodynamic formulation in assessment for psychoanalytic psychotherapy. In: C. Mace (Ed.), *The Art and Science of Assessment in Psychotherapy* (pp. 155-166). London: Routledge.
Hobson, R. F. (1985). *Forms of Feeling: The Heart of Psychotherapy.* London: Routledge.
Hobson, R. P. (1985). Self-representing dreams. *Psychoanalytic Psycho-therapy, 1* (3) : 43-53 [reprinted 2008, *Psychoanalytic Psychotherapy,* 22: 20-30].
Hobson, R. P. (1993). The emotional origins of social understanding. *Philosophical Psychology, 6*: 227-249.
Hobson, R. P. (2002). *The Cradle of Thought.* London: Macmillan; New York: Oxford University Press, 2004.
Hobson, R. P., & Kapur, R. (2005). Working in the transference: Clinical and research perspectives. *Psychology & Psychotherapy: Theory, Research and Practice, 78*: 1-21.
Hobson, R. P., Patrick, M. P. H., Crandell, L., Garcia-Perez, R., & Lee, A. (2005). Personal relatedness and attachment in infants of mothers with borderline personality disorder. *Development and Psychopathology, 17,* 329-347.
Hobson, R. P., Patrick, M., Hobson, J. A., Crandell, L., Bronfman, E., & Lyons-Ruth, K. (2009). How mothers with borderline personality disorder relate to their infants. *British Journal of Psychiatry, 195*: 325-330.
Hobson, R. P., Patrick, M. P. H., & Valentine, J. D. (1998). Objectivity in psychoanalytic judgements. *British Journal of Psychiatry, 173*: 172-177.

Hoglend, P., Amlo, S., Marble, A., Bogwald, K.-P., Sorbye, O., Sjaastad, M. C., et al. (2006). Analysis of the patient-therapist relationship in dynamic psychotherapy: An experimental study of transference inter-pretations.*American Journal of Psychiatry, 163*: 1739-1746.

Huxster, H., Lower, R., & Escott, P. (1975). Some pitfalls in assessment of analyzability in a psychoanalytic clinic. *Journal of the American Psycho-analytic Association, 23*: 90-106.

Jones, E. (1920). *Treatment of Neuroses*. London: Bailliere, Tindall & Cox. Joseph, B. (1985). Transference: The total situation. In: *Psychic Equilibrium and Psychic Change* (pp. 157-168). London: Routledge, 1989.

Kantrowitz, J. (1987). Suitability for psychoanalysis. In: R. Langs (Ed.), *The Yearbook of Psychoanalysis and Psychotherapy* (pp. 403-416). New York: Gardner.

Kantrowitz, J., Katz, A. L., Greenhan, D., Morris, H., Paolitto, F., Sashin, O., et al. (1989). The patient-analyst match and the outcome of psychoanalysis: A pilot study. *Journal of the American Psychoanalytic Association, 37*: 893-920.

Kapur, R. (1998). *The Effects of Different Styles of Interpretation on the State of Mind of the Patient in Individual Psychotherapy*. Unpublished PhD thesis, Birkbeck College, University of London.

Kernberg, O., Burnstein, E., Coyne, L., Appelbaum, A., Horowitz, L., & Voth, H. (1972). Psychotherapy and psychoanalysis. Final part of the Menninger Foundation's psychotherapy research project. *Bulletin of the Menninger Clinic, 36*: 1-275.

Klauber, J. (1971). Personal attitudes to psychoanalytic consultation. In: *Difficulties in the Analytic Encounter* (pp. 141-159). New York: Jason Aronson, 1981.

Klein, M. (1935). A contribution to the psychogenesis of manic-depressive states. *International Journal of Psychoanalysis, 16*: 282-310.

Klein, M. (1946). Notes on some schizoid mechanisms. *International Journal of Psychoanalysis. 27*: 99-110.

Klein, M. (1952). The origins of transference. In: *The Writings of Melanie Klein, Vol. 3* (pp. 48-56). London: Hogarth Press, 1975.

Knapp, P. H., Levin, S., McCarter, R. H., Wetment, H., & Zetzel, E. (1960). Suitability for psychoanalysis: A review of one hundred supervised analytic cases. *Psychoanalytic Quarterly, 29*: 459-477.

Kohon, G. (1986). *The British School of Psychoanalysis: The Independent Tradition*. London: Free Association Books.

Liberman, D. (1968). Comment on Dr Waldhorn's paper. *International Jour-nal of Psychoanalysis, 48*: 362-363.

Limentani, A. (1972). The assessment of analysability: A major hazard in selection for psychoanalysis. In: *Between Freud and Klein* (pp. 50-72). London: Free Association Books, 1989.

Lyons-Ruth, K., Melnick, S., Patrick, M. P. H., & Hobson, R. P. (2007). A controlled study of Hostile-Helpless states of mind among borderline and dysthymic women. *Attachment and Human Development, 9*: 1-16.

Lyons-Ruth, K., Yellin, C., Melnick, S., & Atwood, G. (2005). Expanding the concept of unresolved mental states: Hostile/Helpless states of mind on the Adult Attachment Interview are associated with atypi-cal behaviour and infant disorganization. *Development and Psycho-pathology, 17*: 1-23.
Mace, C. (Ed.) (1995). *The Art and Science of Assessment in Psychotherapy*. London: Routledge.
Maslow, A. (1954). *Motivation and Personality* New York: Harper & Row.
Namnum, R. (1968). The problem of analysability and the autonomous ego. *International Journal of Psychoanalysis, 49*: 271-275.
Ogden, T. H. (1989). *The Primitive Edge of Experience*. London: Karnac.
Ogden, T. H. (2002). A new reading of the origins of object-relations theory. *International Journal of Psychoanalysis, 83:* 767-782.
Patrick, M. P.H., Hobson, R. P., Castle, D., Howard, R., & Maughan, B. (1994). Personality disorder and the mental representation of early social experience. *Development and Psychopathology, 6*: 375-388.
Piper, W. E., Azim, H. F. A., Joyce, A. S., & McCallum, M. (1991). Transference interpretations, therapeutic alliance, and outcome in short-term individual psychotherapy. *Archives of General Psychiatry, 48*: 946-953.
Pollock, G. H. (1960). The role and responsibilities of the psychoanalytic consultant. *International Journal of Psychoanalysis, 41:* 633-636.
Racker, H. (1968). *Transference and Countertransference*. London: Hogarth Press [reprinted London: Karnac, 1982].
Reich, W. (1933). *Character Analysis*. London: Vision, 1950.
Riesenberg-Malcolm, R. (1995). The three "W"s: What, where and when: The rationale of interpretation. *International Journal of Psychoanalysis, 76*: 447-456.
Roth, P. (2001). Mapping the landscape: Levels of transference interpretation. *International Journal of Psychoanalysis, 82*: 533-543.
Sandler, J. I., Holder, A., Kawenoka, M., Kennedy, H. E., & Neurath, L. (1969). Notes on some theoretical and clinical aspects of transference. *International Journal of Psychoanalysis, 50:* 633-645.
Sashin, J. I., Eldred, S. H., & Van Amerongen, S. T. (1975). A search for predictive factors in institute supervised cases: A retrospective study of 183 cases from 1959-1966 at the Boston Psychoanalytic Society & Institute. *International Journal of Psychoanalysis, 56:* 343-359.
Schubart, W. (1989). The patient in the psychoanalyst's consulting room: The first consultation as a psychoanalytic encounter. International Journal of Psychoanalysis, 70: 423-432.
Sebold, A. (1999). *Lucky*. London: Picador.
Sebold, A. (2003). *The Lovely Bones*. London: Picador.
Segal, H. (1957). Notes on symbol formation. *International Journal of Psychoanalysis, 38*: 391-397.

Shapiro, S. (1984). The initial assessment of the patient: A psychoanalytic approach. *International Review of Psychoanalysis, 11*: 11-25.
Stone, L. (1954). The widening scope of indications for psychoanalysis. *Journal of the American Psychoanalytic Association, 2*: 567-594.
Strachey, J.oB. (1934). The nature of the therapeutic action of psycho-analy-sis. *International Journal of Psychoanalysis, 15*: 127-159.
Thompson, C. (1938). Notes on the psychoanalytic significance of the choice of analyst. *Psychoanalytic Quarterly, 29*: 205-216.
Tyson, R. L., & Sandler, J. (1971). Problems in the selection of patients for psychoanalysis: Comments on the application of the concepts of "indi-cations", "suitability" and "analysability". *British Journal of Medical Psychology, 44*: 211-228.
van der Kolk, B. A. (2005). Developmental trauma disorder. *Psychiatric Annals, 35*: 401–408.
Vygotsky, L. S. (1978). Internalization of higher psychological functions. In: M. Cole, V. John-Steiner, S. Scribner, & E. Souberman (Eds.) , *Mind in Society: The Development of Higher Psychological Processes* (pp. 52-57). Cambridge, MA: Harvard University Press.
Waldhorn, H.F. (1960). Assessment of analysability: Technical and theoret-ical observations. *Psychoanalytic Quarterly, 29*: 478-506.
Waldhorn, H. F. (1968). Indications and contraindications: Lessons from the second analysis. *International Journal of Psychoanalysis, 49*: 358-362.
Weissman, M. M., Markowitz, J. C., & Klerman, G. L. (2007). *Clinician's Quick Guide to Interpersonal Psychotherapy*. Oxford: Oxford University Press.
Winnicott, D. W. (1964). *The Child, the Family, and the Outside World*. Harmondsworth: Penguin.
Zetzel, E. (1965). The theory of therapy in relation to a developmental model of the psychic apparatus. *International Journal of Psychoanalysis, 46*: 39-52.
Zetzel, E. (1968). The so-called good hysteric. In: *The Capacity for Emotional Growth* (pp. 229-245). New York: International Universities Press, 1970 [reprinted London: Karnac, 1987].

監訳者あとがき

　本書は，タヴィストック・クリニック・シリーズの一巻である R. Peter Hobson（Ed.）: Consultations in Psychoanalytic Psychotherapy, Karnac Books, 2013. の全訳である。そこに含まれているフロイトの論文をはじめ小説・詩の引用は，原則として既訳がある場合にはそれを参照した。原文のイタリックはゴチックで表記し，訳者による補足は〔　〕で表した。原文で大文字の語には〈　〉を付けた。訳出に際しては，別記のように各訳者が分担した上で交換チェックし，それを監訳者が修正して仕上げた。
　このシリーズの主題は，いずれもタヴィストック・クリニックのシニアスタッフによる臨床研究から選ばれており，ほとんどの寄稿者はタヴィストック・クリニックで仕事をしていたスタッフである。本書の主題，「コンサルテーション面接」もまた，同クリニック成人部門に所属していたピーター・ホブソンが長年にわたって，ビデオ撮影も用いて行なってきた研究を中心にしており，本書はその知見の集大成である。
　編著者のホブソンの仕事は，日本では彼の"Autism and the Development of Mind"（1993）を訳した『**自閉症と心の発達**』（学苑社，2000）を通じて，既に自閉症の発達心理学者として紹介されている。国際的にも，彼は主として自閉症の発達精神病理の研究者で，精神分析者の資格も有していて精神分析的な志向性で研究している，と知られてきたかもしれない。タヴィストック・クリニック成人部門の中でも，彼は「教授」として敬意を向けられ親しまれていたが，研究自体は広く公開はされていなかった。監訳者も一度陪席させてもらったことがあるが，第4章の冒頭で著者が注意しているように，その場にいたか

らと言って，そこで起きていることを理解できたとはとても言えなかっただろう。残ったのは，「コンサルテーション面接では，最初の5分に起きたことを理解するために残りの時間を用いる」という，謎の言葉だった。本書の刊行によって，精神分析的心理療法の研究者としての彼の，緻密で内容豊かな仕事に触れることができるようになっている。

その後彼は，16回で行なわれる「短期精神分析的療法」"Brief Psychoanalytic Therapy"（Oxford University Press, 2016）について，単著を表した。それは，「今・ここで」の転移と「転移内解釈」に焦点づけたものであり，何が真に精神分析的なのかについてのホブソンの考えを明確にしており，タヴィストック・クリニックの短期精神分析的心理療法コースの参照テクストとして用いられている。その一端は，本書第6章の「事例ヴィネット：I婦人」に窺われる。

現在彼は半ば引退し，カリフォルニアで生活しているとのことである。彼の業績と略歴は，その単著で簡潔にまとめられているので，それを紹介したい。

ピーター・ホブソンは，ロンドン大学の発達精神病理学の名誉教授である。彼は英国精神分析協会で精神分析者として訓練を受け，現在はサンフランシスコ精神分析センターのスタッフである。長年，彼はロンドンのタヴィストック・クリニック成人部門のコンサルタント精神療法医であり，これと並行して，ロンドン大学の児童健康研究所（Institute of Child Health）の調査研究チームを率いた。彼は，二冊の発達論的志向の本を著している。一つは『自閉症と心の発達』（Erlbaum, 1993. 邦訳上記）と題された学術書であり，もう一つは，精神分析的な視点を取り入れた，より読者に親しみやすい『思考のゆりかご』（Pan Macmillan, 2002）である。彼は近年，力動的心理療法のアセスメントの本を編集し，幾つかの章を執筆した。その題は，『精神分析的心理療法におけるコンサルテーション面接』（Karnac, 2013）である。

それが本書である。全5部の構成は有機的で，必要な論点が過不足なく挙げられている。第I部「序論」は，ホブソンによる概説である。どのような治療を始める際にでもそうだが，特に精神分析的心理療法を始めるに当たって，何らかの見立てをして患者と合意してから行なうことは，今では常識的になっている。それでも，タヴィストック・クリニックを中心にイギリスで実践されて

きた「コンサルテーション面接」には，それ独自の歴史的・社会的背景を持って発展した，原理と目的・スタイルそしてトレーニングと経験がある。こうした基盤を理解し極力共有しないと，スタイルのみの模倣に陥る危険がある。

　第Ⅱ部「実践のための枠組み」は，既に定評のある総説の再録である。バーコヴィッツは「歴史的展望」を述べ，ミルトンは特に「国民健康保健サービス」（NHS）における精神分析的アセスメントを論じている。彼女は，コンサルテーション面接が単に精神分析的アプローチへの適不適を判定して終わりとするのではなく，患者その人を精神分析的に理解することの重要性を強調している。

　第Ⅲ部「コンサルテーション過程」は，4章全てがホブソンの執筆である。ここでは彼が，コンサルテーション面接の始まり・中盤・最終のそれぞれの段階において，どのような考えに基づいて何にどういう注意を払っていくかが，詳述されている。その記述は，患者たちの無意識的な想定を浮き彫りにしようとする働き掛けのために，慎重にたどらないと理解しにくいところもあるが，「今・ここで」の転移についての「転移内解釈」を継起的に提供している交流の実例を見ることができる。

　第Ⅳ部「特別な領域」は，外傷および重大な問題を抱えた患者という，数回のコンサルテーション面接の枠には収まりそうにない問題を論じている。著者たちはいずれも，タヴィストック・クリニック成人部門の「トラウマ・ユニット」「フィッツジョーンズ・ユニット」の経験豊かなスタッフである。

　第Ⅴ部「他からの眺望」は，ホブソンのもう一つの専門領域に戻って，精神分析的アプローチに寄与する調査研究および精神分析的アプローチの価値を知らしめることができる調査研究について論じている。締め括りのゲーリックによる「再考」は，大変評価の高いアセスメント面接について1994年に論文を発表した著者が，その後の20年のさまざまな変化を踏まえて，精神分析的なコンサルテーション面接の難しさと価値を論じている。ホブソンの原理主義的な態度は，それが受容される文脈以外で行なえば，患者からの苦情の嵐を招くものとなりうる。求められるのは，時代や環境を超えて，何が「精神分析的心理療法の本質」であるのかを，明確に把握し維持することだろう。

　このように本書は，タヴィストック・クリニック成人部門のエートスから生まれたものであり，その広がりと深さは，精神分析的心理療法に関心を持つ読者にとって，意義深い刺激となるだろう。更には，主著者が自閉症の研究者でもあることによって，彼は昨今話題の精神分析的心理療法と自閉スペク

トラムの関係をどう捉えているのか，興味深いところである。彼は既に総説を発表している（Hobson, R.P.（2011）. On the relations between autism and psychoanalytic thought and practice. Psychoanal. Psychother., 25（3）:229-244）が，今後更に詳しく論じられることを期待したい。

　最後に，2019年日本精神分析学会第65回大会（札幌）に向けて刊行準備を鋭意お進めいただいた，金剛出版編集部中村奈々氏にお礼申し上げます。

2019年10月
福本　修

索　引

人　名

アーロンズ, Z.A. 46, 51
アブラハム, K. 42
ヴィゴツキー, L.S. 27
ウィニコット, D.W. 26
エリー, J. 40
エリオット, T.S. 83, 93, 115, 128
オグデン, T.H. 47, 53
ガーランド, キャロライン 159, 166
カーンバーグ, O. 45, 46, 50
カプール, ラーマン 8, 12, 191
カントロヴィッツ, J. 46, 48
クーヴ, シリル 16
グラヴァー, E. 41
クリーバーグ, バーギット 8, 11, 17, 173
グリーンソン, R.R. 43, 45, 47
クリッツ-クリストフ, P. 194
ゲーリック, アントニー 7, 12, 18, 47, 52, 53, 60, 211, 223
ゴールドバーグ, D. 40
コノリー, M.B. 194, 197
コルタート, N. 44, 45, 47, 52, 53, 54
サンドラー, J. 40, 41, 42, 43, 45, 142
サンドラー, S. 46
シーガル, H. 28, 29, 163

シーボルド, アリス 156, 166
ジャクソン, マレー 176
シャピロ, S. 52
シュバルト, A. 52
ジョーンズ, E. 42, 223
ジョゼフ, B. 142
スタブリー, ジョアン 9, 11, 17, 28, 101, 155
ストーン, L. 45, 46, 47, 49, 52
ストレイチー, J.B. 30, 143
ゼッツェル, E. 41, 42, 46, 52
タイソン, R.L. 40, 41, 42, 43, 45, 46
トンプソン, C. 49, 51
ナムヌム, R. 45
バーコヴィッツ, ルース 7, 11, 17, 39
パイパー, ビル 194
バクラック, H.M. 43, 44, 47, 48, 49, 51
パトリック, マシュー 9, 12, 191
ビオン, W.R. 29, 30, 143, 207
ヒトラー, A. 184
ビブリング, F. 42
ヒンシェルウッド, R.D. 47, 52, 53
フェニケル, O. 41, 43
フランク, J. 50
ブリトン, R. 29, 30, 177
ブレイク, ウィリアム 137
フロイト, S. 27, 28, 30, 33, 34, 39, 40, 41, 42, 43,

49, 51, 94, 101, 102, 103, 137, 138, 139, 140, 141, 143, 148, 158, 161, 162, 164, 165, 174, 221
フロイト, アナ 49
ブロック, S. 40, 47
ベイカー, R. 40, 45
ベル, デイヴィッド 7, 11, 173
ホグレンド, P. 193, 194, 197
ホブソン, ピーター 1, 6, 8, 11, 12, 15, 75, 83, 97, 115, 137, 191, 194, 221, 222
ホブソン, ボブ 24
ポロック, G.H. 51, 53, 54
マズロー, A. 64
ミルトン, ジェイン 8, 11, 17, 57, 77, 78
メイン, メアリ 206
ライヒ, ヴィルヘルム 41
ラッカー, H. 101, 142
リーフ, L. 43, 44, 47, 48, 49
リオン-ルース, カーレン 8, 12, 191
リメンターニ, A. 50
ルサダ, ジュリアン 16
ルボルスキー, L. 194
ワデル, マーゴ 5, 11
ワルドホーン, H.F. 43, 50, 51, 52

■ 事 項

■ 数字・欧文
9・11アメリカ同時多発テロ事件 159
2004年のスマトラ島沖地震 159
GP（一般外来医）61, 62, 63, 65, 77, 169, 182
J・アルフレッド・プルフロックの恋歌 128
NHS 7, 8, 9, 15, 18, 20, 21, 57, 58, 64, 71, 77, 81, 86, 173, 194, 200, 11, 57, 223

■ あ
愛着 8, 140, 157, 165, 204, 205, 206, 208, 209
愛着人物 204, 205, 208

悪夢 35, 85, 113, 131, 155, 167
アセスメント 7, 8, 11, 15, 16, 17, 18, 19, 20, 31, 32, 37, 39, 40, 41, 42, 43, 46, 47, 51, 52, 53, 54, 55, 57, 58, 59, 60, 61, 62, 63, 64, 65, 66, 67, 68, 69, 70, 71, 72, 73, 75, 76, 77, 79, 80, 82, 83, 84, 85, 86, 87, 93, 94, 102, 103, 109, 114, 130, 132, 144, 160, 174, 177, 180, 192, 194, 198, 200, 201, 202, 210, 211, 222, 223
アセスメント過程 40, 46, 51, 174
アセスメント面接 18, 20, 32, 39, 46, 47, 52, 53, 54, 55, 58, 59, 60, 61, 62, 63, 64, 65, 66, 67, 68, 69, 70, 71, 72, 73, 75, 77, 79, 80, 82, 83, 84, 87, 93, 94, 102, 114, 130, 132, 144, 174, 177, 192, 201, 210, 223
アセスメント面接をどう始めるのか 82
アルファ機能 29
「安定した secure」母子関係 206
言いようのない恐怖 29
偽りの自己 44
今・ここで 22, 53, 59, 91, 192, 193, 196, 198, 222, 223
意味の中心的役割 158
「いわゆる良いヒステリー患者」41
インフォームドコンセント 211
エビデンス 6, 18, 213
エルサレム 137
おとぎ話 35, 85

■ か
「快原理の彼岸」161
解釈 23, 30, 31, 33, 34, 50, 52, 53, 55, 59, 60, 61, 65, 79, 80, 102, 103, 127, 137, 142, 144, 147, 168, 191, 192, 193, 194, 195, 196, 197, 198, 210, 212, 222, 223
外傷とその余波の研究のためのユニット 159
回復の過程 159
カウンセリング 61, 124
加虐的被虐的に関係 59

価値下げ　42, 204, 205
葛藤　16, 22, 23, 30, 44, 48, 51, 78, 82, 85, 86, 92, 97, 100, 121, 122, 141, 173, 194, 211
関係　8, 15, 16, 18, 19, 20, 22, 23, 24, 25, 26, 27, 28, 29, 30, 31, 32, 33, 34, 35, 42, 44, 46, 47, 48, 49, 50, 52, 53, 54, 59, 63, 65, 66, 70, 75, 76, 77, 78, 79, 80, 82, 85, 90, 92, 93, 97, 98, 99, 100, 105, 107, 111, 112, 115, 117, 119, 120, 122, 124, 127, 128, 130, 131, 132, 133, 134, 137, 138, 139, 140, 141, 142, 143, 144, 147, 150, 152, 158, 162, 163, 165, 167, 169, 173, 180, 181, 184, 186, 189, 191, 192, 193, 195, 196, 197, 198, 199, 200, 201, 202, 203, 204, 205, 206, 207, 208, 209, 210, 211, 212, 213, 214, 224
関係性パターン　201
患者−治療者関係　20, 25, 98, 142
患者─治療者の組み合わせ　49
患者の対人関係のパターン　53
間主観的な関わり　24, 97, 127, 152
間主観的な出来事　25
『感情の形』　24, 83, 137
気分変調症　201, 202, 204, 205, 207, 208
虐待　62, 65, 93, 181, 182, 183, 185, 186, 201, 208
逆転移　6, 25, 34, 35, 47, 52, 53, 55, 59, 88, 89, 97, 126, 142, 143, 147, 150, 151, 163, 171, 172, 192, 214
境界性パーソナリティ障害　200
強迫性障害　108
共謀関係　212
禁忌　40, 41, 42, 51, 64, 71
キングス・クロス駅での火災　159
苦情　61, 119, 127, 170, 176, 223
具象的な思考作用　28
訓練生　58, 63, 71, 75, 76, 79, 80, 82, 116, 129, 152
経済的諸条件　64
契約　32, 105, 177

健康面　43
現実検討力　48
原始的不安　162, 169, 171
行動化　24, 52, 170, 176
国民健康保健サービス　11, 15, 173, 57, 223
固着点　41
コンサルテーション面接　1, 5, 6, 13, 15, 16, 17, 18, 19, 20, 21, 23, 24, 26, 29, 31, 32, 33, 35, 37, 39, 52, 58, 69, 73, 75, 76, 79, 80, 81, 82, 83, 85, 86, 87, 90, 92, 93, 94, 95, 97, 100, 101, 102, 103, 105, 108, 110, 114, 115, 116, 117, 118, 119, 120, 121, 122, 124, 126, 127, 128, 130, 132, 133, 134, 137, 141, 143, 144, 150, 151, 152, 153, 155, 158, 159, 160, 163, 166, 167, 169, 174, 175, 176, 177, 178, 179, 180, 181, 182, 183, 184, 185, 187, 189, 191, 192, 193, 194, 197, 198, 199, 200, 202, 203, 205, 206, 209, 210, 213, 214, 221, 222, 223
コンサルテーション面接の終わり　100, 115
コンサルテーション面接の中期　95
包容　29, 30, 31, 35, 66, 67, 72, 81, 101, 126, 143, 163, 165, 166, 167, 169, 171, 172, 178, 184, 192, 207

■さ
再演　143, 158, 163, 166, 170
最初の5分から10分　83
最初のコンサルテーション面接　20, 82, 185
サバイバー　159, 161, 162, 164, 165
三者関係　48
シェイクスピアの『マクベス』　28
シェークスピア『あらし』　99
自我機能　45, 177
自我の強さ　44, 45, 48, 54
刺激保護障壁　162
自己愛　35, 44, 46, 48, 85, 202
自己愛性障害　44
思考する　28, 29, 104, 129, 206, 207

『思考の揺りかご』 144
自己評価 44, 45, 91
自殺企図 161, 176, 182, 183
質問表 15, 23, 32, 62, 63, 65, 77, 78, 79, 90, 108, 129, 183, 191, 195, 196, 206, 207
児童相談チーム 69
自閉症の研究 24, 223
昇華 44, 48
紹介状 6, 15, 61, 77, 78, 79, 178
紹介の文脈 52
証拠の等級 23
症状 40, 42, 43, 44, 48, 59, 61, 68, 87, 100, 111, 116, 122, 123, 160, 161, 169, 170, 176, 179, 200, 211, 213, 214
情緒 44, 45, 46, 161, 169, 200, 201, 203, 204, 209
象徴機能 28, 164, 169, 171
象徴機能の喪失 164, 169
象徴的想像力 28
象徴等価物 28, 164
象徴的な喪失 140
情動的接触 110, 185
情動的な発達 27
事例ヴィネット 33, 61, 62, 65, 67, 69, 73, 87, 89, 91, 105, 108, 111, 115, 118, 124, 129, 144, 167, 169, 175, 176, 179, 182, 185, 222
真実 6, 19, 21, 22, 23, 29, 82, 87, 93, 101, 102, 103, 104, 106, 107, 111, 119, 121, 123, 127, 143, 150, 172
心身症 44, 102, 211
深層理解 18
身体的安全 64, 67
診断 8, 18, 25, 40, 41, 43, 44, 47, 48, 53, 54, 70, 77, 81, 116, 127, 173, 175, 181, 200, 202, 203, 204, 207, 213
心的外傷後ストレス障害(PTSD) 160
侵入症状 160
親密 15, 23, 24, 27, 83, 93, 97, 114, 134, 141, 208, 209

心理学的志向性 44, 45, 48, 53, 70
心理療法者の訓練 25
スーパーヴァイザー 7, 8, 9, 63, 71
スーパーヴィジョン 45, 48, 50, 55, 61, 172, 176
ストレス反応 155
生育史 52, 53
成人愛着面接(AAI) 204
精神的安全 64, 65, 67
精神病 8, 40, 41, 44, 62, 63, 66, 86, 116, 138, 141, 173, 180, 181, 205, 209, 210, 221, 222
精神病状態 86
精神分析的なコンサルテーション面接 15, 158, 180, 223
性的虐待 181, 182, 185, 208
性的な空想 134
セカンドオピニオン 121
全体状況 142
躁 66, 67
想起すること 28

■た
退行 44, 45, 48
対象関係 27, 34, 42, 44, 46, 47, 48, 52, 138, 200
対人関係のパターン 53, 199
対人関係療法 100
タヴィストック・クリニック 3, 5, 6, 7, 8, 9, 16, 62, 109, 159, 174, 221, 222, 223
短期精神分析的心理療法 133, 222
短期療法 71, 72
断層線 174, 178
地域精神保健チーム(CMHT) 177
逐語記録 151, 152, 195, 198, 204, 205, 207, 208
調査研究の臨床活動への影響 40
超自我 44, 48, 181, 213
治療作用 28, 80, 101, 143
治療者のパーソナリティ 49, 55
治療接近可能性 42
治療同盟 42, 48, 180

索　引 | *229*

治療に対する適合性　31
償い　165
「手当てをしたのは私，治すのは神」　101
抵抗　52, 60, 65, 68, 69, 99, 100, 103, 106, 112, 129
定量的調査研究　191
敵意　86, 97, 146, 165, 166, 201
適合性　31, 41, 42, 53, 57, 58, 64, 70, 78
「適合性」の指標　64
敵対─無力　204, 205, 208
敵対──無力コーディング・システム　204
徹底的に調べる　11, 17, 97, 100, 105, 108, 130, 97
転移　6, 16, 25, 27, 30, 31, 33, 34, 35, 41, 46, 47, 48, 50, 52, 53, 54, 55, 59, 60, 63, 65, 67, 69, 72, 73, 75, 76, 88, 89, 92, 97, 126, 134, 137, 138, 141, 142, 143, 147, 150, 151, 163, 167, 170, 171, 172, 191, 192, 193, 194, 195, 196, 197, 198, 199, 213, 214, 222, 223
転移解釈　142, 191, 192, 193, 194, 197, 198
転移─逆転移　47
転移神経症　48
転移内解釈　195, 196, 197, 222, 223
転移の中で作業する　30, 141, 142, 167, 192, 198
同一化　6, 27, 35, 101, 140, 141, 148, 158, 159, 163, 165, 166, 169, 170, 171, 201, 204, 205
投影同一化　6, 35, 101, 163, 165
動機づけ　43, 44, 45, 46, 48, 51, 70, 111
倒錯性　180, 181, 184
洞察　6, 25, 28, 34, 42, 80, 91, 108, 113, 120, 122, 130, 132, 133, 140, 143, 149, 153, 155, 156, 192, 210, 213, 214
外傷　15, 28, 121, 153, 155, 156, 158, 159, 160, 161, 162, 163, 164, 165, 166, 167, 168, 169, 170, 171, 172, 185, 204, 207, 208, 223
囚われ型　207, 208

■ な

難民　160, 171, 172
二次利得　43
乳児的対象関係　47
認知的な発達　27
ネグレクト　93, 181
年齢の上限　42

■ は

パーソナリティ機能　44
パーソナリティ構造　174
パーソナリティ障害　7, 71, 173, 200, 205
迫害的罪悪感　170
発達的側面　26
パディントン列車事故　159
母子の分離─再会場面　209
パラメーター　76
ハンガーフォードでの虐殺事件　159
反復強迫　53, 158, 163, 168
ヒルズボロ・フットボール・スタジアムでの悲劇　159
不安　16, 35, 41, 44, 45, 46, 48, 50, 51, 53, 54, 59, 61, 62, 65, 66, 69, 77, 79, 84, 85, 86, 87, 89, 93, 94, 97, 100, 102, 103, 105, 106, 108, 109, 111, 116, 118, 119, 121, 122, 133, 143, 147, 162, 163, 164, 165, 166, 168, 169, 170, 171, 174, 178, 195, 196, 200, 202, 203, 206, 213
「不安定な insecure」母子関係　206
不安に耐える能力　45
フォローアップ面接　19, 20, 90, 108, 115, 117, 146
複雑性外傷　161, 169, 172
『不思議の国のアリス』　104
部分対象　34
フラッシュバック　155, 164, 183
分析可能性　42, 43, 46, 70
分離　42, 46, 48, 53, 64, 175, 204, 206, 209
ベータ要素　29

ヘラルド・オブ・フリーエンタープライズ号の
　　転覆事故　159
変容惹起解釈　30
防衛　41, 44, 45, 47, 54, 60, 61, 66, 68, 86, 88, 97,
　　104, 112, 116, 120, 122, 159, 162, 163, 168,
　　172, 178, 179, 180, 181, 182, 196, 200, 207
亡命者　160, 172
暴力　65, 78, 161, 168, 171
ポケット状の脆弱な部分　163, 169
『没落 The Downfall』〔邦題『ヒトラー 最期の
　　12日間』〕　184

■ま
マーケット　213
慢性的な不安　62
慢性疲労　129
未解決・無秩序　208
無意識的空想　24, 143
無力感　106, 129, 159, 161, 162, 170
メランコリー　34, 137, 138, 139, 140, 141, 143,
　　164, 170
喪　15, 34, 85, 137, 138, 139, 140, 141, 143, 156,
　　157, 158, 159, 164, 165, 166, 169, 171, 172,
　　207, 208
妄想分裂ポジション　34, 35, 85, 163, 191, 201,
　　202
妄想分裂ポジション機能様式　202

動機づけ(モチベーション)　43, 44, 45, 46, 48,
　　51, 70, 111
「喪とメランコリー」　34, 137, 138, 139, 143, 164

■や
抑うつ　34, 35, 41, 44, 46, 48, 59, 62, 66, 69, 85,
　　90, 91, 100, 102, 105, 108, 109, 110, 116,
　　118, 122, 124, 138, 140, 167, 169, 191, 199,
　　201, 202, 203, 204, 209, 213
抑うつポジション　34, 35, 85, 191, 199, 201, 202,
　　203
抑うつポジション機能様式　201, 202, 203
欲求段階　64
四つの四重奏　83

■ら
『ラブリー・ボーン』　156, 157
ラポールの質　46
調査研究(リサーチ)　5, 6, 12, 17, 18, 40, 43, 55,
　　142, 191, 192, 194, 198, 199, 205, 209, 210,
　　222, 223
理想化　63, 72, 85, 171, 175, 181
両価的　35, 106, 141, 182
倫理的問題　32, 42, 118

■わ
ワークスルー　20, 25, 163, 165

【監訳者略歴】

福本　修（ふくもと　おさむ）
　1958年生。東京大学医学部医学科卒業。東大分院神経科，静岡大学保健管理センター。タヴィストック・クリニック（ロンドン）（1993～2000年精神分析的精神療法成人部門修了）を経て，恵泉女学園大学名誉教授。代官山心理・分析オフィス，長谷川病院，きしろメンタルクリニックに勤務。
　日本精神分析協会正会員・訓練分析家。国際精神分析協会正会員。2019年現在，日本精神分析学会会長。

【著書】
精神分析の現場へ（2015）誠信書房.
現代クライン派精神分析の臨床（2013）金剛出版.

【共編著】
西園昌久監修・北山修編集代表／松木邦裕・藤山直樹・福本修編集委員（2008）現代フロイト読本1．みすず書房
西園昌久監修・北山修編集代表／松木邦裕・藤山直樹・福本修編集委員（2008）現代フロイト読本2．みすず書房
福本　修・斎藤環編（2003）精神医学の名著50．平凡社．
福本　修・平井正三編著（2016）精神分析から見た成人の自閉スペクトラム．誠信書房

【共著】
木部則雄編著（2019）精神分析／精神科・小児科臨床セミナー総論．福村出版
鈴木國文・内海健・清水光恵編著（2018）発達障害の精神病理Ⅰ．星和書店
森　茂起編（2005）埋葬と亡霊―トラウマ概念の再吟味（心の危機と臨床の知）．人文書院
松下正明編集〈全10巻〉新世紀の精神科治療．中山書店

【訳書】
ジャン-ミシェル・キノドス／福本修監訳（2013）フロイトを読む―年代順に紐解くフロイト著作．岩崎学術出版社
ロイ・シェーファー編／福本修訳（2004）現代クライン派の展開．誠信書房
カタリーナ・ブロンスタイン編／福本修・平井正三監訳（2005）現代クライン派入門．岩崎学術出版社
ウィルフレッド・ルプレヒト ビオン／福本修・平井正三訳（1999・2002）精神分析の方法1・2．法政大学出版局　他

【訳者略歴】（五十音順）

植木田潤（うえきだ　じゅん）（3章・11章）
　臨床心理士，公認心理師
　現職：国立大学法人 宮城教育大学 特別支援教育講座 教授
　元国立特別支援教育総合研究所 心理療法士および研究員（平成9年1月～平成25年3月）
　中央大学文学部哲学科心理学専攻 卒業，明星大学大学院 心理学専修 修士課程修了および博士課程中退
　平井正三・上田順一編（2016）学校臨床に役立つ精神分析．誠信書房（分担執筆）
　福本修・平井正三編著（2016）精神分析から見た成人の自閉スペクトラム．誠信書房（分担執筆）など

上田順一（うえだ　じゅんいち）（1章）
　臨床心理士
　現職：大倉山子ども心理相談室
　慶應義塾大学卒業，慶應義塾大学大学院修了，日本精神分析学会認定心理療法士
　鈴木龍・上田順一編（2019）子育て，保育，心のケアにいきる赤ちゃん観察．金剛出版

奥山今日子（おくやま　きょうこ）（1章・2章・4章・5章・6章・7章・9章・10章）
　臨床心理士
　現職：青山心理臨床教育センター心理士，日本女子大学・法政大学・神奈川大学非常勤講師
　日本女子大学・博士課程後期・満期退学
　植村勝彦・高畠克子・箕口雅博・原 裕視・久田 満（2017）よくわかるコミュニティ心理学［第3版］．ミネルヴァ書房（分担執筆）
　福本修監訳（2013）フロイトを読む─年代順に紐解くフロイト著作．岩崎学術出版社（共訳）

小野田直子（おのだ　なおこ）（3章・7章・9章・11章）
　臨床心理士，公認心理師，日本精神分析学会認定心理療法士
　現職：医療法人社団慶神会武田病院　非常勤心理士，慶應義塾大学心身ウェルネスセンター非常勤カウンセラー
　早稲田大学第一文学部哲学科心理学専修卒業，慶應義塾大学大学院医科学専攻修士課程修了

櫻井鼓（さくらい　つつみ）（2章・4章・6章・8章・10章）
　臨床心理士，公認心理師
　現職：追手門学院大学心理学部 准教授
　警察庁犯罪被害者支援室，神奈川県警察本部に勤務，横浜国立大学卒業，横浜国立大学大学院 修士課程修了，東京学芸大学大学院連合学校 博士課程修了 博士（教育学）
　小西聖子・上田鼓編（2016）性暴力被害者支援の現場から．誠信書房（共編著）
　日本犯罪心理学会編（2015）犯罪心理学事典．丸善出版（共著）など

精神分析的心理療法における
コンサルテーション面接

2019年10月20日　印刷
2019年10月30日　発行

原編者　Peter Hobson（ピーター・ホブソン）
監訳者　福本　修
訳　者　奥山今日子・櫻井　鼓
発行者　立石　正信

印刷・製本　三美印刷
装丁　本間公俊

株式会社　金剛出版
〒112-0005　東京都文京区水道 1-5-16
　　　　　　電話 03（3815）6661（代）
　　　　　　FAX03（3818）6848

ISBN978-4-7724-1729-7　C3011　　　　　Printed in Japan ©2019

JCOPY 〈(社) 出版者著作権管理機構 委託出版物〉
本書の無断複製は著作権法上での例外を除き禁じられています。複製される場合は，そのつど事前に，出版者著作権管理機構（電話03-5244-5088, FAX 03-5244-5089, e-mail: info@jcopy.or.jp）の許諾を得てください。

子どもと青年の心理療法における親とのワーク
親子の成長・発達のための取り組み

［著］＝J・ツィアンティス|ほか　［監訳］＝津田真知子　脇谷順子
［訳］＝岩前安紀　金沢晃　南里裕美　村田りか　渡邉智奈美

●A5判　●並製　●256頁　●定価 **3,800**円＋税
● ISBN978-4-7724-1712-9 C3011

子どもの心理療法は子どもの親との取り組みなしには成立しない。
セラピストによる臨床経験を通して親とのワークの問題点を考察。

現代クライン派精神分析の臨床
その基礎と展開の探究

［著］＝福本修

●A5判　●上製　●304頁　●定価 **4,200**円＋税
● ISBN978-4-7724-1343-5 C3011

転移－逆転移，抵抗，
夢解釈の概念，精神病圏，気分障害，
パーソナリティ障害，倒錯などの症例を考察し，
現代クライン派精神分析の臨床的発展を論じる。

子育て，保育，心のケアにいきる赤ちゃん観察

［編］＝鈴木龍　上田順一

●A5判　●並製　●236頁　●定価 **3,400**円＋税
● ISBN978-4-7724-1682-5 C3011

赤ちゃんは見られたがっている。
よく見て，赤ちゃんのこころを感じとる。
子育てとこころのケアに携わる人の感性を育む必読書。